IL GENIO PRODIGIO
L'INCREDIBILE VITA DI NIKOLA TESLA

DISCOVERY PUBLISHER

Titolo originale: «Prodigal Genius»
2014, Discovery Publisher
All rights reserved

Per l'edizione italiana:
©2016, Discovery Publisher
Tutti i diritti riservati.

Nessuna parte di questo libro può essere riprodotta, memorizzata su supporto informatico o trasmessa in qualsiasi forma e da qualsiasi mezzo senza un esplicito e preventivo consenso da parte dell'editore.

Autore: John J. O'Neill
Traduttore: Alessandra Cerioli, Sara Mistretta
Editore: Giovanni Lucca
Caporedattore: Adriano Lucca

DISCOVERY PUBLISHER

616 Corporate Way
Valley Cottage, New York, 10989
www.discoverypublisher.com
libri@discoverypublisher.com
facebook.com/DiscoveryPublisher
twitter.com/DiscoveryPB

New York • Tokyo • Paris • Hong Kong

SOMMARIO

Il Genio Prodigio, L'Incredibile Vita di Nikola Tesla	I
LUCE E POTENZA	**1**
UNO	3
DUE	18
TRE	31
QUATTRO	49
CINQUE	59
SEI	69
SETTE	84
GLORIA E RICCHEZZA	**99**
OTTO	101
NOVE	115
DIECI	131
UNDICI	148
VIBRAZIONI INTERNE	**171**
DODICI	173
TREDICI	186
QUARTORDICI	195
QUINDICI	202

UNA PROPRIA CONCEZIONE DI SUPERUOMO — 209

SEDICI — 211
DICIASSETTE — 225

RIMANENZE — 239

DICIOTTO — 241
DICIANNOVE — 252
VENTI — 263

RINGRAZIAMENTI — 273

RINGRAZIAMENTI — 274

LUCE E POTENZA

UNO

Le esperienze che Nikola Tesla ha potuto ricavare dalla sua vita non possono essere descritte da parole semplici come «spettacolari» o «incredibili»: non renderebbero giustizia ai risultati esplosivi che hanno prodotto. Ecco a voi la storia del genio di un superuomo che creò un nuovo mondo, una storia che condanna la donna come un fardello carnale che intralcia lo sviluppo dell'uomo e frena le sue prodezze ma che, paradossalmente, prova anche come la vita più riuscita, se non accompagnata da una donna, è destinata al fallimento.

Anche le divinità antiche, nei sogni più audaci dei loro adoratori, non hanno mai intrapreso tali opere gigantesche di dimensione mondiale che quelle intraprese e riuscite da Tesla. I Greci avrebbero potuto includerlo nel loro pantheon tanto le sue speranze, i suoi sogni e le sue prodezze erano degne di un dio. Non c'è da stupirsi che questi uomini per così dire materialisti, immersi fino al collo nella loro contabilità, lo trovino strano e non lo capiscano.

Il progresso dell'umanità non è come una luce fioca che aumenta di intensità con il tempo. Il panorama dell'evoluzione umana è costellato di improvvise esplosioni di abilità intellettuali, la cui onda d'urto si propaga nel tempo per offrirci un'anteprima dell'avvenire, aiutandoci a procedere più agevolmente nell'istante presente. Grazie alle sue incredibili scoperte e invenzioni, condivise con il mondo intero, Tesla è diventato uno dei più grandi geni che abbia dato un vero e proprio impulso al progresso umano.

Tesla è all'origine dell'epoca moderna. Si tratta indubbiamente di uno dei più grandi geni del nostro mondo, ma questo spirito notevole purtroppo non lascia dietro di sé alcuna discendenza, né eredi, che potrebbero aiutare a dirigere questo mondo. Offrendo la prosperità ad un moltitudine di altre persone, morì senza un soldo, rifiutando la ricchezza che avrebbe potuto guadagnare con il frutto delle sue scoperte. Mentre ancora camminava in quella giungla urbana che è New York, diventava un uomo leggendario come se appartenesse ad un futuro lontano, o proveniente dal regno degli dei. Sembrava una mescolanza di Giove o Thor lanciando saette, di Aiace brandendo i fulmini di Giove, di Prometeo tramutando l'energia in elettricità e diffondendola sulla Terra, di Aurora illuminando i cieli come una lampada elettrica terrestre, di Mazda producendo un sole in provetta, di Ercole facendo tremare la Terra con i suoi vibratori meccanici, di Mercurio colmando i campi circostanti dello spazio con le sue onde senza fili, e di Hermes, dando luce ad un'anima elettrica nella Terra, permettendole così di pulsare da un polo all'altro.

Questa scintilla d'incandescenza intellettuale, sotto forma di un genio creativo eccezionale, ha travolto il mondo come una meteora nella società umana lungo il corso degli ultimi decenni del secolo scorso, ed ha vissuto quasi fino ad oggi. Il suo nome è diventato sinonimo di magia negli ambienti intellettuali, scientifici, di ingegneria e del sociale, ed è stato riconosciuto come un inventore e scopritore di grandezza ineguagliata. È divenuto maestro della corrente elettrica. In un'epoca in cui l'elettricità era considerata una forza occulta, suscitando paura e rispetto, Tesla si immerse nei misteri di questa energia e con essa realizzò un numero incalcolabile di imprese meravigliose. Agli occhi del mondo, era un maestro dell'illusione dall'illimitato repertorio di prestidigitazioni scientifiche, così impressionanti da fare sembrare le prodezze della maggior parte degli inventori della sua epoca dei giochi da bambini.

Tesla era un inventore, ma era molto più che un banale fabbricante di nuovi apparecchi: scopriva nuovi principi, aprendo così le porte a nuovi mondi di conoscenze che, ancora oggi, sono stati esplorati solo parzialmente. Tesla creò il nostro attuale mondo di energia grazie ad una sola potente scarica di invenzioni: istituì la nostra era dell'energia elettrica, la base stessa sulla quale il sistema industriale mondiale è costruito. Ci offrì il sistema di produzione di massa, che non potrebbe esistere senza i suoi motori e le sue correnti. Fu il creatore dei robot, questi uomini meccanici elettrici che rimpiazzano la manodopera umana. Stabilì le fondamenta della radio moderna. Inventò il radar, quarant'anni prima del suo utilizzo durante la Seconda Guerra Mondiale. Grazie a lui abbiamo le luci al neon e altre forme di lampade a scarica, oltre alle illuminazioni fluorescenti. Se gli ambienti medici e industriali sono capaci di tali meraviglie elettroniche, è perché Tesla creò le correnti ad alta frequenza. Inventò il telecomando senza fili. Ma, contro la sua volontà, contribuì anche a portarci la Seconda Guerra Mondiale: il cattivo uso del suo sistema di superpotenza e del controllo dei suoi robot nell'industria hanno permesso ai politici di disporre di un considerevole surplus di energia, di installazioni di produzione, di manodopera e materiali, permettendo loro di abbandonarsi alla guerra più devastante e spaventosa che mente malata possa concepire.

Queste scoperte sono solo quelle invenzioni create dallo spirito geniale di Tesla che sono state utilizzate fino ad oggi, ma molte altre rimangono ancora inesplorate.

Eppure, Tesla si adoperava per portare la pace nel mondo. Consacrò la sua vita ad alleviare il fardello dell'umanità, per apportare una nuova era di pace, felicità e prosperità alla razza umana. Di fronte all'avvento della Seconda Guerra Mondiale, che si appoggiava alle sue scoperte, cercò di contrastarla: propose al mondo un apparecchio che avrebbe, secondo lui, potuto proteggere il territorio di qualunque paese, indipendentemente dalla sua grandezza. La sua offerta fu però rifiutata.

Ma, nettamente più importante di tutte le sue straordinarie scoperte elettriche, c'era questa invenzione suprema: Nikola Tesla, il superuomo, lo strumento umano che spinse il mondo in avanti, come un aereo proiettato nel cielo con una catapulta. Così come il suo sistema di corrente alternativa che collocò il mondo su una base di superpotenza, Tesla, lo scientifico e inventore, era lui stesso un'invenzione.

Tesla era un superuomo autodidatta, inventato e concepito specificamente per compiere meraviglie. E ne realizzava talmente tante che il mondo non riusciva ad assimilarle tutte. Progettò la sua vita basandosi su dei principi di ingegneria con lo scopo di adoperarsi, come un automa e con la più grande efficacia, per la scoperta e l'utilizzo delle forze della Natura a profitto del benessere umano. Per riuscirci sacrificò l'amore e il piacere, cercando la soddisfazione unicamente nei suoi successi e considerando il suo corpo un mero strumento al servizio del suo spirito tecnicamente creativo.

Con la nostra moderna infatuazione per la divisione del lavoro e la specializzazione settoriale per accrescere la produttività della nostra macchina industriale, esitiamo ad immaginare un futuro in cui l'invenzione del superuomo di Tesla potrebbe essere applicata all'umanità intera, con una specializzazione concepita per ogni individuo dalla sua nascita.

Tale superuomo immaginato da Tesla era un santo scientifico. Le invenzioni di questo martire scientifico dovevano essere destinate ad operare per la pace, la felicità e la sicurezza dell'umanità, ma sono state utilizzate per creare penuria, depressioni e una guerra devastatrice. Cosa sarebbe successo se l'invenzione del superuomo fosse stata concepita e venduta per soddisfare le intenzioni dei politici bellicosi? Tesla aveva intravisto queste eventualità, e suggerì che una vita comunitaria come quella delle api sarebbe una minaccia per la nostra struttura sociale, a meno che gli elementi della vita individuale e comunitaria non siano correttamente amministrati e la libertà individuale protetta.

Il superuomo inventato da Tesla era una meravigliosa riuscita perché sembrava, almeno agli occhi del mondo, funzionare correttamente. Cancellò l'amore dalla sua vita, arrivò ad eliminare le donne dai suoi pensieri. Sorpassò Platone rinunciando anche ad una relazione spirituale, mentre quest'ultimo aveva affermato che una tale relazione, esente dal desiderio sessuale tra uomo e donna, era possibile. Immaginò per sé una vita isolata, nella quale nessuna donna e nessun uomo poteva entrare. Un'individualità autonoma nella quale tutte le considerazioni relative al sesso erano state completamente escluse. Era un genio che avrebbe interamente vissuto come una macchina per pensare e lavorare.

Il superuomo di Tesla era anche un creatore di meraviglie, e credeva di essere riuscito, grazie a metodi scientifici, a sopprimere l'amore dalla sua vita. Ma in realtà non fu così, rendendo questa vita anormale il soggetto di un esperimento molto interessante per filosofi e psicologi. Effettivamente il sentimento amoroso si manifestò da sé, malgrado i suoi diligenti sforzi di eliminarlo, e quando questi si insediò, l'amore si presentò sotto la sua forma più fantastica, portando con sé una romanza come poche ne abbiam viste nella storia dell'umanità.

L'intera vita di Tesla sembrava talmente irreale che avremmo potuto considerarlo una creatura leggendaria, proveniente dalla mitologia greca. Dopo aver riportato la storia delle sue scoperte e invenzioni, un giornalista concluse in questi termini: «Le sue prodezze assomigliano al sogno di un dio in stato di ebbrezza». L'invenzione del sistema polifasico a corrente alternata era all'origine dello sfruttamento d'energia delle cascate del Niagara, ed ha permesso di avviare l'era della superpotenza elettrica moderna, durante la quale l'elettricità veniva trasportata attraverso centinaia di chilometri per fare funzionare le decine di migliaia di stabilimenti di produzione di massa dei sistemi industriali. Ognuno dei piloni, che sembra provenire direttamente da un film di fantascienza, le cui linee di trasmissione ricoprono il pianeta trasportando l'elettricità a città distanti l'una dall'altra, è un monumento in onore di Tesla. Ogni centrale elettrica, ogni dinamo, ogni motore che fa funzionare i macchinari del nostro paese, è un omaggio a questo genio.

Superando sé stesso, Tesla scoprì il segreto per trasmettere senza fili l'energia elettrica fino all'altro lato del pianeta. Dimostrò il suo sistema grazie al quale sarebbe possibile trarre delle quantità non indifferenti di energia da qualunque posto della Terra, semplicemente connettendosi al suolo. Sottomise la Terra intera a vibrazioni elettriche, con un generatore che produceva tali fulmini da far impallidire l'artiglieria esplosiva dei cieli. È in parte grazie a quest'ultima scoperta che sviluppò il sistema di radio moderna. All'epoca in cui ancora vedevamo il senza fili solo come una serie di messaggi lampeggianti che permettevano di salvare le navi alla deriva, Tesla stabiliva i nostri metodi di diffusione attuali.

Produsse delle lampade dai bagliori più potenti ed economici di quelle utilizzate ai giorni nostri. Inventò le lampade fluorescenti e senza fili che oggi consideriamo come tecnologie di punta. Tentò addirittura di illuminare tutta l'atmosfera terrestre con le sue correnti elettriche, con lo scopo di trasformare il nostro mondo in un'unica lampada terrestre e rischiarare il cielo notturno come farebbe il sole in pieno giorno.

Se gli altri inventori e scopritori di prim'ordine possono essere considerati le fiaccole del progresso, Tesla, quanto a lui, sarebbe un incendio. Era lo strumento che permise al sole bramante un avvenire migliore di concentrare i suoi fasci incandescenti su un mondo che non era pronto a ricevere la sua luce. Non c'è allora da stupirsi che questo essere raggiante abbia condotto una vita anomala e solitaria. Non si può sovrastimare il valore dei suoi contributi alla società. Possiamo attualmente analizzare, in una certa misura, la personalità che si trova dietro a tutte queste invenzioni: si presenta come un genio sintetico, un superuomo autodidatta, la più grande invenzione del più grande inventore di tutti i tempi. Ma se consideriamo Tesla in quanto essere umano, lasciando da parte i suoi modi affascinanti e accattivanti, è difficile immaginare un incubo più spaventoso di un mondo abitato interamente da geni.

È necessario che ogni esperienza fatta dalla Natura, che permetta un miglioramento, venga effettuata in modo tale che il progresso non vada perso con l'individuo, ma che sia trasmesso alle generazioni future. Nell'uomo questo processo necessita dell'utilizzo dei valori sociali di un popolo, della cooperazione dell'individuo con i suoi simili, perché il miglioramento della propria condizione sia diffuso e diventi un'eredità per tutti. Benché Tesla abbia raggiunto un grado di elevatezza intellettuale gigantesco, concependo volontariamente la sua vita senza amore e senza donne, non è riuscito a perpetuare il suo sapere, né attraverso una discendenza né attraverso discepoli. Il superuomo che ha prodotto non era abbastanza grande da includere una donna nella sua vita e continuare quindi a esistere in quanto tale. L'amore che ha cercato di eliminare dalla sua vita, e che pensava fosse associato unicamente alle donne, è una forza che, sotto diversi aspetti, unisce tutti gli esseri umani.

Cercando di sopprimere completamente questa forza, Tesla ha spezzato i legami che avrebbero potuto procurargli dei discepoli che, con altri mezzi, avrebbero permesso di perpetuare la sua prodigiosa genialità. Di conseguenza, non riuscì a trasmettere al mondo che una parte infima delle creazioni del suo superuomo sintetico.

Come dimostrato da Tesla, la creazione del superuomo è stata una grande esperienza nell'evoluzione umana, degna dell'intelletto titanico che ne risultò, ma che purtroppo non soddisfaceva le norme fissate dalla Natura. L'esperienza dovrà quindi essere rinnovata diverse volte prima di riuscire a scoprire come creare una razza superiore, corredata di uno spirito grande quanto quello di Tesla, che possa servirsi dei tesori nascosti della conoscenza della Natura ma che sia allo stesso tempo dotata d'amore, questa forza vitale che scatena delle forze ancor più grandi di quanto possiamo immaginare, per procurare un'evoluzione nella condizione della specie umana.

Fu nel paesino di Smiljan, nell'odierna provincia di Gospic in Croazia (ex Jugoslavia), che nacque Nikola nella notte tra il 9 e il 10 Luglio 1856, mentre l'orologio suonava la mezzanotte nella casa del reverendo Milutin Tesla e di sua moglie Djouka. Nulla presagiva allora che un superuomo era appena venuto al mondo. Il padre di Nikola, pastore nella chiesa del villaggio, era stato alunno in una scuola di formazione di ufficiali, ribellatosi contro le restrizioni della vita militare prima di rivolgersi al ministero, una via che avrebbe soddisfatto il suo bisogno di esprimersi. Sua madre, per quanto illetterata, era una donna brillante e intelligente che riuscì a formarsi senza alcun aiuto nonostante il suo handicap.

I suoi genitori gli trasmisero una preziosa eredità culturale, sviluppata e perpetuata dalle famiglie ancestrali che erano state a capo della comunità da diverse generazioni. Milutin Tesla proveniva da una famiglia i cui figli servivano in parti uguali la Chiesa e l'Esercito. Djouka faceva parte della famiglia Mandich, dove da numerose generazioni i figli diventavano, salvo qualche eccezione, pastori della Chiesa ortodossa serba, e le figlie venivano scelte per diventare le mogli dei pastori.

La madre di Nikola Tesla, il cui nome corrisponde in italiano a Giorgia o Giorgina, era la primogenita di sette fratelli. Suo padre, così come suo marito, era pastore della Chiesa ortodossa serba. Sua madre, in seguito ad una progressiva perdita della vista, divenne cieca poco dopo la nascita del suo settimo figlio: fu così che la giovane Djouka, la primogenita, fu costretta ad occuparsi della maggior parte delle obbligazioni della madre. Questo non solo le impedì di andare a scuola, ma il lavoro a casa le richiedeva talmente tanto tempo che non ebbe la possibilità di imparare i rudimenti della lettura e della scrittura nemmeno studiando a domicilio. Essendo membro di una famiglia colta, questa situazione era abbastanza insolita. Ciononostante Tesla ha sempre considerato la sua madre illetterata, piuttosto che il suo erudito padre, come colei da cui aveva ereditato le sue capacità creative. Lei aveva inventato numerosi attrezzi che le facilitavano le faccende domestiche. Inoltre era una donna molto pragmatica e suo marito, molto istruito, le lasciava gestire tutti gli affari riguardanti la chiesa e la loro casa.

Era dotata di una memoria eccezionalmente buona, che le permetteva di compensare la sua mancata letterarietà. Mentre la sua famiglia evolveva negli ambiti culturali, lei assorbiva una gran quantità delle ricchezze culturali della comunità semplicemente ascoltando. Era capace di ripetere, senza errori né omissioni, migliaia di versi della poesia nazionale del suo paese, *Le saghe dei Serbi*, e poteva recitare dei lunghi passaggi della Bibbia. Poteva raccontare a memoria l'integralità di Gorski Vijenac (letteralmente «la corona di montagna», tradotto in *The Mountain of Wreath* in inglese), l'opera poetica e filosofica scritta dal vescovo Petrovich Niegosh. Djouka possedeva inoltre un talento artistico che esprimeva con un'eccellente destrezza, ed era molto rinomata in tutta la campagna per i suoi magnifici ricami. Secondo Tesla era così paziente e abile da riuscire, anche a più di sessant'anni, ad annodare tre nodi in un battito di ciglia, semplicemente usando le sue dita.

Le incredibili capacità di questa famiglia intelligente, che non ricevette alcuna educazione, furono trasmesse ai suoi cinque figli. Il primogenito, Dane Tesla, nato sette anni prima di Nikola, era il preferito della famiglia, per l'aver dimostrato fin da bambino un'ingegnosità che annunciava una grande carriera. Dalla sua infanzia aveva presagito che le strane manifestazioni annunciavano la grandezza del suo fratello superstite.

Il padre di Tesla debuttò la sua carriera nell'esercito, orientamento previsibile essendo lui stesso figlio di un ufficiale. Ma, contrariamente a suo padre, non ereditò l'amore per la vita militare. Un semplice incidente, in cui fu criticato per non essere riuscito a mantenere i suoi bottoni di rame abbastanza brillanti, gli fece abbandonare la scuola militare. Era senza alcun dubbio più poeta e filosofo che soldato: era autore di poesia, che fu pubblicata nei giornali dell'epoca. Redasse anche alcuni articoli su problematiche di attualità, che firmava con lo pseudonimo «Srbin Pravicich» («uomo di giustizia» in serbo). Scriveva, leggeva e parlava il sebo-croato, il tedesco e l'italiano. Fu probabilmente la sua attrazione per la poesia e per la filosofia che lo portò ad interessarsi a Djouka Mandich. All'epoca lei aveva venticique anni, due in meno di Milutin. Si sposarono nel 1847. L'attrazione per la figlia di un pastore influenzò sicuramente la sua successiva scelta di carriera, poiché entrò in seguito nel ministero e ricevette in poco tempo gli ordini religiosi.

Divenne pastore presso la chiesa di Senj, un grande porto marittimo che disponeva delle strutture per una vita culturale. Era apprezzato dai suoi parrocchiani, ma più per la sua personalità gradevole e la sua capacità di comprensione che per la grande erudizione sulle questioni teologiche ed ecclesiastiche.

Qualche anno dopo che gli ebbero affidato la responsabilità di questa parrocchia, un nuovo arcivescovo promosso a capo della diocesi desiderò valutare le capacità dei preti a suo carico, ricompensando colui che avrebbe predicato il miglior sermone durante la sua visita ufficiale. A quell'epoca il reverendo Milutin Tesla si interessava molto al lavoro in quanto fattore importante nelle problematiche sociali ed economiche. Ma realizzare un sermone su questo soggetto, dal punto di vista delle convenienze era una cosa impossibile da farsi. Ciononostante, nessuno aveva mai accusato il reverendo Milutin Tesla di pragmatismo: realizzare una cosa irrealizzabile era quindi in accordo con la sua Natura. Scelse il soggetto che più gli stava a cuore, e quando l'arcivescovo arrivò nella sua parrocchia ascoltò un sermone sul « lavoro ».

Qualche mese più tardi, l'arcivescovo organizzò una visita a sorpresa a Senj per annunciare che il reverendo Milutin Tesla aveva composto il miglior sermone, prima di consegnargli una cintura rossa che avrebbe avuto il privilegio di portare in tutte le occasioni. Poco tempo dopo divenne pastore a Smiljan, dove la sua parrocchia contava più di quaranta famiglie. Più tardi gli conferirono una parrocchia molto più grande, nella vicina città di Gospic. I suoi primi tre figli, Milka, Dane e Angelina nacquero a Senj. Nikola e la sua sorellina Marica nacquero a Smiljan.

Durante la sua infanzia Tesla visse in una comunità agricola installata in una regione dell'altopiano, vicino alla costa orientale del mare Adriatico, nelle montagne di Velebit, nelle Alpi. Si tratta di una catena montuosa che si estende dalla Svizzera alla Grecia. Fu soltanto durante l'adolescenza che vide la sua prima locomotiva a vapore: la sua attitudine alla meccanica non nasce dunque dal suo ambiente circostante.

La patria di Tesla è quella che oggi chiamiamo ex-Jugoslavia, che significava « Paese degli Slavi del Sud », e che includeva diversi paesi oggi autonomi: la Serbia, la Bosnia, la Croazia, il Montenegro, la Dalmazia (oggi regione politicamente suddivisa tra Croazia, Montenegro e in parte Bosnia) e la Slovenia. Le famiglie Tesla e Mandich sono originarie dell'ovest della Serbia, vicino al Montenegro. Smiljan, il villaggio dove nacque Tesla, si trova nella provincia di Gospic della regione della Lika. Al momento della sua nascita, si trattava di una provincia dell'Impero austro-ungarico.

Il cognome Tesla risale a più di dieci secoli e mezzo fa. Prima, il cognome era Draganic (pronunciato Drag'-a-nich). Il cognome Tesla (che si pronuncia come si legge, con un accento sulle due sillabe) in senso puramente letterale è un attronimo come DeMagistris, Disegni o Manganelli. In quanto nome comune descrive un attrezzo per lavorare il legno, che chiamiamo « ascia » in italiano. Si tratta

UNO

di uno strumento la cui lama è perpendicolare al manico, contrariamente alle più familiari scuri con una lama parallela. La si usa per tagliare e squartare i grandi tronchi d'albero. In serbo-croato, questo strumento si traduce in tesla. Esiste una tradizione nella famiglia Draganic in base alla quale i membri di un ramo della famiglia ricevevano il soprannome *tesla*, a causa di una caratteristica ereditaria che conferiva a quasi tutti loro dei denti davanti protuberanti, molto grandi e larghi, che assomigliavano tanto alla lama triangolare dell'ascia.

Il nome Draganic e i suoi derivati erano spesso dati in nome negli altri rami della famiglia Tesla. Quando usato come nome, era spesso tradotto in «Carlotta», ed essendo «caro» il significato del suo termine generico, quando si trattava di un cognome lo si traduceva in «Caro».

Secondo gli archivi disponibili, la maggior parte degli antenati di Tesla visse ben oltre l'età media di vita dell'epoca, ma purtroppo non esiste nessuna prova scritta di un antenato che abbia vissuto fino a centoquarant'anni, come dichiarò Tesla. Suo padre morì a cinquantanove anni, sua madre a settantuno.

Anche se un buon numero di suoi antenati aveva gli occhi scuri, quelli di Tesla erano grigio-blu. Egli sosteneva che in origine i suoi occhi erano più scuri, ma in seguito ad un utilizzo eccessivo del suo cervello il loro colore era cambiato. Ciononostante, gli occhi di sua madre erano grigi, così come quelli di alcuni dei suoi nipoti. È allora più probabile che abbia ereditato gli occhi grigi di sua madre, piuttosto che il colore sia cambiato in seguito ad un uso eccessivo del suo cervello.

Tesla divenne un uomo molto alto e magro. Essere alti era un tratto sia familiare che nazionale. In età adulta misurava quasi due metri, più precisamente un metro e ottanta. Per quanto magro, il suo corpo era molto ben proporzionato. Le sue mani, e in particolare i suoi pollici, sembravano però anormalmente lunghe.

Il fratello maggiore di Nikola, Dane, era un giovane uomo brillante, adorato dai suoi genitori che erano fieri di avere un figlio così dotato. I due ragazzi avevano sette anni di differenza. Dane morì all'età di dodici anni in seguito a un incidente, mentre Nikola aveva soltanto cinque anni, rendendo quindi ogni forma di comparazione tra i due molto difficile. I genitori furono devastati dalla perdita del loro primogenito, oppressi dal dolore e dai rimpianti proprio quando avevano idealizzato i suoi talenti e previsto un grande avvenire per il ragazzo. Per questo, tale situazione rappresentò una sfida nella gioventù di Nikola.

Il giovane Nikola si sviluppò così nel superuomo Tesla. Spinto ad ergersi al di sopra del livello normale, con la voglia di continuare per il fratello beneamato scomparso troppo presto, ma anche per se stesso, per oltrepassare le grandi imprese che il fratello avrebbe potuto realizzare se fosse rimasto in vita, Tesla fece inconsciamente appello alle strane risorse che aveva in lui. L'esistenza di queste risorse sarebbe potuta rimanere insospettata per tutta una vita, come avviene per la maggior parte degli individui, se Nikola non avesse sentito la necessità di crearsi una sfera di vita più grande.

Da bambino, era cosciente del fatto che non era come gli altri ragazzi, che i suoi pensieri, i suoi piaceri e i suoi interessi erano diversi. Poteva fare ciò che facevano gli altri bambini della sua età, ma anche molte altre cose che a loro erano impossibili. Erano queste ultime ad accattivarlo, ma non trovava nessun compagno di giochi con cui condividere il suo entusiasmo. Questo lo portò ad isolarsi dagli altri bambini, e gli fece capire che era destinato ad avere un posto speciale, a fare grandi cose nella vita. Il suo spirito da bambino esplorava in permanenza ambiti che andavano ben oltre la sua età, e le prodezze che riusciva a compiere erano molto spesso degne di uomini d'età adulta.

Ovviamente aveva già sperimentato i piccoli incidenti insoliti che accadono ai bambini. Uno dei primi incidenti che Tesla ricordava era una caduta in un serbatoio di latte bollente, che i nativi della regione facevano scaldare ad alta temperatura come misura d'igiene, anticipando il moderno procedimento di pastorizzazione.

Poco tempo dopo si ritrovò accidentalmente rinchiuso in una cappella di montagna isolata, che le persone visitano solo a intervalli di tempo molto lontani. Vi passò la notte, prima che la sua assenza non fosse notata e il suo improbabile nascondiglio scoperto.

Vivendo vicino alla natura, dove poteva in molte occasioni osservare il volo degli uccelli che da sempre faceva gola agli uomini, fece ciò che molti altri ragazzini avevano tentato di fare, ottenendo lo stesso risultato. Un ombrello e molta immaginazione gli offrirono una soluzione al problema del volo libero nell'aria. Utilizzò il tetto di un granaio come piattaforma di lancio. L'ombrello era grande, ma era talmente sciupato da anni di servizio che si rigirò ancor prima che il volo iniziasse. Non si ruppe nessun osso, ma fu fortemente scosso e dovette passare le sei settimane seguenti a letto. Era comunque molto probabile che avesse ragioni migliori degli altri ragazzini per realizzare questa esperienza. Rivelò che, per tutta la sua vita, aveva sentito una reazione particolare quando respirava profondamente. Quando lo faceva, era invaso da una sensazione di leggerezza, come se il corpo avesse perso tutto il suo peso, e concluse che sarebbe stato capace di volare con la sua sola forza di volontà. Ma durante l'infanzia, non si rese conto che era per questo motivo che era diverso.

UNO

Un giorno, quando aveva cinque anni, uno dei suoi amici ricevette in regalo una canna da pesca, e tutti i maschi del gruppo decisero di andare a pescare. Ciononostante, quel giorno aveva litigato con i suoi amici per una qualche ragione, e gli avevano dunque detto che non poteva accompagnarli. Non gli avevano nemmeno permesso di vedere la canna da pesca da vicino, ma era riuscito malgrado tutto a distinguere la forma di un amo appeso alla fine di un filo. Fabbricò allora in un batter d'occhi la sua propria versione di amo, ma non aveva pensato a introdurvi una punta, né era riuscito a sviluppare la teoria dell'uso di esche, quando se ne andò a pescare da solo. L'amo senza esca non attirava nessun pesce ma, a sua grande sorpresa e per sua grande gioia, mentre l'amo dondolava in aria catturò una rana che vi saltò sopra. Ritornò così a casa con un sacco di quasi due dozzine di rane. Forse non c'erano pesci da catturare quel giorno, ma ad ogni modo i suoi amici rientrarono a mani vuote dalla loro escursione, malgrado l'uso di una vera canna da pesca. Il suo trionfo era totale. Quando, più tardi, svelò la sua tecnica, tutti i ragazzi del quartiere copiarono il suo amo ed il suo metodo. In poco tempo la popolazione di rane della regione si trovò fortemente ridotta.

Tesla era sempre stato molto curioso di sapere cosa contenessero i nidi d'uccello. Disturbava solo raramente il loro contenuto o i loro occupanti. Una volta, però, scalò una parete rocciosa per andare a studiare il nido di un'aquila, e ritornò con un aquilotto che tenne chiuso in un fienile. Un uccello che, in pieno volo, era un bersaglio all'altezza del suo talento riconosciuto con la fionda.

In quel periodo si interessò anche ad un pezzo di tubo incavo, proveniente da una canna che cresceva nei dintorni. Lo manipolò fino a trasformarlo in cerbottana, poi ne fabbricò un pistone e chiudendone una delle estremità con un tappo di canapa umido ne fece una pistola giocattolo. Iniziò allora a produrre delle pistole più grandi, e riuscì a fabbricarne una in cui l'estremità del pistone era mantenuta contro il petto e il tubo veniva tirato energicamente verso il corpo. Si abbandonò alla fabbricazione di diversi esemplari per i suoi amici, come un piccolo uomo d'affari di cinque anni. Ma quando un certo numero di vetri si ritrovò accidentalmente infranto, trovandosi nella traiettoria del suo tappo di canapa, le sue inclinazioni creative furono rapidamente frenate dalla distruzione delle pistole e dalle forti ramanzine dei genitori.

Tesla debuttò la sua educazione formale prima di aver compiuto i cinque anni, andando alla scuola del villaggio di Smiljan. Qualche anno dopo, suo padre fu nominato pastore della chiesa della vicina città di Gospic, tutta la famiglia si dovette dunque trasferire. Fu un triste giorno per il giovane Nikola. Fino a quel momento aveva sempre vissuto vicino alla natura, e adorava la campagna e le alte montagne. L'improvviso cambiamento verso una città dal carattere artificiale fu un grande shock per lui. Non si trovava in armonia con il suo nuovo ambiente.

Il suo arrivo, all'età di sette anni, nella vita urbana di Gospic, iniziò con il piede sbagliato. In quanto nuovo pastore della città, suo padre teneva molto al fatto che tutto filasse dritto. Tesla era obbligato a portare il suo miglior completo e assistere alla messa della domenica. Ovviamente non sopportava questo compito, e fu molto felice quando gli si chiese di andare a suonare la campana per richiamare i fedeli alla messa e annunciare la fine delle celebrazioni. Questo gli dava l'occasione di rimanere nascosto nel campanile mentre i parrocchiani, le loro figlie e i loro figli arrivavano e ripartivano.

In occasione di quella prima domenica, pensando di aver aspettato abbastanza a lungo dopo la fine del servizio e che la chiesa fosse vuota, iniziò a scendere le scale, tre gradini alla volta. Una ricca parrocchiana, che portava una gonna dallo strascico talmente lungo che poteva spazzare il suolo, venuta alla messa accompagnata da un corteo di servitori, era rimasta in chiesa per discutere con il nuovo pastore. Si stava accomiatando in gran pompa quando Tesla, che saltava in fondo agli scalini, atterrò sullo strascico, strappando così quell'appendice che preservava la dignità del vestito della donna. L'umiliazione e la rabbia di quest'ultima, unite alla collera di suo padre, si abbatterono contemporaneamente su di lui. I parrocchiani rimasti fuori accorsero per godersi lo spettacolo. In seguito, nessuno osò essere gentile con quel bambino che aveva fatto infuriare la ricca nobildonna che tiranneggiava la comunità sociale. Fu praticamente escluso dai parrocchiani, e andò avanti così fino a quando non riuscì a riscattarsi in modo spettacolare.

Tesla si sentiva estraneo e abbattuto di fronte alla sua ignoranza rispetto ai costumi urbani. Inizialmente evitò la situazione, rinchiudendosi in casa. I ragazzi della sua età erano sempre ben vestiti, dei veri dandy, e lui si sentiva fuori posto. Anche da bambino, Tesla aveva sempre preso molta cura del suo aspetto. Ma appena ne aveva l'occasione, infilava degli abiti da lavoro sopra ai suoi bei vestiti, e andava a passeggiare nei boschi o a fare meccanica. Gli era impossibile godersi pienamente la vita se doveva limitarsi alle attività che gli richiedevano di portare una tenuta corretta. Tuttavia, Tesla era un ragazzo pieno di ingegno ed erano rare le situazioni nelle quali non era in grado di esprimerlo. Possedeva inoltre delle conoscenze sulla natura, cosa che gli conferiva un netto vantaggio rispetto agli altri ragazzi di città.

Circa un anno dopo il trasloco della famiglia a Gospic, un nuovo corpo di pompieri fu formato. Doveva essere munito di una pompa che avrebbe rimpiazzato il sistema di «catena umana», utile ma insufficiente. I nuovi membri del corpo ottennero delle uniformi dai colori sgargianti, e lavoravano sulla loro parata per le sfilate. La nuova pompa arrivò. Si trattava di una pompa manuale che doveva essere azionata da sedici uomini. Furono organizzate una sfilata e una dimostrazione dell'apparecchio. Tutta, o quasi, la città di Gospic era presente per l'occasione, e si riunì sugli argini per assistere alla dimostrazione della pompa. Tesla faceva parte del corteo. Aveva occhi solo per l'apparecchio dipinto con colori vivi, e non ascoltava i discorsi pronunciati. Ignorava il suo funzionamento, ma avrebbe adorato smontarlo e studiare quello che c'era al suo interno.

L'ora della dimostrazione suonò mentre l'ultimo oratore terminò il suo discorso d'omaggio, e diede l'ordine di avviare l'operazione di pompaggio che avrebbe inviato un getto d'acqua in aria. Gli otto uomini piazzati ad ognuno dei lati della pompa si abbassavano e si alzavano a ritmo alternato, mentre sollevavano e abbassavano le barre che azionavano i pistoni della pompa. Ma non successe niente, non una goccia d'acqua uscì dal bocchettone!

I rappresentanti della compagnia iniziarono febbrilmente a fare alcuni aggiustamenti, e dopo ogni regolazione ordinavano ai sedici uomini di ricominciare i loro movimenti dal basso verso l'alto, tenendo le maniglie della pompa. Ma ogni volta, non succedeva niente. Le linee del tubo che univano la pompa al bocchettone furono raddrizzate, scollegate dalla pompa e poi ricollegate. Ma l'acqua continuava a non uscire dal bocchettone del tubo, lasciando invano gli sforzi dei pompieri sudati.

Tesla faceva parte di quel gruppo di ragazzini che si vedono dappertutto in occasione di tali riunioni, e che riescono sempre a intrufolarsi nelle prime file tra la folla. Tentava di vedere tutto quel che accadeva, avvicinandosi il più possibile, dando sicuramente sui nervi ai rappresentanti già nervosi e frustati dai loro ripetuti sforzi finora infruttuosi. Quando uno di loro si girò per l'ennesima volta, per sfogare la sua frustrazione sui bambini e ordinargli di allontanarsi dal suo campo d'azione, Tesla gli afferrò il braccio.

«Signore, io lo so cosa bisogna fare. Continuate a pompare», disse.

Precipitandosi verso la riva, Nikola si tolse rapidamente i vestiti e si tuffò in acqua. Nuotò fino al tubo d'aspirazione che avrebbe dovuto pompare l'acqua del fiume. Era tutto ingarbugliato, di modo che l'acqua non potesse entrarci, e appiattito a causa del vuoto creato dall'azione di pompaggio. Quando slegò il nodo, l'acqua si riversò nel tubo. Gli uomini che si occupavano del tubo erano rimasti al loro posto per un lungo momento. Gli si era raccomandato di tenersi pronti ad ogni nuova regolazione, ma siccome non succedeva niente si erano poco a poco distratti, e non prestavano più molta attenzione alla direzione in cui puntava il tubo. Quando il getto d'acqua si elevò finalmente verso il cielo, l'acqua ricadde sull'assemblea dei rappresentanti e dei paesani. Questo spettacolo inatteso portò la folla, che si manteneva dall'altro lato della linea, verso la pompa, in effervescenza. Dando libero sfogo alla loro gioia presero il giovane Nikola, vestito a malapena, e lo caricarono sulle spalle di due dei pompieri, da cui si trovò a capo di un corteo che fece il giro della città. Nikola Tesla, sette anni, era l'eroe del giorno.

Più avanti, Tesla spiegò l'incidente. Dichiarò di non avere avuto assolutamente la minima idea del funzionamento della pompa, ma che dopo aver osservato gli uomini battersi con quest'ultima, ebbe un'illuminazione che gli suggerì di andare a vedere il tubo nel fiume. «Ripensandoci», disse, «so come deve essersi sentito Archimede quando, dopo aver scoperto il Principio di Archimede, si mise a correre nudo per le vie di Siracusa gridando *eureka!*»

Grazie alla sua ingegnosità, a sette anni Tesla aveva assaggiato i piaceri delle acclamazioni della folla. Aveva inoltre realizzato qualcosa che né quei dandy di città, i ragazzi della sua età, né i loro padri sarebbero stati capaci di fare. Si era finalmente ritrovato. Era diventato un eroe, si poteva dunque dimenticare che un giorno era saltato sulla gonna di una nobildonna e ne aveva strappato lo strascico.

Tesla non perdeva mai l'occasione di andare a fare delle camminate nelle montagne circostanti, dove poteva di nuovo approfittare dei piaceri dei suoi giovani anni passati in comunione con la natura. Durante le sue escursioni si chiedeva spesso se la rudimentale ruota idraulica che aveva costruito e installato quando ancora non aveva cinque anni, situata dall'altro lato del ruscello di montagna, vicino al suo domicilio a Smiljan, fosse ancora funzionante.

La ruota era composta da un disco quasi liscio, che era stato tagliato da un tronco d'albero precedentemente abbattuto da qualche azienda specializzata. Al suo centro, aveva intagliato un buco nel quale aveva inserito un ramo d'albero più o meno dritto, posando le sue estremità su due bastoni biforcuti che aveva poi piantato nella roccia, sulle due rive del ruscello. Questa disposizione permetteva alla parte inferiore del disco di trovarsi immersa nell'acqua, e alla corrente del ruscello di far girare la ruota. Per il giovane ragazzo, la costruzione di questo antico meccanismo aveva richiesto molta originalità. La ruota era un po' traballante, ma per lui era un capolavoro di costruzione e non poteva smettere di guardare il ruscello che la alimentava.

Questa esperienza aveva indubbiamente lasciato una traccia indelebile nel suo giovane spirito sintetico e gli aveva trasmesso quel desiderio, che ritroveremo in seguito in ognuna delle sue opere, di procurarsi l'energia a partire dalle inesauribili risorse della Natura.

In questo disco liscio della ruota idraulica possiamo distinguere un'anticipazione della sua futura invenzione: la turbina di Tesla, una turbina munita di una serie di dischi lisci. Più avanti scoprì che tutte le ruote idrauliche erano normalmente dotate di pale, ma quella che aveva costruito lui funzionava senza.

Tesla realizzò la sua prima esperienza sui metodi originali di produzione d'energia quando aveva nove anni. Se non altro, provava il suo ingegno e la sua inventiva: si trattava di un motore azionato da sedici insetti. Aveva preso due pezzetti di legno, sottili come stuzzicadenti ma molto più lunghi, che aveva incollato insieme per formare una croce, in modo che assomigliassero alle pale di un mulino a vento. Nel punto di intersezione erano attaccati ad un asse fatto con un altro pezzetto di legno fine, sul quale aveva fatto scivolare una piccolissima puleggia il cui diametro non superava quello di un pisello. Un filo di spago, che fungeva da cinghia di trasmissione, passava sopra e attorno la circonferenza di una puleggia, molto più grande ma leggera, che aveva piazzato su un altro asse fine. L'energia per far funzionare l'apparecchio era fornita da sedici maggiolini; aveva catturato un intero boccale di questi insetti che infestavano il vicinato. Le bestiole battevano le ali, e se fossero state liberate sarebbero volate via a tutta velocità. Ma, in quel caso, erano state incollate alle braccia della croce, e il loro battito d'ali le faceva girare molto velocemente. I rametti erano collegati da una stringa di spago alla grande puleggia, facendola girare lentamente. Secondo le osservazioni di Tesla, la sua intenzione sviluppava una forza, o potenza rotativa, straordinariamente elevata.

Fiero del suo motore a insetti e del suo funzionamento costante (gli insetti continuarono a volare per ore), invitò uno dei ragazzini del vicinato a venire ad ammirare la sua creazione. Si trattava del figlio di un ufficiale dell'esercito. Quest'ultimo si divertì qualche minuto a guardare il motore a insetti, poi notò il boccale contenente i maggiolini che non erano stati utilizzati. Senza esitare, aprì il boccale, afferrò gli insetti e li mangiò. Tesla fu talmente disgustato che cacciò via il bambino e distrusse il suo motore a insetti. Per diversi anni non riuscì a guardare un maggiolino senza ricordarsi di quella sensazione sgradevole.

Quell'incidente lo contrariò molto. In effetti, Tesla aveva previsto di aggiungere altri assi all'albero, e di incollarvi altri insetti fino ad ottenere un motore alimentato da circa un centinaio di maggiolini.

DUE

Per Tesla, gli anni della scuola furono marcati soprattutto dalle attività che svolgeva dopo le lezioni, piuttosto che da quello che imparava in classe. All'età di dieci anni, Tesla, dopo aver terminato gli studi elementari presso la scuola normale, integrò il liceo della città di Gospic. Era frequente che a quell'età i bambini entrassero al liceo, questa scuola che corrispondeva più ai nostri istituti d'istruzione secondaria e ai nostri collegi che alle università.

Uno dei criteri richiesti era il disegno a mano libera: durante i quattro anni di studi, una percentuale straordinariamente elevata di ore di lezione era dedicata a questa materia. Tesla la detestava quasi al punto di ribellarsi apertamente, e di conseguenza i suoi voti erano molto bassi, anche se in nessun caso questo era dovuto ad una mancanza di capacità da parte sua.

Quando era piccolo Tesla era mancino, ma diventò in seguito ambidestro. Essere mancini rappresentava un reale handicap per le lezioni di disegno. Tesla avrebbe potuto realizzare dei lavori migliori di quelli che consegnava, e avrebbe avuto dei voti migliori se non avesse dato prova di generosità. Un alunno che Tesla avrebbe potuto scavalcare a lezione di disegno lavorava duro per ottenere una borsa di studio. Se non avesse ottenuto dei buoni voti, questo alunno non avrebbe avuto accesso alla borsa a cui ambiva. Tesla cercò di aiutare il suo compagno, facendo apposta ad ottenere i voti peggiori della classe.

Matematica era la sua materia preferita, ed eccelleva in questo ambito. Tuttavia, la sua insolita conoscenza della matematica non era sufficiente a compensare la sua mancanza di interesse per il disegno. Un dono particolare gli permetteva di realizzare delle prodezze formidabili in matematica; possedeva questo potere dalla sua più tenera infanzia e lo considerava un elemento genetico. Cercava di sbarazzarsene perché era un problema indipendente dalla sua volontà.

Se gli veniva in mente un oggetto, questo appariva davanti a lui sotto una forma solida e compatta. Tali visioni dettagliavano talmente bene le caratteristiche degli oggetti reali che era difficile per lui fare la differenza fra visione e realtà. Questa facoltà sovrannaturale si era avverata molto utile per i suoi compiti di matematica.

Se gli si dava un problema di aritmetica o di algebra, gli era indifferente dovere andare alla lavagna o restare al suo posto per risolverlo: la sua strana capacità gli permetteva di visualizzare una lavagna sulla quale il problema era scritto. Sopra, vi apparivano anche tutte le operazioni e tutti i simboli necessari a trovare la soluzione. Ogni tappa si rivelava più veloce che se avesse dovuto utilizzare la sua lavagnetta per risolvere il problema a mano, e di conseguenza riusciva a dare la risposta ancor prima che avessero finito di esporgli interamente il problema.

All'inizio i suoi professori dubitavano della sua onestà, pensando che li avesse abbindolati deliberatamente e intelligentemente per ottenere le risposte giuste. A un certo punto il loro scetticismo scomparse, e accettarono il fatto che possedesse delle capacità poco comuni per il calcolo mentale. Egli non voleva svelare a nessuno il suo potere, e ne discuteva solo con la madre, la quale già in passato l'aveva incoraggiato quando aveva cercato di sbarazzarsene. Tuttavia, ora che il potere si era rivelato piuttosto utile, non era più così precipitoso di separarsene completamente: voleva imparare a dominalo totalmente.

Il lavoro che Tesla svolgeva al di fuori delle ore di lezione lo interessava molto di più che il suo lavoro scolastico. Leggeva velocemente ed aveva una capacità di memorizzazione quasi infallibile. Gli risultò semplice imparare le lingue straniere: oltre alla sua lingua natale, il serbo-croato, era diventato esperto in tedesco, francese e italiano. Questo gli permise di acquisire un numero ancor maggiore di conoscenze, alle quali gli altri alunni non avevano accesso; pertanto, tali conoscenze gli sembravano apparentemente inutili nel suo lavoro scolastico. Si interessava di meccanica, ma la scuola non offriva nessun corso di lavori paratici. Tuttavia, eccelleva nella padronanza del legno e dei metalli, aiutandosi con strumenti e metodi che aveva sviluppato lui stesso.

Alcuni modelli di ruote idrauliche erano esposti in una delle aule delle classi superiori del liceo. Non funzionavano, ma erano comunque riuscite a suscitare l'interesse di Tesla. Gli ricordavano la modesta ruota che aveva costruito sulle vette di Smiljan. Aveva visto delle foto delle cascate del Niagara. L'accostamento delle possibilità di potenza presentate dalle maestose cascate d'acqua con quelle affascinanti che aveva notato dei modelli di ruote idrauliche, svegliò in lui la voglia di compiere grandi imprese. Parlandone con eloquenza, disse a suo padre: «Un giorno, andrò in America, e sfrutterò le cascate del Niagara per produrre elettricità». Trent'anni più tardi questa predizione di realizzava.

Nella biblioteca di suo padre c'era una quantità enorme di libri. Il sapere procurato da questi testi lo interessava più di quello che riceveva a scuola, e desiderava passare le sue serate a leggere. Come in molti altri ambiti, vi si dedicò fino all'estremo, al punto che suo padre gli vietò la lettura dei libri per paura che si rovinasse gli occhi con la debole luce fornita dalle candele che utilizzava per illuminare. Nikola raggirò il divieto portando delle candele nella sua stanza, e continuando a leggere dopo che l'avessero mandato a letto. Molto presto la sua disobbedienza fu scoperta, e la riserva di candele della famiglia fu nascosta. Allora, lavorò un pezzo di stagno per realizzarne uno stampo da candele, e si mise a fabbricarne lui stesso. Così, dopo aver tappato il buco della serratura e le fessure attorno alla porta, era capace di passare ore intere, la notte, a leggere i volumi che aveva rubato dagli scaffali della biblioteca di suo padre. Spesso, dichiarò, passava la notte intera a leggere senza sentire gli effetti della mancanza di sonno. Ciononostante, finì per essere scoperto, e la disciplina paterna fu estremamente rinforzata. All'epoca doveva avere circa undici anni.

Come gli altri maschi della sua età, giocava con arco e frecce. Fabbricava degli archi più grandi, e delle frecce migliori, più leggere. La sua abilità nel tiro era eccellente; ma non si limitò a questo, e si mise a costruire delle balestre. Potremmo descriverle come l'artiglieria pesante degli arcieri. L'arco è montato su un fusto, sul quale una corda viene tesa e bloccata attraverso una molla, legata a sua volta ad un grilletto. La freccia viene posta in mezzo al fusto, con l'estremità posizionata contro la corda tesa. La balestra si tiene orizzontalmente, contrariamente alle sessioni di tiro con l'arco tradizionali in cui quest'ultimo si tiene verticalmente. E' per questa ragione che l'arma viene a volte chiamata semplicemente «arco». Quando ci si prepara al tiro con una balestra, il calcio è posizionato sull'addome e la corda dev'essere tesa. Questo richiede tutte le proprie forze. Tesla dichiarò di averlo fatto talmente spesso che la sua pelle, all'altezza del punto di pressione, era diventata tanto callosa da sembrare quella di un coccodrillo. Quando tirava in aria non ritrovava mai le sue frecce, erano fuori portata. A corta distanza, le frecce potevano trapassare una tavola di pino di 2,5 cm di spessore.

A Tesla il tiro con l'arco piaceva più che agli altri ragazzi. Si immaginava cavalcare quelle frecce tirate lontano verso la volta celeste. Quel sentimento di euforia che lo avvolgeva quando inspirava profondamente gli procurava una tale sensazione di leggerezza da convincerlo che, in quella condizione, avrebbe potuto volare nel cielo se fosse stato capace di sviluppare un qualunque aiuto meccanico che potesse scagliarlo e permettergli di sollevare quello che credeva essere ormai solo un leggero resto del peso del suo corpo. Il suo precedente e disastroso salto dal tetto del granaio non l'aveva scoraggiato. Le sue conclusioni si univano alle sue emozioni, ma non possiamo biasimare con troppa severità un ragazzino di dodici anni che esplora, da solo, questo ambito complicato, senza sapere che i nostri sensi a volte si sbagliano, o meglio, a volte noi stessi ci sbagliamo nell'interpretare ciò che i nostri sensi ci dicono.

Respirando profondamente, sovraccaricò i suoi polmoni ed espulse una parte del diossido di carbonio residuo, ovvero le «ceneri» chimiche, per buona parte inerti, che rimpiazzò con aria contenente un misto equilibrato di azoto inerte e ossigeno molto attivo. Quest'ultimo, presente in proporzioni anormali, iniziò immediatamente a sconvolgere l'equilibrio chimico del corpo intero. La reazione prodotta sul cervello non è molto diversa dagli effetti di un'intossicazione da alcool. Un certo numero di culture utilizza questo procedimento per indurre le persone ad esperienze «mistiche» o «occulte». Come poteva un ragazzino di dodici anni sapere tutto questo? Vedeva che gli uccelli erano dotati per volare. Convinto che un giorno l'uomo avrebbe volato, voleva creare l'apparecchio che gli avrebbe permesso di elevarsi nell'aria.

La grande idea gli venne quando apprese l'esistenza del vuoto, uno spazio all'interno di un recipiente nel quale l'aria era stata esaurita. Apprese che ogni oggetto esposto all'aria aperta era soggetto ad una pressione di circa 6,7 ettopascal, mentre gli oggetti sottovuoto non subivano alcuna pressione. Capì che una pressione di 6,7 ettopascal doveva essere in grado di far girare un cilindro a grande velocità, e che sarebbe riuscito a sfruttare i vantaggi di tale pressione circondando una metà della superficie del cilindro con del vuoto e lasciando l'altra metà esposta alla pressione dell'aria. Costruì con cura una scatola di legno. Ad una delle estremità si trovava un'apertura dove un cilindro era stato collocato, con un grado di precisione molto elevato, in modo che la scatola fosse ermetica. Su un lato del cilindro il bordo della scatola formava un angolo retto, mentre sull'altro lato la scatola formava una tangente. Tesla aveva creato questa disposizione perché voleva che la pressione dell'aria fosse consentita all'altezza della tangente, sulla superficie del cilindro. Sapeva che questo elemento era necessario per provocare una rotazione. Se fosse riuscito a far girare quel cilindro, tutto quel che avrebbe dovuto fare per volare sarebbe stato attaccare un'elica a un asse del cilindro, legare la scatola al suo corpo e ottenerne una potenza continua, sollevandosi in aria. Ovviamente la sua teoria era erronea, ma all'epoca non c'era nessun modo di saperlo.

La fabbricazione di quella scatola era senza alcun dubbio di ordine superiore, considerato che era stata fatta da un meccanico autodidatta di dodici anni. Quando collegò la sua pompa a vuoto, un semplice compressore d'aria, constatò che la scatola era ermetica. Espulse quindi tutta l'aria presente, osservando attentamente il cilindro. Niente si verificò durante numerose pompate, se non fargli venire il mal di schiena a forza di tirare la maniglia della pompa verso l'alto, mentre creava il vuoto più «potente» possibile. Si riposò un attimo. Iniziò a respirare profondamente, sotto sforzo, sovraccaricando i polmoni, ed ebbe quella sensazione felice, vertiginosa, di essere leggero come l'aria, il che costituiva uno stato mentale estremamente soddisfacente per il suo esperimento.

Improvvisamente il cilindro si mise a girare, lentamente. Il suo esperimento era un successo, la sua scatola funzionava! Avrebbe potuto volare!

Tesla era pazzo di gioia, era in estasi. Ma non aveva nessuno con cui condividere quella gioia, perché non si fidava di nessuno. Era il suo segreto ed era costretto a «sopportare» quella felicità da solo. Il cilindro continuava a ruotare lentamente. Non era un'allucinazione, era vero. Tuttavia, la velocità di rotazione non aumentò, e questo fu una delusione: l'aveva immaginato girare a tutta velocità, mentre in realtà il cilindro girava piano piano. Per lo meno la sua idea era buona; con un po' più di pratica, sarebbe riuscito a farlo girare più velocemente. Affascinato, si alzò e si mise a guardare la sua invenzione girare alla velocità di una lumaca per meno di trenta secondi, prima di fermarsi. Questo spezzò l'incanto e mise fine, per qualche tempo, alle sue evasioni mentali aeree.

Cercò di capire quale fosse il problema e individuò rapidamente ciò che sapeva, con certezza, esserne la causa. Dichiarò che, siccome il vuoto era la fonte di energia, se non c'era più energia era perché il vuoto era scomparso. Era sicuro che la sua pompa lasciasse filtrare l'aria. Sollevò la maniglia. Questa si mosse facilmente, il che significava che sicuramente aveva perso del vuoto nella scatola. Ancora una volta espulse l'aria, e ancora una volta, raggiunto un vuoto forzato, il cilindro iniziò a ruotare lentamente e continuò ancora durante qualche secondo. Quando si fermò, Tesla pompò di nuovo l'aria e il cilindro ricominciò a girare. Questa volta continuò a pompare, e il cilindro continuò a girare. Poteva farlo girare quanto tempo voleva, continuando a pompare.

Per quel che ne sapeva, niente non andava nella sua teoria. Esaminò la pompa con molta attenzione, apportando dei miglioramenti che avrebbero potuto dargli un vuoto spinto, e studiò la valvola per creare una migliore protezione per il vuoto all'interno della scatola. Lavorò su quel progetto per delle settimane, ma nonostante i suoi sforzi non riuscì a ottenere risultati più importanti del leggero movimento del cilindro.

La verità lo colpì in pieno volto: perdeva il vuoto nella scatola perché l'aria scappava tutto attorno al cilindro, dal lato in cui la superficie piatta era tangente alla superficie del cilindro. Fintanto che l'aria si infiltrava nella scatola, il cilindro girava lentamente. Appena l'aria smetteva di entrare, il cilindro si fermava. Era ormai cosciente del fatto che la sua teoria era sbagliata. Aveva supposto che, anche con il vuoto mantenuto e se l'aria non scappasse, quest'ultima avrebbe esercitato pressione sulla tangente alla superficie del cilindro. La pressione avrebbe prodotto un movimento, così come spingere sul bordo di una ruota l'avrebbe fatta girare. Ciononostante, Tesla scoprì in seguito che la pressione dell'aria era esercitata perpendicolarmente alla superficie del cilindro, come la direzione dei raggi di una ruota; di conseguenza, non avrebbe potuto utilizzarla per creare la rotazione come si era immaginato.

Tuttavia quest'esperienza non fu una totale perdita di tempo, anche se ne era rimasto molto provato. Scoprire che l'aria che si infiltrava nel vuoto aveva effettivamente provocato una leggera rotazione del cilindro gli era rimasto in testa, e l'avrebbe condotto direttamente, diversi anni più tardi, alla sua invenzione: la turbina di Tesla. Questo arnese a vapore batterà tutti i record di potenza sviluppati per unità di massa—quello che chiamava «una centrale elettrica in un cappello».

La natura pareva mettere costantemente in scena delle dimostrazioni spettacolari per il giovane Tesla, rivelandogli uno scorcio del segreto della sua forza incommensurabile.

In una giornata d'inverno, Tesla passeggiava in montagna con alcuni amici. Era l'indomani di una tempesta, la neve era umida e appiccicosa. Una pallina di neve rotolò sul suolo e, accumulando altra neve, il suo volume aumentò rapidamente e divenne presto troppo grossa per essere spostata facilmente. Stanchi di fare dei pupazzi e delle casette di neve, i ragazzi presero delle palle di neve che iniziarono a lanciare lungo il pendio della montagna. La maggior parte di loro faceva cilecca—erano cioè frenate dalla neve fresca ancor prima di aver accumulato più volume. Alcune rotolavano per una certa distanza, si aggrandivano, poi si arenavano e si fermavano. Una delle palle però trovò le condizioni giuste. Questa rotolò fino ad ingrandirsi bene, accumulando neve da tutte le parti come se stesse precipitando lungo un tappeto gigante. Improvvisamente si trasformò in valanga. Molto rapidamente un immenso ammasso di neve precipitava lungo le pendici ripide, trascinando giù tutto, la neve, gli alberi, la terra e tutto ciò che trovava davanti a sé e che poteva portarsi dietro. L'impressionante massa atterrò a valle, un po' più in basso, in un tonfo sordo che scosse tutta la montagna. I ragazzi ebbero paura, perché c'era ancora della neve sotto di loro che avrebbe potuto trasformarsi in frana e trascinarli seppellendoli a loro volta al suo interno.

Questo evento marcò profondamente Tesla e dominò la maggior parte dei suoi pensieri negli anni successivi. Aveva visto una palla di neve di appena qualche grammo trasformarsi in un movimento distruttore di migliaia di tonnellate di materie inerti. Questo lo convinse del fatto che esistevano delle forze immense intrappolate nella natura, che potevano liberare quantità enormi, potendo servire a scopi tanto utili quanto devastanti utilizzando delle piccole forze di innesco.

Quando ancora era un bambino, Tesla era un pensatore originale e non aveva mai paura di vedere le cose in grande, spingendo ogni progetto fino al suo parossismo nel tentativo di sfruttare il cosmo, cosa che spiega un evento che accadde l'estate successiva. Girovagava da solo per le montagne quando delle nuvole tempestose invasero il cielo. Ci fu un lampo e quasi immediatamente un diluvio di pioggia si abbatté su di lui.

In quell'occasione un pensiero, che porterà con sé fino a praticamente la fine della sua vita, si impossessò del suo spirito di giovane uomo di tredici anni. Notò che il fulmine aveva preceduto una pioggia torrenziale, e ne concluse che questo doveva essere stato l'elemento scatenante. L'idea prese una forma netta nei suoi pensieri: l'elettricità controllava la pioggia, e se potevamo produrre un fulmine quando meglio credevamo, allora avremmo potuto controllare il tempo meteorologico. Così non ci sarebbero più stati periodi di siccità a rovinare i raccolti; i deserti si sarebbero trasformati in parcelle viticole, le riserve di cibo nel mondo sarebbero fortemente aumentate e a nessuno sarebbe mancato. Perché dunque non produrre il fulmine?

Le osservazioni e le conclusioni tratte dal giovane Tesla erano degne di uno spirito più maturo, e ci sarebbe voluto un genio tra gli adulti per sviluppare il progetto di controllare la meteorologia mondiale grazie a tali mezzi. Ciononostante, la sua osservazione comportava una faglia. Aveva visto prima il lampo, e poi la pioggia. Delle ricerche più approfondite gli avrebbero mostrato che l'ordine degli eventi si ribaltava, un po' più in alto nell'atmosfera: prima arrivava la pioggia nella nuvola, e poi il fulmine. Tuttavia, era il fulmine ad arrivare prima. Scendeva dalla nuvola in meno di 0,00001 secondi mentre ci voleva qualche secondo in più alle gocce di pioggia per arrivare al suolo.

In quel momento, l'idea di un progetto si fissò nella mente di Tesla. Vi germinò per più di trent'anni fino al giorno in cui, nelle montagne del Colorado, finì per creare alcuni fulmini e si disse che li avrebbe utilizzati per portare la pioggia. Non riuscì mai a convincere l'Ufficio americano dei Brevetti dell'utilità del suo piano per creare la pioggia.

Da bambino, Tesla non conosceva alcun limite al suo universo di pensieri. Per questo, si costruì uno spazio intellettuale abbastanza largo da offrire lo spazio sufficiente nel quale la sua mente più matura avrebbe potuto operare senza trovare ostacoli.

Tesla terminò il suo percorso al liceo di Gospic nel 1870, all'età di quattordici anni, distinguendosi come erudito. Ciononostante, un anno il suo professore di matematica gli diede un voto inferiore alla media per il suo lavoro annuale. Tesla si sentì vittima di ingiustizia ed andò dal direttore della scuola, chiedendogli di rivedere attentamente il suo compito. Questo fu fatto in presenza del direttore e del professore, ed il compito di Tesla fu validato con un voto quasi perfetto.

Il suo eccellente operato a scuola ed il fatto che gli abitanti riconoscessero che possedeva un ventaglio di conoscenze ben più ampio di tutti gli altri giovani del villaggio, portarono gli amministratori della biblioteca municipale a chiedergli di ordinare i libri in loro possesso e repertoriarli. Tesla aveva già letto la maggior parte dei libri dell'immensa biblioteca di suo padre, fu dunque felice di avere accesso ad una collezione ancora più grande e si mise all'opera con grande energia. Aveva appena iniziato quando il suo entusiasmo fu spezzato da una lunga malattia cronica. Quando si sentiva troppo debole per andare in biblioteca, poteva occuparsi della quantità di libri che aveva portato a casa. Sono questi i libri che lesse mentre era segregato nel suo letto. La malattia raggiunse un punto critico, e i medici abbandonarono ogni speranza di salvargli la vita.

Il padre di Testa sapeva che quest'ultimo era un bambino fragile, e avendo perduto l'altro suo figlio tentò di proteggerlo il più possibile. Era veramente fiero dei brillanti risultati raggiunti da suo figlio in quasi tutte le attività che aveva intrapreso; tuttavia, riconosceva che la grande intensità con cui Tesla affrontava i suoi progetti era un pericolo per la sua salute. Per lui l'attrazione di Nikola per l'ingegneria era una via pericolosa, perché pensava che lavorare in quel campo gli avrebbe richiesto troppi sforzi, non solo a causa della natura stessa del lavoro, ma anche per i numerosi anni di studio che avrebbe dovuto intraprendere. D'altronde, se il ragazzo fosse entrato nel ministero, non avrebbe dovuto continuare i suoi studi oltre al liceo nel quale si era appena diplomato. Per questo motivo, suo padre preferì per lui una carriera nella Chiesa.

La malattia fu, sotto tutti gli aspetti, una discesa all'inferno. Quando Nikola raggiunse il punto più critico della malattia, ritrovandosi quasi senza forze, non mostrò alcun desiderio di stare meglio e scelse di non manifestare nessun tipo di attrazione per checchessia. Era a questo stadio della malattia quando gettò un'occhiata indifferente ad uno dei libri della biblioteca. Era un libro di Mark Twain. Questi risvegliò la sua curiosità e stimolò la sua passione per la vita, permettendogli di attraversare la crisi prima di ritrovare poco a poco la salute. Tesla credeva che il libro di Mark Twain gli avesse salvato la vita, e quando incontrò Twain, anni più tardi, diventarono amici stretti.

All'età di quindici anni, nel 1870, Tesla proseguì i suoi studi nel liceo superiore di Karlovac (Croazia), che corrispondeva alla nostra università. Riuscì ad entrare in questa scuola grazie ad un invito fatto da una cugina del padre, sposata con il Colonnello Brankovic, che viveva a Karlovac e che gli propose di andare a vivere con lei e suo marito, ora pensionato dell'esercito, durante i suoi studi. Il suo soggiorno là non fu dei più piacevoli; appena arrivato prese la malaria, trasmessa dalle zanzare delle pianure di Karlovac. Negli anni successivi non guarì mai completamente dalla malattia.

Tesla riferì che durante i tre anni passati a Karlovac fu affamato per tutto il tempo. A casa veniva preparata una gran quantità di piatti deliziosi ma sua zia supponeva che, non essendo la sua salute in ottimo stato, non avrebbe dovuto mangiare delle pietanze troppo pesanti. Suo marito, un individuo brontolone e robusto, cercava di tanto in tanto di riscattarsi facendogli scivolare un bel pezzo di carne nel piatto. Purtroppo il Colonnello si faceva sempre sorprendere dalla moglie, che ritirava il pezzo dal piatto e lo rimpiazzava con un altro non più spesso di un foglio di carta. Lei avvertiva il marito: «Niko è fragile, e dobbiamo stare attenti a non sovraccaricare troppo il suo stomaco».

Tuttavia i suoi studi lo interessavano enormemente, e completò il suo corso in tre anni invece dei quattro richiesti, affrontando il lavoro scolastico con un entusiasmo quasi pericoloso. Era per lui, in una certa misura, uno strumento di evasione per distogliere l'attenzione dalle condizioni non troppo gradevoli in cui viveva. L'ultima impressione favorevole che Tesla portò con sé di Karlovac riguardava il suo professore di fisica, uno sperimentatore che lo stupefaceva con le prodezze che realizzava nel suo laboratorio. Tesla andava matto per quel corso; ormai, voleva consacrare ogni suo sforzo alla sperimentazione elettrica. Sapeva che nessun altro ambito gli avrebbe procurato tale soddisfazione. Era deciso, la strada della sua carriera era tracciata.

Poco tempo prima della consegna del diploma suo padre gli scrisse, consigliandogli di non tornare a casa una volta chiusa la scuola ma di andare piuttosto a fare una lunga spedizione di caccia. Tuttavia Tesla era desideroso di tornare a casa e sorprendere i suoi genitori con queste buone notizie: aveva terminato il suo corso al liceo superiore con un anno di anticipo, e aveva preso la decisione di studiare l'elettricità per il resto della sua vita. Profondamente preoccupati, i suoi genitori, che a quell'epoca facevano sforzi enormi per preservare la sua salute, furono due volte più allarmati. Innanzitutto aveva disobbedito all'ordine che gli intimava di non ritornare a Gospic. Non ne avevano spiegato il motivo — un'epidemia di colera che divampava. Secondariamente, temevano che la sua scelta di futuro professionale comportasse degli sforzi pericolosi per la sua fragile salute. Tornando a casa, Tesla capì che i suoi erano completamente contrari al suo piano di carriera. Questo lo rese molto triste. Inoltre, avrebbe presto dovuto affrontare una situazione ancora più rivoltante che avviare una carriera tra le file della Chiesa, ovvero il servizio obbligatorio di tre anni nell'esercito. Questi due imponenti fattori non giocavano a suo favore, ma contrastavano il suo ardente desiderio di iniziare immediatamente a decifrare e dominare i misteri del grande potere dell'elettricità.

Pensava che niente poteva superare la situazione difficile nella quale si trovava; tuttavia aveva torto, perché si sarebbe presto trovato davanti ad un problema ben più serio. L'indomani del suo ritorno a casa, nel momento stesso in cui il soggetto era ancora sensibile, si ammalò di colera. Era rientrato a casa denutrito, a causa della quantità insufficiente di cibo che aveva ricevuto e della dedizione immensa che aveva consacrato agli studi. Inoltre soffriva ancora di malaria. E ora, si ammalava di colera. A quel punto tutte le altre complicazioni passarono in secondo piano, ora bisognava preoccuparsi del problema principale: mantenerlo in vita di fronte a quel flagello mortale. A causa della sua situazione fisica, i medici non speravano di potergli salvare la vita. Tuttavia sopravvisse alla crisi, ma questa lo lasciò in uno stato di indebolimento estremo; per nove mesi rimase sdraiato, il suo corpo sembrava un relitto. Era spesso vittima di ricadute e ogni volta era sempre più difficile riportarlo in buone condizioni.

La vita non lo risparmiava. Se fosse sopravvissuto, avrebbe dovuto integrare l'esercito. Se niente fosse accaduto per impedirgli di andare fino in fondo a quest'atroce condizione di schiavismo, avrebbe dovuto studiare per entrare nel ministero. Non gli importava di vivere o morire. Se gli avessero lasciato scelta, non avrebbe tentato di stare meglio. Purtroppo la decisione non gli apparteneva, e delle forze più grandi di lui gli permisero di venirne fuori. Ma tali forze dovettero sbrigarsela senza di lui, e senza una qualunque assistenza da parte sua. Le ricadute ritornavano con un regolarità sorprendente, ognuna guadagnando un po' più spazio. Il fatto che riuscì ad attraversare l'ultima fu un miracolo. Ma a quel punto, quando aveva ancor meno forze, precipitò in una nuova crisi e cadde rapidamente nell'incoscienza. Suo padre entrò in camera sua. Tentò disperatamente di svegliarlo e provocare in lui un sentimento di gioia e speranza che avrebbe potuto aiutarlo a sentirsi meglio, e fare più di quel che i medici potevano fare per lui, ma senza risultati.

«Mi sentirei meglio se voi mi lasciaste studiare l'ingegneria elettrica», disse il ragazzo prostrato, in un mormorio appena udibile. Gli restavano abbastanza energie per quest'ultimo sforzo. Una volta terminata questa dichiarazione, fu come se si immergesse nelle profondità del nulla. Suo padre, sporgendosi su di lui, temette che la fine fosse vicina e lo prendesse con sé.

«Nikola», gli disse, «tu non puoi partire. Tu devi restare. Sarai ingegnere. Mi senti? Andrai nella migliore scuola di ingegneria del mondo e diventerai un grande ingegnere. Nikola, torna, torna e diventa un grande ingegnere».

Gli occhi della figura prostrata si aprirono lentamente. In quell'istante, un scintillio brillò in fondo a quegli occhi fino a poco prima vitrei. Il viso si mosse leggermente, molto leggermente, ma il sottile cambiamento provocato da quel movimento sembrava tendere verso un sorriso. Ne era uno, un debole sorriso. Ed era capace di tenere gli occhi aperti, nonostante questo rappresentasse per lui un vero supplizio.

«Grazie Signore», disse suo padre. «Mi senti Nikola, andrai in una scuola d'ingegneria e diventerai un grande ingegnere. Hai capito?».

Non aveva abbastanza energie per parlare, ma il suo sorriso si accentuò un po' di più.

Un'altra crisi arrivò, e sfuggì ancora alla morte, per poco. La sua guarigione di fronte a questa situazione era qualcosa di miracoloso. Tesla riferì più tardi che in quel preciso istante ebbe l'impressione di attingere l'energia vitale dai suoi cari che lo circondavano. Fu ciò che utilizzò per uscire dalle tenebre.

Era allora ancora capace di mormorare debolmente: «Starò meglio». Respirò, il più profondamente che il suo corpo stanco e esile gli permise, l'ossigeno che in passato aveva trovato così stimolante. Era la prima volta che lo faceva da quando si era ammalato, nove mesi prima. Ad ogni inspirazione si sentiva rinvigorito. Riprendeva colore ad ogni minuto.

In pochissimo tempo ricominciò a mangiare, e in una settimana fu in grado di sedersi. Qualche giorno dopo fu in piedi. La vita sarebbe ormai stata perfetta, sarebbe diventato un ingegnere in elettricità. Tutto quello che aveva sempre sognato si stava realizzando. Col passare dei giorni, ritrovò rapidamente le forze così come il suo grande appetito. Era a quel punto l'inizio dell'estate; si stava preparando per entrare in una scuola di ingegneria già dall'autunno.

Ma si stava dimenticando qualcosa. Tutti in famiglia l'avevano dimenticato, a causa dello stress provocato da quei mesi di malattia. Questo gli tornò presto in mente. Una convocazione dell'esercito — doveva prestare servizio per tre anni! La sua incredibile ripresa sarebbe stata rovinata da questa catastrofe, che sembrava ben peggiore ora che la carriera che si era scelto non era mai stata così vicina. Se non avesse risposto sarebbe andato in prigione, dopodiché avrebbe comunque dovuto prestar servizio. Come avrebbe risolto questo problema?

Non ci sono tracce di quel che successe. Tesla trascurò questo dettaglio della sua carriera, dichiarando che il padre gli aveva raccomandato di partire per un anno per una spedizione di caccia, con lo scopo di rinvigorire la salute. In ogni caso, Nikola sparì. Partì con i suoi abiti da caccia sulle spalle, e con qualche libro e documento. Nessuno saprebbe dire dove passò quell'anno — probabilmente in un rifugio tra le montagne. Nell'intervallo, era considerato come fuggitivo dai servizi dell'esercito.

Un individuo normale avrebbe preso questa situazione molto sul serio. Per Tesla, aveva invece tutta la gravità associata ai casi ordinari. Senza parlare del fatto che la famiglia del lato di suo padre proveniva da una tradizione militare, i cui membri avevano raggiunto gli alti ranghi e riportato onori militari. Una parte di loro era in quel momento al servizio dell'Austria-Ungheria. Per un membro della famiglia, diventare contemporaneamente l'equivalente di un «ribelle» e di un «obiettore di coscienza» poteva arrecare un serio danno alla loro immagine, e provocare uno scandalo se si fosse venuto a sapere. Il padre di Tesla usò questi argomenti e la salute cagionevole di Nikola come soggetti di discussione, per persuadere i suoi familiari, impegnati a servizio dell'esercito, di utilizzare la loro influenza per permettere a suo figlio di sfuggire la leva ed evitargli di essere sanzionato per aver disertato. Apparentemente raggiunse il suo scopo, ma questo richiese un tempo considerevole perché le pratiche fossero effettuate.

Nascondendosi tra le montagne e avendo un anno da trascorrere, durante queste vacanze forzate Tesla riuscì a dedicarsi all'elaborazione di piani totalmente fantastici per qualche progetto di grande portata. Uno dei piani consisteva nella costruzione e nell'utilizzo di un tunnel sottomarino che avrebbe unito l'Europa agli Stati Uniti, nel quale si sarebbe potuto far viaggiare la posta in contenitori sferici che avrebbero avanzato grazie alla pressione dell'acqua. Analizzando i suoi calcoli, si rese conto rapidamente che l'attrito dell'acqua sulle pareti del tubo avrebbe necessitato di una tale quantità di energia per riuscirci da rendere il progetto completamente irrealizzabile. Ciononostante, da quel momento continuò a lavorare su quel progetto, unicamente per suo diletto. Eliminò l'attrito dai suoi calcoli e fu allora in grado di concepire un sistema molto interessante di consegna della posta a scala intercontinentale, a grande velocità. Molto più avanti, Tesla riprese il fattore che aveva reso questo interessante progetto irrealizzabile (l'estrazione dell'acqua lungo le pareti del tubo) quando inventò la sua nuovissima turbina a vapore.

L'altro progetto con il quale si divertì era ancor più surrealista, e necessitava di un'immaginazione ancor più audace. Concepì il progetto di costruire un anello che avrebbe circondato la Terra, a livello dell'Equatore, e che assomiglierebbe in qualche modo agli anelli del pianeta Saturno. In questo caso, però, l'anello della Terra sarebbe stato una struttura solida, mentre gli anelli di Saturno erano composti da polveri di particelle.

Tesla adorava lavorare con la matematica, e questo progetto costituiva un'eccellente opportunità di utilizzare tutte le tecniche matematiche a sua disposizione. L'anello che Tesla aveva intenzione di creare era una struttura rigida costruita su di un immenso sistema di impalcature, esteso lungo tutta la Terra. Una volta l'anello realizzato, le impalcature sarebbero state smontate e l'anello sarebbe rimasto sospeso nello spazio a girare alla stessa velocità della Terra.

Tesla dichiarò che si poteva trovare un'utilità in questo progetto. Qualcuno avrebbe dovuto trovare il modo di fornire delle forze reazionarie per sostenere l'anello, rispettando l'ambiente planetario, mentre quest'ultimo, piazzato al di sotto, girerebbe alla velocità di 1600 chilometri all'ora. Questo fornirebbe una piattaforma di trasporto ad alta velocità di «rotazione», che permetterebbe alle persone di viaggiare tutto attorno al mondo nell'arco di un giorno.

Ammise che, per questo progetto, aveva riscontrato lo stesso problema che Archimede aveva dichiarato: «Datemi un punto d'appoggio, e solleverò il mondo». «Il punto d'equilibrio dello spazio sul quale poggia la leva non era più accettabile della forza reazionaria necessaria per fermare la rotazione dell'ipotetico anello attorno alla terra», aveva annunciato Tesla. C'era un certo numero di altri fattori che stimava fosse necessario ignorare per la realizzazione di questo progetto, perché non interferissero con la sua pratica delle matematiche e i suoi piani di ingegneria cosmica.

Avendo ritrovato la salute, e sventato ogni pericolo di sanzione dall'esercito, Tesla ritornò a casa sua a Gospic e vi restò qualche tempo prima di partire per Graz, dove sarebbe andato a studiare l'energia elettrica, come promesso da suo padre. Questo momento segnò una svolta nella sua vita. Finite le fantasticherie e i giochi da bambino, si apprestava ora a immergersi nella vera vita da lavoratore. Si era immaginato come un dio, pronto a rimodellare il pianeta Terra. Il lavoro della sua vita sarebbe stato quello di creare delle realizzazioni leggermente meno fantastiche di quelle dei suoi sogni da bambino.

TRE

Tesla entrò nell'età adulta sapendo, con ragion di causa, che delle forze senza nome preparavano per un lui un destino inaspettato. Era una situazione che poteva percepire, ma che non avrebbe potuto identificare e descrivere attraverso le parole. Non sapeva quale fosse il suo scopo nella vita, né il cammino che avrebbe seguito, ma sapeva esattamente in che ambito voleva lanciarsi. Essendo a conoscenza dell'esistenza di tali leggi fisiche, decise di utilizzarle per organizzarsi la vita come se fosse un progetto di ingegneria che sarebbe stato sottomesso a dei principi in grado di produrre il miglior indice d'efficacia. A quell'epoca non aveva ancora elaborato un piano di vita completo; tuttavia, seppe immediatamente che non avrebbe incluso alcuni elementi nelle sue operazioni. Evitò così ogni attività e interesse che avrebbe potuto creare complicazioni. Dedicarsi alla scienza era lo scopo di tutta una vita, e questo non lasciava spazio né ai divertimenti né all'amore.

Con questa filosofia di vita, nel 1875, all'età di diciannove anni, Tesla si recò a Graz, in Austria, per compiere gli studi in ingegneria dell'energia elettrica presso la scuola politecnica. Aveva ormai intenzione di consacrare tutte le sue forze al controllo di questa cosa strana, alla stregua di una forza occulta: l'elettricità. Desiderava sfruttarla a beneficio dell'umanità.

Il suo primo tentativo di applicazione di questa filosofia fu quasi un disastro, benché questa finì poi per funzionare a meraviglia. Tesla eliminò totalmente i momenti di svago. Si immerse nei suoi studi con così tanto entusiasmo da non concedersi più di quattro ore di riposo, durante le quali non si limitava a dormire: si coricava alle undici di sera e leggeva per addormentarsi. Si svegliava di prima mattina, pronto a dedicarsi ai suoi studi.

Alla fine del primo trimestre, sempre con la stessa organizzazione, passò gli esami di nove materie diverse, ovvero quasi il doppio di quanto gli si chiedeva. Il suo rigore impressionò profondamente i membri della facoltà. Il preside della facoltà politecnica scrisse al padre di Tesla: «Vostro figlio è un alunno di prim'ordine». Tuttavia, la pressione minava la sua salute. Tesla voleva esprimere al padre tutta la sua gratitudine, in modo spettacolare e pratico, per avergli permesso di studiare ingegneria. Quando ritornò a casa alla fine dell'anno scolastico, con le tasche piene dei migliori voti possibili in tutte le materie, si aspettava di essere accolto dal padre con gioia e di essere felicitato per i suoi ottimi risultati. I suoi genitori si mostrarono invece poco interessati al suo lavoro, ma molto preoccupati per la sua salute. Rimproveravano Nikola per averla messa ancor più pericolo, quando già aveva rischiato di morire una prima volta. Tesla apprese, molti anni dopo, che uno dei suoi professori della scuola politecnica aveva scritto al padre, all'inizio del trimestre, chiedendogli di ritirare suo figlio da scuola perché rischiava di uccidersi sovraccaricandosi in quel modo.

Al ritorno a scuola, per il suo secondo anno decise di limitare gli suoi studi alla fisica, alla meccanica e alle matematiche. Questa scelta si rivelò giudiziosa perché gli lasciò più tempo per prepararsi a gestire una situazione che gli si sarebbe presentata qualche tempo dopo, durante gli studi, e che l'avrebbe portato alla sua prima — e forse più grande — invenzione.

All'inizio del suo secondo anno la scuola ricevette un apparecchio elettronico proveniente da Parigi: la macchina di Gramme. Questa macchina poteva essere utilizzata come dinamo o come motore. Se la si accendeva attraverso una forza meccanica, avrebbe prodotto elettricità; se la si alimentava con dell'elettricità, avrebbe funzionato come un motore e prodotto energia meccanica. Era una macchina a corrente continua.

Quando il professor Poeschl fece una dimostrazione dell'apparecchio, Tesla rimase fortemente impressionato dalla sua performance, salvo su un punto: numerose scintille erano apparse a livello del commutatore. Avanzò diverse ipotesi su quel difetto.

«Fa parte della natura delle macchine», rispose il professor Poeschl. «Possiamo per buona parte ridurla, ma fintanto che utilizzeremo dei commutatori questo sarà sempre presente in una certa misura. Fino a che l'elettricità circolerà in un solo senso, e la calamita possiederà due poli agenti rispettivamente sulla corrente, dovremo utilizzare dei commutatori per cambiare la direzione della corrente dell'armatura di rotazione al momento giusto».

«È chiaro», ribatté Tesla. «La macchina è limitata dalla corrente utilizzata. Suggerisco di sbarazzarci totalmente del commutatore e di rimpiazzarlo con una corrente alternativa».

Tesla aveva studiato le teorie della dinamo e del motore ben prima che ricevessero l'apparecchio. Era convinto che in qualche modo il sistema potesse essere semplificato. Ciononostante la soluzione al problema gli sfuggiva, d'altronde non era molto sicuro che potesse essere risolto — almeno fino a quando il professor Poeschl non ebbe fatto la sua dimostrazione. La soluzione gli apparve allora in un lampo.

Le batterie erano le prime fonti di corrente e producevano un piccolo flusso costante. Quando l'uomo cercò di produrre elettricità partendo da un'energia meccanica, volle creare lo stesso tipo di batterie: un flusso costante diretto in una sola direzione. Il tipo di corrente prodotto da una dinamo, quando delle bobine di filo ruotano in un campo magnetico, non era il buon genere di energia — circolava prima in una direzione e poi in un'altra. Il commutatore era stato immaginato come un apparecchio intelligente, capace di raggirare questo apparente handicap dell'elettricità artificiale e di fare in modo che la corrente scaturisca in un flusso unidirezionale.

L'idea che colpì Tesla fu dunque di lasciare fuoriuscire la corrente dalla dinamo, con il suo flusso a direzioni alterne. Questo avrebbe permesso a quel genere di corrente di alimentare il motore, eliminando così la necessità di usare i commutatori. Ben prima di Tesla, molti altri scienziati avevano avuto la stessa intenzione; nel suo caso, l'idea gli era apparsa con una tale evidenza da convincerlo che la sua visione conteneva la risposta giusta e concreta. Vide i motori e le dinamo funzionare perfettamente senza commutatori. Tuttavia, non vide i dettagli estremamente importanti ed essenziali che avrebbero permesso il raggiungimento di quel risultato tanto desiderato; aveva però la certezza di riuscire a risolvere il problema. Fu per questo che non esitò a manifestare al suo professore le sue obiezioni riguardo la macchina di Gramme. Quel che non aveva previsto, era la pioggia di critiche che si sarebbe abbattuta su di lui.

Il professore Poeschl lasciò da parte il programma che aveva preparato per la lezione seguente e consacrò il corso alle obiezioni di Tesla. Con un rigore metodico, analizzò minuziosamente la proposta di Tesla punto per punto e dimostrò il suo carattere impossibile in modo talmente convincente che lo stesso Tesla rimase senza parole. Terminò la lezione con queste parole: «Il Signor Tesla compirà grandi imprese, ma questa non ne farà parte. Significherebbe convertire una forza di trazione costante, come la gravità, in uno sforzo rotante. È uno schema di movimento perpetuo e, di conseguenza, un'idea impossibile».

Tesla, per quanto temporaneamente sbalordito, non ne era convinto. Il professore gli aveva reso omaggio consacrando l'integralità della lezione alla sua osservazione, ma, com'era spesso il caso, il complimento era colmo di ciò che il professore sperava rivelarsi una disfatta schiacciante per colui a cui si rivolgeva. Tuttavia, Tesla rimase fortemente impressionato dalle sue competenze. Per un periodo la sua convinzione, con la quale credeva di aver correttamente interpretato la sua visione, vacillò. Quest'ultima era chiara e precisa quanto le visioni delle soluzioni ai problemi matematici che gli erano apparse, e di cui riusciva sempre a trovare la risposta giusta. Dopotutto, forse in quel caso specifico era vittima di un'allucinazione auto-indotta. Tutte le altre cose che il professor Poeschl insegnava erano solidamente fondate su dei fatti dimostrabili; allora forse aveva ragione di rifiutare quell'idea di corrente alternativa.

Ciononostante, dentro di sé Tesla era fermamente convinto che la sua idea fosse giusta. La critica lo schiacciò un momento, e presto ritornò alla superficie del suo ragionamento. Poco a poco finì per convincersi che, contrariamente al suo procedimento abituale, in quell'occasione il professor Poeschl aveva semplicemente dimostrato che non sapeva come arrivare a un dato risultato. Che si trattava in quel caso di una debolezza che condivideva con il mondo intero e che, di conseguenza, non aveva le competenze per poter parlare di quel soggetto. Tesla notò inoltre che la frase finale con cui il professor Poeschl aveva concluso la sua tesi («significherebbe convertire una forza di trazione costante, come la gravità, in uno sforzo rotante») era contraddittoria per natura. Non è forse proprio la forza di trazione costante della gravità a far sì che la luna giri intorno alla Terra, e che la Terra giri intorno al sole?

«A quel tempo non potevo dimostrare ciò in cui credevo,» dichiarò Tesla, «ma mi apparse attraverso quello che potrei chiamare, in mancanza di un termine più adatto, l'istinto. Ma l'istinto è qualcosa che trascende il sapere. Indubbiamente, noi abbiamo all'interno del nostro cervello qualche fibra molto fine che ci permette di percepire la verità. Non potremmo raggiungerla attraverso deduzioni logiche, e sarebbe inutile cercare di arrivarci con la buona volontà del pensiero».

Fiducia e sicurezza ritrovate, Tesla affrontò il problema rinvigorito. A posteriori, il suo potere di visualizzazione — quella capacità che aveva di rappresentarsi in forma solida le cose che immaginava nella sua mente, e che considerava come una grande scocciatura durante l'infanzia — si rivelò di grande aiuto nel suo tentativo di far cadere il velo di questo problema. Si sbarazzò in fretta del trionfo intellettuale del suo professore e affrontò il problema in maniera metodica.

Nella sua mente costruiva macchina dopo macchina. Riuscendo a rappresentarle davanti a sé, poteva tracciare con il dito i diversi circuiti attraverso l'armatura e le bobine di campo, ed era in grado di seguire l'evoluzione delle correnti che cambiavano rapidamente. Ma non riuscì, in alcun caso, a produrre la rotazione ricercata. Passò praticamente tutto il resto del trimestre cercando di risolvere questo problema. Aveva dato talmente tanti esami nel corso del primo trimestre che ora, durante il secondo, aveva tantissimo tempo da consacrarvi.

Tuttavia, in questo progetto sembrava essere destinato a fallire. Il trimestre giungeva al suo termine, ma rispetto all'inizio non aveva avanzato molto nella soluzione del problema. Il suo orgoglio era stato toccato ed era sulla difensiva. Non sapeva ancora che, più tardi, gli apparenti fallimenti dei suoi esperimenti mentali e in laboratorio avrebbero costituito la materia prima per una visione che gli sarebbe presto apparsa.

Mentre era Graz, un cambiamento radicale avvenne nel modo di vita di Tesla. Durante il suo primo anno si era comportato da ingordo intellettuale, sovraccaricando la sua mente e praticamente distruggendo la sua salute. Durante il secondo anno invece si concesse più divertimenti e prese più tempo per digerire il nutrimento intellettuale che ingeriva. In quel periodo si lanciò nei giochi di carte per rilassarsi; i suoi processi mentali e la sua facoltà di deduzione molto sviluppati gli permettevano più spesso di vincere che di perdere. Non teneva mai i soldi che vinceva, ma a fine partita li riconsegnava ai perdenti — malgrado il fatto che, quand'era lui a perdere, gli altri giocatori non facevano mai lo stesso. Sviluppò ugualmente una passione per il biliardo e per gli scacchi, nei quali diventò estremamente dotato.

La propensione per i giochi di carte sviluppata da Tesla a Graz lo mise in una situazione imbarazzante. Verso la fine del semestre suo padre gli inviò del denaro per pagare il suo viaggio a Praga e per le spese derivanti dall'iscrizione all'università. Invece di andare direttamente a Praga, Tesla ritornò a Gospic per rendere visita alla sua famiglia. Coinvolto in una partita di carte con qualche giovane della città, la sua fortuna scomparve e perse il denaro messo da parte per le sue spese universitarie. Confidò allora alla madre quel che aveva fatto, e questa non lo rimproverò: gli disse che quello era forse il metodo impiegato dal destino per proteggerlo dal sovraccarico di lavoro che avrebbe potuto rovinargli la salute, considerato che aveva bisogno di riposarsi e rilassarsi. Perdere il denaro era una situazione molto più facile da gestire che perdere la salute. Diede a Tesla del denaro che aveva preso in prestito da un'amica, e gli disse: «Tieni, divertiti pure». Allora tornò a giocare e ritrovò la fortuna: non solo se ne uscì con la parte di denaro che sua madre gli aveva dato, ma praticamente con la totalità della somma che aveva precedentemente perso e che doveva servire per le sue spese di studi. Diversamente dall'ultima volta, non rese il denaro ai perdenti. Ritornò a casa, diede a sua madre il denaro che gli aveva prestato e aggiunse che non avrebbe mai più giocato alle carte.

Invece di recarsi, come previsto, all'Università di Praga, nell'autunno 1878 Tesla accettò un lavoro retribuito offertogli da uno stabilimento tecnico di Maribor, vicino a Graz. Era pagato sessanta fiorini al mese più un bonus che avrebbe incassato a lavoro terminato. Un compenso molto generoso in rapporto ai salari in vigore.

Quell'anno, Tesla visse molto modestamente e mise un po' di denaro da parte.

I soldi messi da parte a Maribor gli permisero di pagarsi un anno all'Università di Praga, dove proseguì gli studi in matematiche e fisica. Continuò i suoi esperimenti sulla corrente alternativa, questa grande e stimolante idea che occupava tutti i suoi pensieri. Aveva esplorato un gran numero di metodi, invano. Nonostante i suoi fallimenti avessero dato ancor più ragione al professor Poeschl riguardo la sua impossibilità di riuscita, non voleva abbandonare la sua teoria; aveva sempre la speranza di trovare un soluzione al problema. Sapeva che la scienza elettrica era nuova e in crescita, e sentiva nel suo profondo che avrebbe fatto l'importante scoperta che avrebbe rivoluzionato questa scienza nascente, trasformandola in quel gigante di potenza che sarà in futuro.

Tesla avrebbe adorato continuare gli studi, ma era tempo per lui di iniziare a guadagnarsi da vivere. La morte del padre, sopraggiunta qualche tempo dopo l'ottenimento del suo diploma all'Università di Praga, fece in sorta che dovette iniziare a provvedere da sé ai suoi bisogni. Trovare un lavoro era ora una necessità. L'Europa aveva accolto entusiasticamente la nuova invenzione americana di Alexander Graham Bell, il telefono, e Tesla apprese che una postazione centrale avrebbe aperto le porte a Budapest. Il capo dell'azienda era un amico di famiglia; la situazione gli sembrava delle più promettenti.

Senza aspettare di conoscere la situazione in città, un Tesla pieno di speranze e di quella fiducia in sé stesso tipica dei neodiplomati si recò a Budapest, aspettandosi di essere assunto come ingegnere nel nuovo progetto di telefonia. Al suo arrivo, scoprì in poco tempo che non c'era alcun posto disponibile, e che non avrebbero potuto cregliene uno perché il progetto era ancora solo in fase di discussione.

Tuttavia, per ragioni finanziarie, era imperativo che trovasse immediatamente un impiego. Il meglio che riuscì a trovare si rivelò però ben più modesto di quel che aveva previsto; lo stipendio era talmente infimo che non oserà mai svelarne il montante. Era comunque sufficiente a permettergli di non morire di fame. Lavorava come disegnatore per il governo ungherese all'Ufficio Centrale del Telegrafo, che includeva il nuovo telefono in sviluppo nella sua giurisdizione.

Non ci volle molto perché le notevoli capacità di Tesla arrivassero alle orecchie dell'ingegnere capo. In breve tempo gli fu assegnato un posto con più responsabilità, per il quale doveva disegnare, fare calcoli e stime in relazione alle installazioni del nuovo telefono. Quando nel 1881, a Budapest, il nuovo telefono fu finalmente funzionante, Tesla supervisionò tutta l'operazione.

Tesla era molto felice di occupare questa nuova posizione. All'età di venticinque anni era responsabile dell'integralità di un progetto di ingegneria. Le sue doti inventive furono interamente consacrate al progetto, e apportò molti miglioramenti al dispositivo della postazione centrale del telefono. Fu là che plasmò la sua prima invenzione. All'epoca si chiamava ripetitore del telefono, o amplificatore; oggi si chiamerebbe piuttosto altoparlante— un antenato del diffusore di suoni, così comune oggigiorno in tutte le postazioni radio di casa. Quest'invenzione non fu mai brevettata e non venne mai esposta pubblicamente. Tesla dichiarò in seguito che con la sua originalità, la sua forma, la sua performance e la sua ingegnosità, sarebbe stato meglio mostrare quell'invenzione accanto alle sue creazioni seguenti, più conosciute dal pubblico. Tuttavia, il suo interesse principale, la cui soluzione continuava a sfuggirgli, rimaneva sempre il problema del motore a corrente alterna.

A forza di ostinarsi ad essere un lavoratore instancabile e di utilizzare le proprie risorse energetiche per terminare il più gran numero di attività in un giorno, a forza di ribellarsi perché i giorni, le ore e i secondi non erano mai abbastanza lunghi, a forza di limitarsi a cinque ore di riposo al giorno di cui solo due consacrate al sonno, utilizzò senza sosta le sue riserve vitali e dovette finalmente regolare i conti con la natura. Fu allora obbligato a smettere di lavorare.

Questa nuova malattia di cui soffriva non fu mai diagnosticata dai medici che l'avevano in cura, e quest'esperienza quasi gli costò la vita. Agli occhi dei medici era in punto di morte. I suoi strani sintomi attirarono l'attenzione di un medico di grande fama, il quale annunciò che la scienza medica non avrebbe potuto aiutarlo. Uno dei sintomi era un'accentuata sensibilità a livello degli organi sensoriali; i suoi sensi erano sempre stati acuti, ma la sensibilità raggiungeva ora il suo parossismo. Gli effetti prodotti si avverarono essere una forma di tortura. Udire il tic tac di un orologio situato a tre stanze di distanza equivaleva a un martello abbattuto su un'incudine. Le vibrazioni del traffico quotidiano, trasmesse da una sedia o una panca, martellavano il suo corpo, e per limitarle bisognava posizionare i piedi del letto su dei pattini in caucciù. Una semplice conversazione gli dava l'impressione di essere trasportato nel mezzo di un pandemonio rimbombante. Il minimo contatto faceva come se gli avessero assestato un terribile colpo all'interno del cranio, un raggio di sole che lo sfiorava gli faceva l'effetto di un'implosione. Nel buio poteva reperire un oggetto a tre metri di distanza, grazie a quella sensazione particolarmente strana all'interno della fronte. Il suo intero corpo era costantemente scosso da spasmi e tremolii. Affermò che il suo polso poteva passare da qualche leggero battito al minuto a più di centocinquanta.

Durante questa misteriosa malattia, Tesla si batté ardentemente per ritrovare il suo stato normale. Aveva davanti a sé una missione da compiere: doveva trovare la soluzione al problema del motore a corrente alternata. In quei mesi tormentati ebbe la sensazione che la soluzione si avvicinasse sempre di più, e che avrebbe dovuto vivere per essere presente nel momento in cui sarebbe emersa dal suo inconscio. Durante quel periodo non poté concentrarsi su alcun progetto, né quello né nessun altro.

Una volta la crisi passata e i sintomi diminuiti, un miglioramento si fece sentire, accompagnato da quella vecchia voglia di affrontare il problema. Era incapace di rinunciare alla sua grande sfida, era diventata una parte di lui. Lavorarci su non era più una scelta; sapeva che se si fosse fermato, o se avesse fallito, ne sarebbe morto. Era invischiato in una rete invisibile di strutture immateriali che si richiudevano attorno a lui. Il sentimento che la soluzione si avvicinasse — poteva toccarla con la punta delle dita — suscitava un misto di rimpianto e esultazione. Aveva paura che, una volta il problema risolto, questo avrebbe lasciato un grande vuoto nella sua vita.

Pertanto, nonostante il suo ottimismo, quello rimaneva un enorme problema senza risposta.

In un tardo pomeriggio del febbraio 1882, con le sue facoltà sensoriali tornate alla normalità permettendogli quindi di riprendere il lavoro, Tesla andò a passeggiare nel parco della città di Budapest in compagnia di un vecchio compagno di classe chiamato Szigeti. Mentre un magnifico tramonto riversava i suoi colori sgargianti nel cielo, Tesla si lanciò in uno dei suoi passatempi preferiti: recitare poesie. Quando era più giovane, aveva imparato a memoria diversi volumi; fu dunque felice di apprendere che la terribile punizione inflitta al suo cervello non era comunque riuscita a danneggiare la memoria. Una delle opere che poteva recitare dall'inizio alla fine era il Faust di Goethe.

Il panorama di colori che il sole calante disegnava nel cielo gli ricordò alcuni dei magnifici versi di Goethe:

> *Egli va oltre e vien meno; il giorno è vissuto.*
> *Ma per di là si affretta a rallegrare altre vite.*
> *Oh, perché non ho io ali da levarmi alto da terra*
> *e tenergli dietro, sempre dietro infaticabilmente?*[1]

Tesla, alto, magro e scarno, ma con uno sguardo rovente assortito alle nuvole in-

---

[1]. Traduzione italiana di Giovita SCALVINI e Giuseppe GAZZINO, progetto Manuzio, liberliber.it, edizione elettronica del 29 Dicembre 2005.

fuocate dei cieli, agitò in aria le braccia e dondolò il suo corpo al ritmo delle parole inebrianti che recitava di fronte ai colori particolari del cielo, come se si rivolgesse al globo rosso luminescente e questo inviasse le sue masse informi e ambrate, sfumate e cromate, verso le cupole della volta celeste.

Improvvisamente la sagoma animata di Tesla si paralizzò, come se fosse entrato in trance. Szigeti gli parlò, senza ricevere alcuna risposta. Riprovò, e Tesla lo ignorò di nuovo. L'amico era sul punto di afferrare quell'imponente sagoma immobile e scuoterlo per svegliarlo. Di colpo, Tesla aprì la bocca.

«Guardami», disse, lasciando scappare le parole come un bambino straripante d'emozioni, «guardami rovesciarlo». Guardava ancora il sole, come se quella sfera incandescente l'avesse fatto piombare in uno stato ipnotico.

Szigeti si ricordò della metafora di Goethe che Tesla aveva appena recitato: «Egli va oltre e vien meno; il giorno è vissuto. Ma per di là si affretta a rallegrare altre vite». Una descrizione poetica del sole calante, alla quale si aggiungevano le parole di Tesla «Guardami! Guardami rovesciarlo». Tesla parlava del sole? Voleva dire che era in grado di fermare la discesa del sole sull'orizzonte, invertire il corso dell'azione facendo in modo che si dirigesse di nuovo verso il suo zenit?

«Sediamoci e riposiamoci un momento», disse Szigeti. Lo condusse verso una panchina, ma Tesla non voleva muoversi.

«Quindi non vedi?», esplose Tesla, sovreccitato. «Non vedi con che lentezza si sposta? Ora aziono l'interruttore, e lo inverto. Vedi? Si sposta lentamente nell'altro senso. Guarda! Lo fermo. E lo faccio ripartire. Non ci sono scintille, non c'è niente che provochi scintille!»

«Ma io non vedo niente», disse Szigeti. «Il sole non fa scintille. Sei sicuro di stare bene?»

«Tu non capisci», tuonò un Tesla sempre più sovreccitato. Volteggiava come per dare una benedizione al suo compagno. «Penso al mio motore a corrente alternata. Ho risolto il problema. Non vedi che è lì, davanti ai miei occhi, che si muove quasi silenziosamente? È la rotazione del campo magnetico che ne è all'origine. Vedi come il campo magnetico gira, portando con sé l'armatura? Non è magnifico? Non è sublime? Non è semplice? Ho trovato la soluzione, ora posso morire felice! Anzi no, devo vivere, devo ritornare al lavoro e fabbricare questo motore, perché il mondo possa beneficiarne. Gli uomini non saranno mai più schiavi di compiti difficili. Il mio motore li libererà, darà al mondo i risultati sperati».

Szigeti finì per capire. Tesla gli aveva già parlato del suo problema di motore a corrente alternata e del fatto che vi cercasse una soluzione. Szigeti capì allora tutta la sottigliezza nascosta dietro ad ognuna delle parole pronunciate dallo scienziato. Ciononostante, Tesla non gli aveva mai parlato del suo dono di visualizzare gli oggetti, dono che conservava in un angolino della sua mente. Fu dunque necessario spiegargli la sua visione e come aveva improvvisamente trovato la soluzione al problema ammirando il tramonto.

Tesla era ora un po' più calmo, nonostante si trovasse su una nuvoletta in una sorta di estasi quasi religiosa. Respirava profondamente, a causa dell'eccitazione, e i suoi polmoni superventilati l'avevano immerso in uno stato di euforia.

Raccolse un ramoscello e se ne servì come uno scrivano per disegnare un diagramma sulla superficie polverose del viale. Mentre spiegava al suo amico i principi tecnici della sua scoperta, quest'ultimo percepì rapidamente la bellezza del suo schema e restarono così, a discutere di tutte le possibilità, per tutta la notte.

La concezione di un campo magnetico rotante era un'idea brillante. Avrebbe apportato al mondo scientifico un nuovo principio di grandezza sublime, la cui semplicità e praticità offrivano una nuova vasta gamma di applicazioni molti utili. Tesla aveva trovato la soluzione al problema, nonostante il suo professore avesse affermato che questo era impossibile.

Fino a quel momento, i motori a corrente alternata presentavano quello che sembrava essere un problema irrisolvibile, poiché il campo magnetico creato dalle correnti alternate cambiava tanto rapidamente quando il senso della corrente. Invece di produrre una forza di rotazione, creava una vibrazione totalmente inutile.

In precedenza, chiunque avesse tentato di creare un motore a corrente alternata aveva utilizzato un solo circuito, come per i motori a corrente continua. Il motore assomigliava ad una macchina a vapore monocilindrica che si trovava in folle a inizio o fine corsa.

Ciò che Tesla fece fu utilizzare due circuiti, ognuno posizionato sulla stessa frequenza di corrente alternata ma nel quale le onde di corrente non coincidevano le une con le altre. Questo significava aggiungere un secondo cilindro al motore. I pistoni dei due cilindri erano connessi ad un albero di trasmissione, facendo sì che le manovelle fossero posizionate nell'angolo di ognuna, in modo da permettergli di raggiungere l'inizio o la fine della corsa in momenti diversi. I due non potevano trovarsi in folle contemporaneamente. Se uno si trovava in folle, l'altro era là per sostituirlo e riavviare la macchina, raggiungendo già una potenza di corsa.

Beninteso, questa analogia semplifica molto la situazione: la scoperta di Tesla era ben più importante ed essenziale. Quel che Tesla aveva scoperto era un modo di creare un campo magnetico rotante, un turbine magnetico nello spazio che possedeva proprietà fantastiche, nuove e intriganti. Era davvero un concezione innovativa. Nel motore a corrente alternata, un campo magnetico prestabilito veniva azionato in modo meccanico per produrre una rotazione nell'armatura, connettendo successivamente, su un commutatore, ogni serie di bobine installate attorno alla circonferenza dell'armatura cilindrica. Tesla creò un campo di forza capace di ruotare a grandissima velocità nello spazio, in grado di bloccare ermeticamente, al suo interno, un'armatura che non necessita di alcuna connessione elettrica. Il campo rotante aveva la proprietà di trasferire, attraverso lo spazio, dell'energia senza fili alle bobine di un semplice circuito chiuso di un un'armatura isolata, grazie alle sue linee di forze. Questo gli permetteva di creare il suo proprio campo magnetico e di rinchiuderlo nel turbine magnetico ruotante prodotto dalle bobine di campo. La presenza di un commutatore era ora totalmente inutile.

Nonostante Tesla avesse trovato una magnifica soluzione al suo problema scientifico più difficile, le sue fatiche non erano ancora finite; al contrario, le difficoltà erano appena iniziate. Tuttavia, durante i due mesi che seguirono, era al settimo cielo all'idea di poter giocare con il suo nuovo giocattolo. Non aveva bisogno di fabbricare modellini in ferro e bronzo: ne costruiva una gran varietà nel suo laboratorio mentale. La sua mente era costantemente percorsa da un flusso continuo di nuove idee che arrivavano, secondo quanto dichiarò, così velocemente che non poteva né utilizzarle né annotarle tutte. Durante quel breve periodo sviluppò ogni tipo di motore al quale, più tardi, avrebbe dato il suo nome.

Lavorò alla concezione di dinamo, motori, trasformatori e ogni sorta di apparecchio per un sistema a corrente alternata completo. Moltiplicò l'efficacia del sistema a due fasi, facendolo funzionare simultaneamente su tre o più correnti alternate. Era la sua famosa invenzione del sistema polifasico.

Le costruzioni mentali erano strutturate con molta cura: la misura, la forza, la forma e il materiale. Tesla affermò che tali costruzioni venivano testate mentalmente, funzionando durante intere settimane prima di essere esaminate minuziosamente alla ricerca del minimo segno di logoramento. Aveva una mente fuori dal comune, utilizzata per scopi poco comuni. Se gli accadeva di costruire una «macchina mentale», la sua memoria si ricordava di tutto, fino al minimo dettaglio incluse le dimensioni più precise.

Ciononostante, lo stato di felicità suprema nel quale Tesla si trovava sarebbe presto scomparso. La stazione telefonica centrale per la quale lavorava, e che era diretta dal famoso amico di famiglia, Puskas, fu venduta. Quando Puskas tornò a Parigi, raccomandò Tesla per un posto in uno stabilimento parigino con il quale era associato. Tesla colse l'opportunità che gli si presentava, dicendosi che Parigi sarebbe stata un meraviglioso trampolino dal quale lanciarsi e fare conoscere la sua invenzione al mondo.

Tesla, il superuomo nascente, arrivò a Parigi con pochi bagagli ma con la testa piena di meravigliose scoperte sul campo magnetico rotante, così come di una moltitudine di importanti invenzioni create a partire da quest'ultimo. Se fosse stato un inventore ordinario, si sarebbe mescolato a quelle persone che ostentano lo sguardo di chi sa qualcosa di importante ma che tiene segreta la natura delle sue invenzioni. Avrebbe avuto paura che qualcuno potesse rubargli il suo segreto.

Ma il comportamento di Tesla fu l'esatto opposto. Aveva qualcosa da offrire al mondo, e voleva che il mondo conoscesse l'affascinante storia nella sua integralità, accompagnata da tutti i dettagli tecnici. Non aveva ancora imparato, e d'altronde non imparò mai, l'arte di essere fino e astuto. Il suo piano di vita poggiava su una base semplice: non si preoccupava tanto dei vantaggi offerti dall'istante passeggero, quanto di quello che gli avrebbe permesso di raggiungere il suo scopo ultimo. Voleva offrire alla razza umana la sua nuova scoperta del sistema polifasico a corrente alterna, in modo che tutti potessero beneficiarne. Sapeva che la sua invenzione valeva oro, ma ignorava come poterlo ricavare. Sapeva che esisteva una legge più importante che gli avrebbe permesso di essere ricompensato, in virtù della quale avrebbe potuto ottenere dei benefici ben migliori dal regalo che aveva offerto al mondo: la sua scoperta. Il metodo di lavoro che gli avrebbe permesso di funzionare non lo interessava più di tanto. Ciò che voleva, era qualcuno disposto ad ascoltarlo parlare di tutti i dettagli affascinanti della sua scoperta.

Tutto nell'aspetto di Tesla, dal suo metro e ottanta alla sua magrezza, al suo atteggiamento discreto, la sua fiducia in sé così come il suo modo di vestirsi sempre con cura, sembrava dire «vi sfido a proporre un problema meccanico che io non sia in grado di risolvere». Questo atteggiamento si sposava perfettamente con i suoi venticinque anni e le sue capacità.

Grazie alla lettera di raccomandazione di Puskas, Tesla ottenne un posto alla Continental Edison, una compagnia francese che produceva dinamo, motori, e che installava dei sistemi di illuminazione sotto i brevetti Edison.

Si era stabilito sul Boulevard St-Michel, ma passava le sue serate nei migliori caffè della città — almeno finché il suo stipendio glielo permetteva. Entrò in contatto con molti americani che lavoravano per delle aziende di elettricità. Non perdeva occasione di parlare del suo sistema a corrente alternata per le dinamo e i motori, ogni qualvolta che qualcuno che capiva il mondo dell'elettricità era disposto ad ascoltarlo.

Qualcuno gli rubò l'invenzione? Era poco probabile, e non poteva nemmeno offrirla a qualcun'altro: nessuno sembrava interessarsene, nemmeno un po'. La proposta più interessante che ricevette fu quella del Dr. Cunningham, un capotecnico americano del settore agricolo in cui Tesla era stato impiegato, il quale gli suggerì di creare una società per azioni.

Avendo la sua grande idea di inventare un sistema di corrente alternata che gli martellava la testa e che gli chiedeva in che modo potrebbe essere sviluppata, per Tesla era molto difficile lavorare tutto il giorno su delle macchine a corrente continua. Tuttavia, in quei giorni era ritornato in gran forma. Si alzava poco dopo le cinque del mattino, camminava fino alla Senna, nuotava per una mezzoretta e in seguito si recava a Ivry, alle porte di Parigi, dove lavorava. Quel tragitto richiedeva un'ora di marcia intensa. Quando arrivava, erano circa le sette e mezzo. Passava l'ora seguente a inghiottire una colazione copiosa, che d'altronde non bastava a farlo arrivare fino a mezzogiorno.

I compiti che gli affidarono alla fabbrica Continental Edison erano vari e diversificati, ma corrispondevano più specificamente a quelli di un ingegnere debuttante. Molto presto gli venne chiesto di viaggiare in quanto «riparatore», cosa che lo obbligava a recarsi presso le installazioni elettriche sparse ovunque in Francia e Germania. Tesla non era particolarmente entusiasta di quel ruolo di «riparatore», ma questo non gli impedì di compiere un lavoro coscienzioso e di studiare con molta attenzione le difficoltà incontrate durante le sue visite alle centrali elettriche. In poco tempo, fu in grado di apportare qualche miglioramento alle dinamo prodotte dalla sua azienda. Espose i suoi consigli e fu autorizzato ad applicarli su certi apparecchi che, una volta testati, presentarono dei risultati nettamente soddisfacenti. Gli chiesero in seguito di creare dei regolatori automatici, la cui richiesta era molto forte: ancora un volta, non deluse nessuno.

La compagnia era stata messa in una situazione compromettente e minacciata di pesanti perdite, a causa di un incidente sopraggiunto nella città di Strasburgo, in Alsazia, e in seguito in Germania, là dove una centrale e delle illuminazioni elettriche erano state installate. Durante la cerimonia d'apertura, alla quale fu presente l'Imperatore Guglielmo I, un cortocircuito dei cavi provocò un'esplosione e la distruzione di uno dei muri. Il governo tedesco rifiutò di accettare l'installazione. All'inizio dell'anno 1883, Tesla fu inviato sul posto per rimettere in ordine le cose e sistemare la situazione. Il problema tecnico non presentava alcuna difficoltà apparente, ma gli parve necessario usare molto tatto e buon senso nel trattamento della massa di oneri amministrativi esatti dal governo tedesco, per prevenire ulteriori incidenti.

Una volta occupatosi della situazione, si concesse un po' di tempo per costruire un vero motore a corrente alternata polifase, che comportava la sua scoperta sul campo magnetico rotante. Ne aveva costruiti talmente tanti, nella sua mente, da quel famoso giorno di Febbraio a Budapest quando aveva fatto la sua grande scoperta. A questo scopo aveva portato con sé del materiale da Parigi, e trovò un laboratorio meccanico vicino alla stazione di Strasburgo dove avrebbe potuto svolgere una parte del lavoro. Finì per non avere tutto il tempo libero che aveva immaginato e, nonostante fosse un meccanico amatore ma intelligente, la sua impresa richiedeva molto tempo. Era molto preciso, modellando ogni pezzo di metallo nelle dimensioni esatte al millesimo di centimetro, per poi lucidarlo con molta cura.

Finalmente c'era, in quel negozio di Strasburgo, una collezione di diversi pezzi, creata senza alcun supporto grafico. Tesla riusciva a immaginarsi perfettamente un disegno completo e molto dettagliato di ogni parte della macchina; quei disegni erano molto più vividi di qualunque schema di montaggio, e si ricordava delle dimensioni esatte che aveva calcolato mentalmente per ogni elemento. Non avrebbe avuto bisogno di testare i pezzi assemblandoli: sapeva che si sarebbero incastrati.

Partendo da quei pezzi Tesla compose rapidamente una dinamo, con lo scopo di generare la corrente alternata bifasica di cui aveva bisogno per alimentare il suo motore a corrente alternata insieme ad un nuovo motore a induzione. Non c'era alcuna differenza tra il motore che aveva confezionato e quello che aveva immaginato. Il modello che si era rappresentato aveva un aspetto talmente reale che dava l'impressione di essere solido; quello che costruì nel laboratorio meccanico non presentava nessun nuovo elemento che non conoscesse già. Era esattamente come l'aveva immaginato un anno prima. Nei mesi che seguirono la grande visione che ebbe durante il suo volo lirico verso il sole calante a Budapest, l'aveva mentalmente testato con il suo equivalente, così come attraverso numerose varianti.

Una volta terminato l'assemblaggio, fece partire il suo generatore di potenza. L'ora dell'ultimo grande test per verificare la validità della sua teoria era arrivata. Se spegnendo l'interruttore il motore avesse girato, la sua teoria si sarebbe rivelata giusta. Se non fosse successo niente, se l'armatura del motore fosse rimasta immobile ma avesse comunque vibrato, la sua teoria sarebbe stata erronea ed avrebbe quindi cullato la sua mente con allucinazioni basate su fantasmi e non su fatti.

Spense l'interruttore. Istantaneamente, l'armatura si mise a girare, aumentando in un lampo a tutta velocità. Continuò a girare così, in un silenzio quasi religioso.

Spense anche il commutatore e l'armatura si fermò del tutto. Poi si mise a girare in senso inverso con quasi altrettanta velocità. Era la riprova completa alla sua teoria.

In quell'esperimento aveva testato solo il sistema bifasico. Non aveva bisogno di una dimostrazione in laboratorio per convincersi del fatto che i suoi sistemi trifasici, per generare l'elettricità e utilizzare quella corrente per trasmettere e produrre energia, avrebbero funzionato ancora meglio, e che anche il suo sistema monofasico funzionerebbe bene. Con quel modello funzionante era ora in grado di trasmettere agli altri quelle visioni che teneva preziosamente per sé da così tanto tempo.

Questo test aveva per Tesla molta più importanza della semplice riuscita di un'invenzione: significava il trionfo del suo metodo di scoperta di nuove verità attraverso procedimenti mentali unici, che utilizzava per visualizzare le sue costruzioni ben prima che queste fossero realmente modellate. Da questi risultati trasse una fiducia in sé oltre ogni limite. Avrebbe potuto lavorare e pensare come voleva, per raggiungere gli obiettivi che si era fissato.

C'era una valida ragione per la sicurezza di Tesla. Aveva appena festeggiato il suo ventisettesimo compleanno. Gli sembrava fosse ieri quando il professor Poesch l'aveva verosimilmente zittito per aver affermato di poter far funzionare un motore con una corrente alternata. Ora, aveva appena dimostrato ciò che il saccente professore aveva precedentemente dichiarato impossibile.

Tesla disponeva in quel momento di un nuovissimo sistema elettrico che utilizzava la corrente alternata, molto più flessibile ed efficace del sistema a corrente continua. Ora che l'aveva, cos'avrebbe potuto farne? I dirigenti della compagnia Continental Edison per la quale lavorava avevano ripetutamente rifiutato di ascoltare le sue teorie sulla corrente alternata. Considerò addirittura impossibile il tentativo di farli interessare al modello funzionante. Si era però fatto molti amici durante il suo soggiorno a Strasburgo, tra i quali il sindaco della città, M. Bauzin, che condivideva il suo entusiasmo riguardo le possibilità commerciali di quel nuovo sistema, e sperava che questo sfociasse nella creazione di una nuova industria che avrebbe portato gloria e prosperità alla città.

Il sindaco riunì un certo numero di ricchi Strasburghesi, e con Tesla mostrò loro il motore in funzione, descrivendone il nuovo sistema e le sue possibilità. Dal punto di vista tecnico la dimostrazione fu un successo. Ma per tutto il resto, fu un fiasco totale. Nessun membro del gruppo mostrò il benché minimo interesse, e questo scoraggiò Tesla. Il fatto che la più grande invenzione nella storia della scienza dell'elettricità, con tutte le sue possibilità commerciali, fosse completamente rifiutata, gli era incomprensibile.

M. Bauzin gli assicurò che, senza ombra di dubbio, la sua invenzione avrebbe ricevuto un'accoglienza migliore a Parigi. Tuttavia, i ritardi dell'amministrazione prima di accettare finalmente l'installazione completa nella stazione di Strasburgo ritardarono il suo ritorno a Parigi fino alla primavera del 1884. Per tutto quel tempo, Tesla aveva avuto fretta di compiere un ritorno trionfale a Parigi. Gli avevano promesso un compenso sostanzioso se avesse riuscito nella missione di Strasburgo, come anche per tutti i miglioramenti che aveva apportato alle strutture dei motori, delle dinamo e dei regolatori automatici per dinamo. Era molto probabile che questo gli avrebbe procurato denaro sufficiente a costruire una dimostrazione a grandezza naturale del suo sistema a corrente alternata polifasica, per mostrare gli enormi vantaggi del suo sistema in azione rispetto alla corrente continua. Allora, non avrebbe avuto alcun problema a procurarsi il capitale necessario.

Quando ritornò negli uffici della compagnia a Parigi, chiedendo il pagamento per Strasburgo e per il suo regolatore automatico, si rese conto che l'avevano, come diremmo oggi, «preso in giro». Tesla utilizzò dei nomi fittizi quando raccontò la storia. M. Smith, il superiore che l'assegnò a quel progetto, gli diceva ora che non aveva alcun potere sugli accordi finanziari, ma che erano competenza di M. Brown. M. Brown gli spiegò che gestiva gli accordi finanziari ma che non aveva l'autorità per lanciare progetti o per effettuare i pagamenti al di fuori di quelli richiesti dal direttore generale, M. Jones. M. Jones gli spiegò che quel genere di questioni erano di competenza dei quadri del suo dipartimento, che non aveva l'abitudine di interferire con le loro decisioni, e che avrebbe quindi dovuto consultare il quadro incaricato degli affari tecnici, M. Smith. Tesla si trovò rinchiuso in quel circolo vizioso diverse volte, sempre con lo stesso risultato, e finì per abbandonare, nauseato. Decise di non rinnovare la sua offerta di sistema a corrente alternata e di non mostrare il suo sistema in azione, e si licenziò su due piedi.

Tesla avrebbe senza dubbio avuto diritto ad un compenso di più di 25000 dollari per i regolatori che aveva concepito e per i servizi che aveva reso a Strasburgo. Se i dirigenti avessero avuto un minimo di buon senso, o di un accenno di onestà, avrebbero cercato di risolvere le cose offrendogli almeno 5000 dollari. Tesla, che aveva bisogno di soldi, avrebbe indubbiamente accettato quella cifra, anche sapendo con ragion di causa che lo stavano truffando.

Tale offerta l'avrebbe probabilmente mantenuto nel registro del personale della compagnia, che avrebbe tenuto per sé il possesso del più grande inventore al mondo. Un inventore che, all'epoca, aveva chiaramente dimostrato di essere un impiegato di gran valore.

Per qualche infelice migliaio di dollari, persero non soltanto un uomo che gli avrebbe permesso di economizzare più volte quella cifra ogni anno, ma anche l'occasione di avere il monopolio mondiale della più grande e più redditizia invenzione elettrica mai realizzata.

Uno degli amministratori della compagnia, M. Charles Batchellor, amministratore dell'ufficio di applicazione, vecchio assistente e amico personale di Thomas A. Edison, incoraggiò Tesla ad andare negli Stati Uniti e lavorare con Edison. Là, avrebbe avuto un'occasione di lavorare al miglioramento delle dinamo e dei motori Edison. Tesla decise di seguire il consiglio di M. Batchellor. Vendette i suoi libri e tutti i suoi affetti personali, eccetto qualche articolo che intendeva prendere con sé. Riunì le sue modestissime risorse finanziarie, comprò un biglietto per il viaggio in treno e un altro per il viaggio transatlantico verso New York. Come unico bagaglio aveva un piccolo pacco di vestiti che teneva sotto il braccio, e qualche oggetto infilato nelle tasche.

Le ultime ore furono molto piene, e proprio quand'era sul punto di salire sul treno, nel momento in cui questo si apprestava a lasciare la stazione, si rese conto che il suo bagaglio era sparito. Cercò rapidamente il suo portafogli, là dove aveva sistemato i biglietti del treno e della nave e tutti i suoi soldi. Scoprì con orrore che anche questi erano scomparsi. C'erano un po' di monete sparpagliate nelle sue tasche, ma non sapeva esattamente quante — e ad ogni modo non aveva il tempo di contarle. Il suo treno stava partendo. Cosa doveva fare? Se perdeva il treno, avrebbe perso anche la nave. E senza i biglietti non avrebbe potuto imbarcarsi né su uno né sull'altro. Corse accanto al treno in movimento, cercando di decidersi. Le sue gambe lunghe gli permisero di stargli dietro senza troppe difficoltà, almeno all'inizio, ma ora il treno prendeva velocità. Risolse finalmente di saltare a bordo, e scoprì che gli spiccioli che aveva con sé erano sufficienti a comprare un biglietto del treno, avanzando un minimo resto. Spiegò poi la situazione ai controllori della nave, piuttosto scettici, e quando nessun altro si presentò a suo nome per imbarcarsi al momento di salpare, fu autorizzato a salire a bordo.

Per una persona meticolosa come Tesla, un così lungo viaggio su una nave senza vestiti appropriati fu un vero supplizio. Si era aspettato di dover affrontare qualche fastidio dopo esser salito a bordo con i pochi vestiti che aveva previsto di portarsi, ma ora che aveva perso le poche cose che possedeva il fastidio si era trasformato in una vera prova. Il tutto contornato dal ricordo di delusione e risentimento causato dalle sue recenti esperienze.

La nave offriva scarso interesse per lui. L'esplorò da cima a fondo, e facendolo incontrò qualche membro dell'equipaggio. C'era agitazione tra il personale, e anche Tesla la percepiva. Espresse ai membri dell'equipaggio la sua simpatia riguardo le loro disavventure, li considerava maltrattati. Le lamentele che affettavano l'equipaggio erano arrivate a un punto in cui la minima scintilla poteva fare esplodere tutto. Questa scintilla scoppiò appunto da qualche parte sulla nave, mentre Tesla si trovava sottocoperta, nei quartieri dell'equipaggio. Il capitano e certi ufficiali presero le cose in mano e, accompagnati da alcuni membri fedeli dell'equipaggio, decisero di porre fine al problema con dei cavicchi di legno a mo' di arma. Rapidamente la situazione si trasformò in una vera battaglia, e Tesla si ritrovò bloccato nel mezzo di una rissa in cui appena qualcuno vedeva una testa, la colpiva.

Se Tesla non fosse stato giovane, alto e forte, la sua importante carriera avrebbe potuto benissimo fermarsi là. Aveva braccia lunghe, conformemente al suo metro e ottanta. Il pugno in fondo al suo braccio poteva arrivare tanto lontano quanto il manganello di un avversario, e la sua altezza gli permetteva di scavalcare gli altri combattenti, in modo che la sua testa non fosse facile da raggiungere. Picchiava duro e, spesso, senza sapere per chi si stesse battendo. Si ritrovò in piedi quando la rissa finì, cosa che non si poteva dire per un buon numero di membri dell'equipaggio. Gli ufficiali avevano dominato quel che chiamavano un ammutinamento, ma anche loro presentavano i segni di chi ha partecipato alla lotta. Non c'era dubbio sul fatto che Tesla non sarebbe stato invitato a sedersi al tavolo del capitano durante la traversata.

Passò il resto del viaggio a curare le sue numerose contusioni, seduto a meditare in poppa alla nave che faceva lentamente rotta verso New York. Avrebbe presto messo piede sulla «terra delle opportunità» e incontrato il celebre Edison. Era destinato ad apprendere che si trattava davvero di una «terra delle opportunità», ma anche a scoprire qualcosa che gli avrebbe aperto gli occhi circa il mantenere le promesse.

QUATTRO

Nell'estate 1884, all'uscita dal centro d'immigrazione di Castle Garden a Manhattan, Nikola Tesla era in possesso di quattro centesimi, di un libro contenente i suoi propri poemi, di qualche articolo tecnico che aveva redatto, dei calcoli per la concezione di una macchina volante e di qualche lavoro matematico volto a risolvere un calcolo integrale estremamente complesso. Aveva anche la lettera con il quale M. Batchellor lo presentava a M. Edison, e l'indirizzo di un amico. Nella lettera per Edison, Batchellor aveva scritto: «Conosco due grandi uomini. Voi siete uno dei due, l'altro è questo giovanotto».

Non avendo abbastanza denaro per i trasporti pubblici, Tesla dovette percorrere diversi chilometri a piedi per arrivare a casa del suo amico. La prima persona a cui si rivolse per chiedere la direzione da prendere fu un poliziotto sgarbato. Dal modo in cui gli rispose, Tesla pensò che sarebbe stato pronto a battersi sul soggetto. Nonostante parlasse un buon inglese, tutto ciò che riuscì a capire dal gergo del poliziotto fu la direzione indicata dal suo manganello.

Dirigendosi in quella che sperava fosse la direzione giusta, riflettendo sul modo di trovare un tetto e del cibo con soli quattro centesimi in tasca se non avesse trovato il suo amico, passò davanti alla vetrina di un negozio in cui vide un uomo che lavorava su un apparecchio elettrico a lui familiare. Entrò nel negozio proprio mentre l'uomo si apprestava ad abbandonare la riparazione dell'apparecchio, giudicando l'impresa impossibile.

«Lasci che me ne occupi», gli disse Tesla, «lo farò funzionare». E senza tante cerimonie si mise al lavoro. Fu difficile, ma la macchina ricominciò finalmente a funzionare.

«Ho bisogno di un uomo come voi per occuparsi di queste macchine straniere infernali», annunciò l'uomo. «State cercando un lavoro?»

Tesla lo ringraziò dicendogli che era già avviato verso un altro lavoro, dopodiché l'uomo gli diede venti dollari. Non si aspettava di ricevere un compenso per quello che pensava essere un semplice favore, e lo disse all'uomo, ma quest'ultimo insisté che il suo lavoro lo meritava ampiamente e che era felice di pagarlo. Tesla non aveva mai apprezzato così tanto un colpo di fortuna: era ora sicuro di poter mangiare e trovare un alloggio, almeno per il momento. Grazie alle indicazioni ricevute—questa volta più garbatamente—riuscì a trovare il suo amico, il quale lo invitò a passare la notte da lui. L'indomani si recò presso la sede della società Edison, a New York, e poi sulla South Fifth (oggi chiamata West Broadway).

La raccomandazione di M. Batchellor gli permise di incontrare facilmente M. Edison, che all'epoca era attivamente impegnato nella risoluzione dei problemi relativi alla sua nuova centrale elettrica e al suo sistema di illuminazione elettrico. La prima si trovava nel centro città di Pearl Street e alimentava una zona piuttosto ristretta del territorio.

Durante il loro primo incontro Tesla fu piacevolmente impressionato da Edison. Si meravigliò del fatto che un uomo con un'educazione così limitata potesse realizzare talmente tante cose in un ambito così tecnico come quello dell'elettricità. Questo portò Tesla a chiedersi se tutto il tempo che aveva dedicato ad acquisire una vasta formazione non fosse stato sprecato. Sarebbe ora più evoluto se avesse iniziato il suo lavoro pratico basandosi sull'esperienza, come aveva fatto Edison? Ma concluse rapidamente che il tempo e gli sforzi che aveva consacrato alla sua formazione costituivano il migliore degli investimenti.

Quanto a Edison, non era rimasto altrettanto impressionato da Tesla. Edison era un inventore che otteneva i suoi risultati grazie al metodo per tentativi; Tesla, invece, calcolava tutto mentalmente e risolveva i suoi problemi prima di «lavorarci su» realmente. Di conseguenza, i due giganti parlavano un linguaggio tecnico completamente diverso. C'era inoltre un ultimo elemento che li opponeva: Edison apparteneva alla scuola di pensiero della corrente continua, mentre Tesla a quella della corrente alternata. A quell'epoca gli elettricisti potevano essere molto emotivi, e lo erano, a proposito delle loro diverse opinioni su questo soggetto. Le discussioni suscitavano lo stesso fervore di un dibattito politico o religioso, e ogni cosa sgradevole era associata ai sostenitori del gruppo avversario. L'insulto meno sgarbato che si potesse fare ad un avversario era dirgli che aveva una mentalità debole. Quando Tesla descrisse con entusiasmo il suo sistema polifasico, e disse a Edison che pensava che la corrente alternata fosse il solo tipo di corrente utilizzabile in un sistema di energia e di illuminazione, quest'ultimo gli rise in faccia. Edison utilizzava la corrente continua nel suo sistema. Gli rispose bruscamente che non era interessato alla corrente alternata, che questa non aveva futuro, e che chiunque si interessasse a quell'ambito non faceva che perdere il suo tempo. Aggiunse anche che, oltretutto, era una corrente estremamente pericolosa, mentre la corrente continua era sicura. Tesla non cedette durante quella discussione, ma non riuscì nemmeno a convincere Edison ad ascoltare la sua presentazione sul suo sistema polifasico. A livello tecnico, tutto li divideva.

Tuttavia, poiché Batchellor aveva affermato che Tesla in Europa aveva realizzato un lavoro eccellente sulle macchine a corrente continua di Edison, questi riuscì ad ottenere senza troppe difficoltà un posto della squadra di Edison, occupandosi di lavori di routine minori. Qualche settimana più tardi ebbe l'occasione di provare le sue capacità. Edison aveva installato una delle sue centrali elettriche sull'Oregon, il piroscafo più rapido e più perfezionato dell'epoca. L'installazione elettrica aveva funzionato bene per diversi mesi, ma ad un certo punto le due dinamo si erano guastate. Era impossibile ritirare le dinamo per installarne di nuove, era dunque indispensabile riparare in un modo o in un altro quelle presenti, cosa, secondo quanto detto a Edison, impossibile da farsi senza riportarle in laboratorio. L'ora in cui il piroscafo avrebbe dovuto salpare era ormai passata, e Edison si trovava nell'imbarazzo a causa del ritardo provocato dalle sue macchine.

Edison chiese a Tesla di recarsi sulla nave per vedere cosa si potesse fare. Era pomeriggio. Portando con sé alcuni attrezzi di cui pensava di aver bisogno, Tesla salì a bordo dell'Oregon. Constatò che dei cortocircuiti avevano bruciato alcune delle bobine d'indotto, e che dei circuiti aperti si erano sviluppati altrove sulle macchine.

Tesla, assistito dai membri dell'equipaggio, lavorò tutta la notte e, verso le 4 del mattino, le due macchine funzionavano di nuovo come il primo giorno della loro installazione. Ritornando al laboratorio in fondo alla *Fifth Avenue*, nei deboli bagliori dell'alba delle 5 del mattino, incrociò un gruppo di uomini che ne stavano uscendo. Tra di loro c'erano Edison, Batchellor (che nel frattempo era rientrato da Parigi) e diversi altri che avevano finito il loro turno di notte e ritornavano a casa.

«Ecco qua il nostro parigino che fa le notti brave», disse Edison.

«Sono appena stato sull'Oregon,» rispose Tesla, «le due macchine funzionano».

Edison, impressionato, scosse la testa e si girò senza dire una parola. Quando ebbe raggiunto il gruppo disse a Batchellor, forte abbastanza perché Tesla udisse: «Batchellor, ques'uomo è veramente formidabile».

In seguito, Tesla salì di grado tra i membri della squadra e iniziò a potersi occupare dei problemi di concezione e funzionamento. Trovava il suo lavoro interessante e vi si investiva più di diciotto ore al giorno, dalle 10h30 del mattino fino alle 5 del mattino successivo, tutti i giorni, domeniche incluse. Di fronte alla sua assiduità, Edison gli disse: «Ne ho avuti di assistenti che erano gran lavoratori, ma voi, voi li battete tutti».

Tesla scoprì diversi modi per migliorare la concezione delle dinamo e rendere il loro funzionamento più efficace. Presentò il suo progetto a Edison, insistendo sul discorso della potenza di uscita e della riduzione dei costi di funzionamento che potrebbero risultare dai cambiamenti che proponeva. Edison, cosciente dell'importanza rappresentata da una maggiore efficacia, gli rispose: «Se ci riuscite, vi darò cinquantamila dollari».

Tesla progettò ventiquattro tipi di dinamo, ne ritrasse le calamite di campo a nucleo allungato per rimpiazzarle con nuclei più piccoli e produttivi, e produsse certi controlli automatici che furono poi brevettati. Qualche mese dopo, terminato il suo compito e avendo appurato che alcune delle sue nuove macchine, costruite e testate, erano all'altezza delle sue promesse, Tesla chiese che gli venissero versati i suoi cinquantamila dollari. Edison gli rispose: «Tesla, voi non capite proprio l'humor americano».

Tesla rimase sconvolto nel constatare che quella che lui aveva preso per una reale promessa, alla fine non si era rivelata altro che un brutto scherzo. In complemento al suo stipendio settimanale, che già non era molto elevato, non ricevette un centesimo come compenso per le sue nuove concezioni e invenzioni, né per l'enorme lavoro supplementare che aveva fornito. Si licenziò su due piedi. Era la primavera del 1885.

Durante il periodo di meno di un anno che aveva passato in compagnia di Edison, Tesla aveva acquisito una buona reputazione negli ambienti dell'elettricità. Così, appena possibile, gli fu consigliato di approfittarne. Un gruppo di promotori gli propose di creare un'azienda a suo nome. L'occasione di poter lanciare il suo sistema di corrente alternata finalmente si presentava: Tesla accettò la proposta con entusiasmo. Ma quando propose insistentemente il suo progetto, i promotori lo informarono di non essere interessati alla corrente alternata. Quel che volevano da lui, era che creasse una lampada ad arco utilizzabile per illuminare le strade e le fabbriche. Nel giro di un anno aveva sviluppato la lampada e depositato diversi brevetti sulla sua invenzione, la cui fabbricazione e utilizzo erano avviati.

Da un punto di vista tecnico l'azienda era stata una riuscita, ma Tesla era di nuovo in difficoltà finanziaria proprio a causa di questa. Aveva percepito uno stipendio relativamente modesto nel corso del periodo di elaborazione. In base all'accordo, avrebbe ricevuto la sua remunerazione principale sotto forma di azioni dell'azienda. Ricevette un certificato azionario magnificamente inciso, e poi, per qualche manipolazione che non riuscì a capire, fu forzato a lasciare l'azienda, trovandosi denigrato come ingegnere e inventore. Quando cercò di convertire il certificato in liquidità scoprì che le azioni delle aziende create di recente, che non potevano provare la loro capacità di guadagnare dei dividendi, avevano pochissimo valore. L'idea che si era fatto degli uomini di finanza, che fossero dell'Antico o del Nuovo Mondo, iniziava a diventare veramente poco lusinghiera.

L'esperienza più difficile della vita di Tesla arrivò in quel momento. Non aveva alcuna fonte di reddito e, dalla primavera del 1886 a quella del 1887, fu costretto a lavorare come lavoratore a giornata. «Ho vissuto un anno pieno di orribili dispiaceri e di profondo risentimento, in cui la mia sofferenza non faceva che accentuare il mio bisogno materiale», disse. La situazione economica del paese non era delle migliori. Non solo faceva fatica a trovare qualcuno disposto ad ascoltare il suo progetto di corrente alternata, ma doveva anche confrontarsi con un'enorme concorrenza tra i lavoratori per trovare di che mangiare e dove dormire, e gli era estremamente difficile ottenere anche i compiti più ingrati e che erano pagati con uno stipendio da miseria. Non parlava mai di questo periodo, probabilmente perché fu talmente sgradevole che ne cancellò tutti i ricordi dalla memoria. Alcuni lavoretti di riparazioni elettriche, o anche scavare delle fosse per due dollari al giorno, figurano tra gli incarichi che svolse. Sprecare così le sue capacità lo indignava più dell'umiliazione personale che subiva. La sua formazione, aveva affermato, sembrava uno scherzo.

All'inizio del 1887, durante l'inverno, mentre scavava una fossa attirò l'attenzione del capomastro della squadra, anche lui obbligato dalle circostanze ad accettare del lavoro sotto qualificato. L'uomo rimase impressionato dalla storia di Tesla sulle sue invenzioni e le sue aspirazioni riguardo il suo sistema di corrente alternata. Quel capomastro, rivelò Tesla, gli permise di fare la conoscenza di M. A. K. Brown, della Western Union Telegraph Company, il quale investì una parte del suo proprio capitale nel suo progetto e interessò uno dei suoi amici a parteciparvi.

Questi due signori organizzarono e finanziarono la Tesla Electric Company, e nell'aprile del 1887 crearono un laboratorio al 33-35 *South Fifth Avenue* (oggi West Broadway), vicino a Bleecker Street, non lontano dal laboratorio della società Edison. Edison aveva rifiutato l'idea della corrente alternata di Tesla, e ora erano diventati vicini. Tesla aveva il suo proprio laboratorio, dove iniziò a sviluppare delle idee concorrenti. Era in questa zona circoscritta che doveva svolgersi la grande battaglia dell'industria dell'elettricità, che nasceva da una quesito: «quale delle due correnti dovremmo utilizzare, quella continua o quella alternata?». Edison era già riconosciuto e interamente devoto alla corrente continua. Le sue centrali elettriche funzionavano in diverse città, e inoltre era appoggiato dal celebre finanziere J. P. Morgan. Nikola Tesla, invece, era uno sconosciuto e beneficiava solo di un modesto appoggio finanziario. La corrente continua era, sul piano tecnico, molto semplice, mentre la corrente alternata era piuttosto complessa. Tuttavia, Tesla sapeva che queste difficoltà racchiudevano delle possibilità di utilizzazione infinite.

I giorni bui della vita di Tesla erano terminati. Ciononostante, avrebbe presto scoperto che l'approvazione o il rifiuto del suo sistema di corrente alternata non si basava su dei criteri tecnici, quanto su considerazioni puramente finanziarie, reazioni emotive e pregiudizi, e sul fatto che la natura umana era un fattore ben più importante delle verità scientifiche.

Al di là di tutto, riuscì comunque a vedere molto rapidamente i suoi sogni e le sue più grandi speranze realizzati, e i suoi sforzi furono finalmente ricompensati da una grande riuscita.

Una volta stabilita una parvenza di condizioni eque che gli avrebbero consentito di proseguire il suo lavoro, la stella nascente del genio di Tesla infiammò i cieli elettrici come un meteorite. Appena la Tesla Electric Company ebbe aperto i suoi laboratori sulla *South Fifth Avenue*, si lanciò nella costruzione di diversi pezzi di meccanismi elettrici di dinamo. Non aveva bisogno di fare alcun calcolo, né di stabilire dei piani. Tutto era chiaro nella sua mente, fin nei minimi dettagli di ogni componente dell'apparecchio. Produsse così rapidamente le unità con le quali presentò i principi del suo sistema polifasico a corrente alterna. Il solo pezzo dell'apparecchio che aveva costruito quand'era a Strasburgo, il primo modello della macchina asincrona, era la prova concreta dell'esattezza di tutti i suoi calcoli.

Gli apparecchi creati nel suo nuovo laboratorio erano identici a quelli che aveva concepito a Budapest durante i due mesi che seguirono la sua incredibile rivelazione sul principio del campo magnetico rotante. Spiegò di non aver apportato alcuna modifica alle macchine che aveva costruito mentalmente a quell'epoca. Quando queste macchine furono costruite fisicamente funzionavano tutte, esattamente come aveva previsto. Erano passati cinque anni da quando aveva elaborato la loro realizzazione, e nel frattempo non aveva tracciato una sola linea sulla carta. Eppure si ricordava perfettamente di tutti i minimi dettagli.

Tesla produsse, quanto più rapidamente gli fu possibile costruire le macchine, tre sistemi completi di meccanismi a corrente alternata per delle correnti monofasiche, bifasiche e trifasiche, e realizzò degli esperimenti con correnti quadrifasiche e addirittura ettafasiche. In ognuno dei tre sistemi principali produsse delle dinamo per generare corrente, dei motori per produrre energia a partire dalle dinamo, dei trasformatori per aumentare o diminuire la tensione, così come diversi apparecchi per il controllo automatico dei meccanismi. E non si accontentò di costruire i tre sistemi: fornì anche i metodi per poterli connettere fra loro, e delle modifiche che permettevano degli usi diversi di ogni sistema. Qualche mese dopo l'apertura del laboratorio, sottomise il suo motore bifasico al professor W. A. Anthony dell'Università di Cornell, perché fosse testato. Il professor Anthony riferì che il motore era tanto efficace quanto il migliore dei motori a corrente continua.

Tesla ora non si limitava a costruire le macchine che visualizzava, ma calcolava anche le teorie matematiche di base che sottostavano a tutti quegli apparecchi. La teoria matematica era così fondamentale che copriva non solo i principi applicabili alle macchine che funzionavano a 60 cicli al secondo (frequenza standard utilizzata ai giorni nostri), ma poteva applicarsi benissimo anche ad un ventaglio di correnti a basse e alte frequenze. Con la corrente continua di Edison non era possibile lavorare sulle reti di distribuzione con dell'energia potenziale superiore ai 220 volt, ma con una corrente alternata era possibile produrre e trasmettere delle correnti di diverse migliaia di volt permettendo una distribuzione economica, che poteva essere ridotta a delle tensioni inferiori per l'utilizzo del consumatore.

Tesla cercò di ottenere un solo brevetto che coprisse l'insieme del sistema e tutte le sue componenti: le dinamo, i trasformatori, i sistemi di distribuzione e i motori. I suoi consulenti in proprietà intellettuale, Duncan, Curtis & Page, depositarono la domanda di tale brevetto il 12 ottobre 1887, sei mesi dopo l'apertura del laboratorio, e cinque anni e mezzo dopo che ebbe inventato il campo magnetico rotante.

Ciononostante, l'Ufficio dei brevetti rifiutò di accettare un tale «minestrone», e insisté perché fosse diviso in sette invenzioni distinte, con una domanda depositata per ognuna. Due gruppi di richieste distinte furono allora depositati, uno il 30 novembre e l'altro il 23 dicembre. Si trattava di invenzioni così originali, e riguardavano un ambito ancora talmente inesplorato della scienza elettrica da non trovare praticamente alcun ostacolo presso l'Ufficio dei brevetti, i quali furono rilasciati nel giro di sei mesi. Portavano i numeri 381968, 381969, 381970, 382279, 382280, 382281 e 382282. Coprivano i suoi motori monofasici e polifasici, il suo sistema di distribuzione e i suoi trasformatori polifasici. Nell'aprile 1888, l'anno seguente, in seguito a una sua richiesta si vide accordare altri cinque brevetti, comprendenti i sistemi trifasici a tre e quattro fili. Nel corso dello stesso anno fece un'altra domanda, e gli vennero concessi ulteriori diciotto brevetti, numerati 01520, 405858, 405859, 416191, 416192, 416193, 416194, 416195, 418248, 424036, 433700, 433701, 433702, 433703, 445207, 445067, 459772 e 464666.

Mentre l'Ufficio dei brevetti iniziava a consegnare una successione di brevetti fondamentali a Tesla, il mondo dell'ingegneria elettrica cominciò ad interessarsi a quest'inventore praticamente sconosciuto. Si resero presto conto dell'importanza delle sue scoperte innovatrici, e lo invitarono a tenere una conferenza davanti all'*American Institute of Electrical Engineers*, il 16 maggio 1888. Questo invito fu la prova del suo successo.

Tesla accettò l'invito e si investì totalmente nella preparazione della conferenza che, pensava, gli avrebbe permesso di rivelare al mondo dell'elettricità la grande storia del suo sistema perfezionato a corrente alterna, e i vantaggi non trascurabili che presentava rispetto alla corrente continua.

Questa conferenza divenne un grande classico nel mondo dell'ingegneria elettrica. Tesla vi presentò la teoria e le utilizzazioni pratiche della sua corrente alterna nell'ambito dell'energia. Tali usi, così come i suoi brevetti, descrivevano le fondamenta, in materia di circuiti elettrici, delle macchine, delle funzioni, e della teoria sulla quale poggiava quasi tutto il sistema elettrico del paese, e che è ancora in uso oggigiorno.

Nessun progresso di tale portata è più stato fatto nell'ambito del genio elettrico da allora.

La conferenza tenuta da Tesla, le invenzioni e le scoperte che presentò in quell'occasione, fecero di lui il padre fondatore dell'insieme del dominio del sistema d'energia a corrente alterna, e gli permisero di essere riconosciuto come un inventore straordinario nel mondo dell'elettricità. Questo, davanti a tutta la categoria del genio elettrico.

È difficile rendersi conto dell'incredibile esplosione di avanzata e progresso elettrico che scaturirono dal laboratorio di Tesla nei mesi che seguirono la sua installazione. Creò un'ondata di sviluppi che portò, in un grande frangente, il mondo elettrico verso la nuova era dell'energia, nonostante ci siano voluti ovviamente diversi anni per l'avvio dell'esercizio commerciale. Il mondo dell'ingegneria elettrica era stupefatto, sconcertato e addirittura perplesso di fronte a tutte le scoperte che il laboratorio di Tesla gli offriva, ed era pieno di ammirazione per il nuovo genio prodigio che era venuto ad ingrossare le loro fila.

Il sistema d'energia elaborato da Nikola Tesla, utilizzando la corrente ad alta tensione per la trasmissione, permetteva alle centrali elettriche che utilizzavano la corrente continua di non funzionare più solo come aziende strettamente locali, in grado di alimentare una zona inclusa nel raggio un chilometro e mezzo al massimo. I suoi motori utilizzavano una corrente alterna che poteva essere trasmessa, in modo economico, lungo centinaia di chilometri, e che metteva a disposizione un sistema bi e trifasico economico per le linee di trasmissione.

I cambiamenti straordinari che Tesla apportò all'industria elettrica, con le sue invenzioni e le sue scoperte sulla corrente alterna, possono essere constatati tenendo conto dell'handicap con il quale le centrali a corrente continua di Edison avevano funzionato fino a quel momento. L'elettricità era generata nelle centrali con delle dinamo relativamente piccole; in, seguito la corrente veniva distribuita ai consumatori attraverso dei conduttori in rame installati nelle canalizzazioni sotterranee. Una parte dell'energia elettrica introdotta in questi conduttori dalla centrale non arrivava all'altro capo della linea, poiché l'elettricità veniva convertita in calore inutile dalla resistenza dei conduttori lungo il cammino.

L'energia elettrica è composta da due fattori: la corrente, o quantità di elettricità, e la tensione, o pressione sotto la quale la corrente circola. Delle perdite di energia avvengono qualunque sia la tensione. Un ampere di corrente subisce una perdita precisa causata dalla resistenza, e questa perdita resta la stessa, che la pressione sia di 100, 1000 o anche 100000 volt. Se il valore della corrente non cambia, allora la quantità di energia trasportata lungo un cavo varierà in funzione della tensione. Per esempio, c'è 100000 volte più energia trasportata lungo un filo percorso da una corrente di un ampere a 100000 volt che non quando la corrente è solo di un ampere e la pressione di un volt.

Se la quantità di corrente trasportata da un filo raddoppia, le perdite di calore saranno moltiplicate per quattro. Se la corrente è triplicata, queste perdite saranno moltiplicate per nove, e se la corrente è quadruplicata, le perdite saranno fino a sedici volte superiori. Tale situazione comporta dei limiti precisi riguardo la quantità di corrente che può essere caricata nei conduttori.

Inoltre seguiva anche una perdita di pressione. In un conduttore lungo un chilometro, dalla taglia scelta e trasportando delle correnti medie, ci sarebbe una perdita di circa 30 volt. Per compensare in una certa misura questa perdita, le dinamo sono state concepite per generare 120 volt al posto dei 110 volt standard sui quali si basavano le lampade. Accanto alla centrale il consumatore riceverebbe un surplus di tensione, mentre un chilometro più lontano la corrente consegnata si eleverebbe a 90 volt. Le prime lampade a incandescenza a filamento di carbonio di Edison presentavano una brillantezza piuttosto debole a 110 volt, e procuravano un'illuminazione ancor meno soddisfacente a 90 volt.

Di conseguenza, la produzione e la distribuzione di elettricità da corrente continua divenne un affare molto più localizzato. La centrale elettrica Edison poteva alimentare una zona di meno di un chilometro e mezzo di diametro. Per riuscire ad alimentare una grande città ci sarebbe stato bisogno di installare una centrale per ogni chilometro quadrato, o anche meno per fornire una corrente uniforme soddisfacente. Al di fuori delle grandi città la situazione diventava ancor più complicata, e avrebbe costituito un grande handicap se si avesse voluto fare dell'elettricità la fonte di energia universale.

Il sistema di corrente alterna di Tesla, di cui Edison aveva rifiutato con tanta veemenza la proposta, liberò l'elettricità dal suo imprigionamento locale. I suoi motori a corrente alterna erano non solo più semplici e flessibili delle macchine a corrente continua, ma grazie ad un metodo molto efficace rendevano possibile l'utilizzo dei trasformatori, costituiti da due bobine di filo arrotolato su un nucleo in ferro, per aumentare la tensione e allo stesso tempo abbassare la corrente proporzionalmente, o inversamente. Ciononostante, la quantità di energia necessaria restava praticamente identica.

I fili di rame, acquistati al chilometro, costituivano un investimento importante. Il diametro del filo, quanto a lui, imponeva un limite alla quantità di corrente che poteva trasportare. Con il sistema di corrente continua di Edison non c'era alcun modo pratico di trasformare una corrente elettrica. La tensione restava la stessa, e quando la corrente aumentava fino alla capacità di carica del filo, era impossibile amplificare maggiormente il circuito.

Con il sistema Tesla, le quantità di energia che un filo poteva trasportare sarebbero fortemente aumentate amplificando la tensione e mantenendo la corrente al di sotto del limite di carica del circuito. Nel sistema a corrente alterna polifasica di Tesla, un piccolo filo poteva trasportare un migliaio di volte, o anche di più, l'energia elettrica che non avrebbe potuto il sistema a corrente continua di Edison.

Grazie al sistema di corrente alterna di Tesla l'elettricità poteva essere consegnata a delle grandi distanze dalla centrale, in modo economico. Volendo, si sarebbe potuto bruciare del carbone all'imbocco di una miniera per generare elettricità e consegnare la corrente a basso prezzo alle città lontane. Si sarebbe potuto anche produrre dell'elettricità grazie ad una fonte di energia idraulica disponibile, e trasmetterla a dei punti lontani dove avrebbe potuto essere utilizzata.

Tesla liberò il gigante elettrico dal cordone ombelicale che lo legava alla centrale e gli offrì la libertà geografica. Gli diede l'opportunità di estendersi nei grandi spazi e di realizzare miracoli. Instaurò le basi del nostro sistema di superpotenza attuale. Un'avanzata di tale portata avrebbe sicuramente avuto delle ripercussioni esplosive, e l'esplosione sarebbe certamente avvenuta non appena qualcuno avesse acceso la miccia.

CINQUE

La conferenza e la spettacolare dimostrazione di Tesla davanti all'American Institut of Electrical Engineers di New York concentrò l'attenzione dell'insieme della comunità di elettricisti sul suo lavoro. La maggior parte degli ingegneri elettrici non avevano dubbi sul fatto che le scoperte di Tesla rappresentassero l'inizio di una nuova era per l'industria elettrica. A cosa potrebbero dunque servire? C'erano pochi fabbricanti capaci di trarne profitto. Le scoperte di Tesla si trovavano nella stessa situazione di un diamante di quattro chili e mezzo: nessuno metterebbe in questione il valore della pietra, ma chi sarebbe in grado di comprarla o farne uso?

A quel tempo, Tesla non aveva particolarmente focalizzato la sua attenzione sulla commercializzazione del suo lavoro. Era nel bel mezzo di un programma di lavoro sperimentale che era lungi dall'essere concluso, e desiderava terminarlo prima di impegnarsi in nuove attività. Si aspettava che non ci fossero alternative rispetto alla creazione della sua propria azienda e alla fabbricazione dei suoi motori, dinamo e trasformatori. Impegnarsi in quel campo l'avrebbe allontanato dal suo progetto sperimentale iniziale, dal quale era profondamente affascinato e che soprattutto non voleva interrompere. Di conseguenza, per quel che lo riguardava, commercializzare le sue invenzioni era un problema che poteva essere affrontato più tardi. Per lo meno fino a che l'attuale finanziamento del suo lavoro non fosse interrotto.

L'uomo a capo della Westinghouse Electric Company di Pittsburgh, George Westinghouse, era un visionario. Era già conosciuto in quanto inventore di un gran numero di apparecchi elettrici, in particolare per il suo sistema frenante ad aria compressa per treni e per aver fatto fortuna grazie alla commercializzazione delle sue proprie invenzioni. Westinghouse notò le favolose possibilità commerciali offerte dalle invenzioni di Tesla e la netta superiorità della corrente alternata rispetto alla corrente continua. Era un uomo d'affari pragmatico e non era limitato dalla scelta tra i due sistemi.

Parallelamente, Thomas Edison, uomo a capo della Edison *General Electric Company*, era quanto a lui soggetto ad un limite. L'invenzione di Edison era la lampada elettrica ad incandescenza. Dopo aver sviluppato questo progetto, si rese conto che doveva trovare un modo di utilizzarlo per scopi commerciali: per vendere le sue lampade al pubblico era necessario rendere l'elettricità accessibile, o non sarebbe stato possibile accenderle. Un altro tipo di lampada elettrica era disponibile, la lampada ad arco, ma solo pochi erano interessati. Il sistema delle centrali elettriche Edison era alimentato da una corrente a bassa tensione. A quell'epoca si usavano dei motori a corrente diretta, e la maggior parte degli uomini non credeva nella possibilità di creare un motore a corrente alternata funzionante. Di conseguenza, per Edison, il sistema a corrente continua offriva un certo numero di vantaggi di tipo pratico.

Westinghouse non aveva un progetto favorito comparabile a quello della lampada ad incandescenza attorno al quale porre condizioni di protezione tali che i limiti della corrente continua. In questo modo, poteva guardare da una prospettiva imparziale e puramente obiettiva le scoperte di Tesla sulla corrente alternata. Prese la sua decisione un mese dopo la conferenza di Tesla. Dopo questa osservazione, inviò una breve nota a Tesla per fissare un appuntamento e incontrarlo nel suo laboratorio.

I due inventori non si erano mai incontrati prima, ma ognuno conosceva già perfettamente il lavoro dell'altro. Westinghouse, nato nel 1846, aveva dieci anni in più di Tesla. Era basso, corpulento, barbuto, impressionante da vedere e aveva l'abitudine di condurre i suoi affari in modo molto franco, al punto che a volte risultava piuttosto brutale. Tesla, trentadue anni, era alto, bruno, bello, fine ed elegante. In piedi nel laboratorio di Tesla non potevano avere un aspetto più diverso l'uno dall'altro, tuttavia avevano tre cose in comune: erano entrambi inventori, ingegneri e amanti dell'elettricità. Tesla nel suo laboratorio aveva delle dinamo, dei trasformatori e dei motori con i quali poteva fare una dimostrazione delle sue scoperte e dei suoi modelli in condizioni di utilizzo reale. In quel posto Westinghouse si sentiva come a casa, e fu presto convinto dell'inventore e delle sue invenzioni.

Westinghouse fu positivamente impressionato e decise di agire rapidamente. Testa raccontò la storia all'autore.

«Vi offro un milione di dollari per i vostri brevetti sulla corrente alternata, più le royalties», annunciò a un sorpresissimo Tesla, il quale riuscì tuttavia a non lasciar trasparire niente del suo totale sbalordimento.

«Se mi offrite una royalty di un dollaro per cavallo, accetto la vostra offerta», rispose Tesla.

«Un milione, un dollaro di royalty per cavallo», ripeté Westinghouse.

«È accettabile», disse Tesla.

«Affare concluso», dichiarò Westinghouse. «Riceverete un assegno e un contratto entro qualche giorno».

CINQUE

Ecco il caso di due grandi uomini, ognuno con la capacità di vedere il futuro da un punto di vista gigantesco e con piena fiducia nell'altro che organizzava un'enorme transazione nell'indifferenza più totale per i dettagli.

All'epoca, la somma in gioco era incontestabilmente un record per un'invenzione. Mentre Tesla amava pensare al suo sistema polifasico completo come a una sola invenzione, aveva comunque venduto quasi venti invenzioni sulle quali erano già stati posti i brevetti, e molti altri sarebbero ancora arrivati. Con un totale di quaranta brevetti coinvolti nella transazione, la cui maggior parte era di natura basica, ricevette di conseguenza quasi 25000 dollari a brevetto. Westinghouse concluse così un vero affare comprando i brevetti in gran quantità.

Westinghouse fece in modo che Tesla si trasferisse a Pittsburgh per un anno, con uno stipendio elevato, per agire nei panni di consulente nel lancio commerciale delle sue invenzioni. L'offerta generosa del magnate di Pittsburgh per l'acquisizione dei suoi brevetti cancellò tutte le inquietudini di Tesla rispetto al fatto di consacrare la maggior parte del suo tempo allo sfruttamento delle sue invenzioni a fini commerciali, attraverso la sua propria azienda. Di conseguenza, poteva permettersi di « perdere » un anno del uso tempo.

L'apparecchio che Tesla mostrò a Westinghouse durante la sua visita al laboratorio, operante a meraviglia, era concepito per funzionare con una corrente di 60 cps[2]. Le ricerche svolte da Tesla gli indicavano che era a quest'altezza di frequenza che la macchina funzionava con la migliore efficacia. Frequenze più alte permettevano un risparmio della quantità di ferro, ma l'abbassamento di efficacia e le difficoltà di concezione presentatesi in seguito non compensavano il lieve risparmio sul costo del metallo. Con frequenze più basse la quantità di ferro necessaria aumentava, e l'apparecchio acquisiva ampiezza più rapidamente di quanto la crescita di efficacia lo giustificasse.

Tesla si recò a Pittsburgh sperando di risolvere tutte le questioni in meno di un anno. Tuttavia, vi incontrò degli ingegneri alle prese con tutt'altro problema: quello di creare un motore la cui concezione avesse assicurato innanzitutto la certezza di un buon funzionamento, poi un economia di funzionamento, in seguito un'economia nell'utilizzo dei materiali, e ancora una facilità di fabbricazione, oltre ad altri problemi. Tesla aveva in mente tutte queste problematiche, ma non si trovava nella stessa urgenza di quegli ingegneri. Era inoltre inflessibile sulla scelta dei 60 cps come frequenza standard per la corrente alternata, mentre gli ingegneri, che avevano

---

2. *Cicli per secondo*, questo il nome dell'attuale hertz ancora presente nelle vecchie pubblicazioni, e più volte riportato nel presente testo. NdT

esperienza con i 133 cps, non erano sicuri che una frequenza inferiore fosse la più adatta per i motori Tesla. In tutti i casi vi era un conflitto tra l'inventore, interessato essenzialmente ai principi, e gli ingegneri, interessati ai problemi pratici di concezione. Il funzionamento dei motori Tesla in corrente monofasica di piccola taglia fece emergere dei problemi ben specifici. In questo tipo di concezione, degli artifici dovettero essere incorporati nel motore per produrre alcune delle caratteristiche di una corrente bifasica a partire dalla corrente monofasica che era stata fornita per farlo funzionare.

Tesla era profondamente nauseato da quella situazione. Aveva l'impressione che i consigli che egli stesso dava sulla sua propria invenzione non venissero calcolati. Così, lasciò Pittsburgh. Westinghouse era convinto che la situazione si sarebbe risolta da sola. Tesla rivelò qualche anno più tardi che Westinghouse, per convincerlo a non partire, gli offrì ventiquattro mila dollari all'anno, ovvero un terzo del capitale netto della compagnia e del suo proprio laboratorio, se fosse rimasto a dirigere il progetto di sviluppo del suo sistema. Tesla, ormai ricco e desideroso di ritornare alle sue ricerche iniziali, rifiutò l'offerta.

I lavori di sviluppo continuarono dopo la partenza di Tesla. Molto presto dei modelli pratici furono prodotti per ogni taglia di motore e di dinamo, e la loro fabbricazione fu avviata. Tesla era felice di vedere che la scelta sulla quale aveva insistito, ovvero la frequenza di 60 cps, era stata adottata come frequenza standard, malgrado il fatto che fosse stata rimessa in questione in quanto giudicata meno efficace nelle piccole unità.

Di ritorno al suo laboratorio newyorchese Tesla dichiarò che, durante il suo anno a Pittsburgh, non aveva apportato alcun contributo alla scienza elettrica. «Non ero libero a Pittsburgh», spiegò. «Ero totalmente dipendente e non potevo lavorare. Devo essere completamente libero per essere creativo. Quando mi sono liberato di quella situazione, le idee e le invenzioni hanno attraversato il mio cervello a una velocità impressionante». Durante i quattro anni seguenti consacrò una gran parte del suo tempo alla continuazione dello sviluppo del suo sistema polifasico. Depositò quarantacinque brevetti che si vide in seguito accettare. I brevetti accettati anche nei paesi stranieri portarono quel totale a moltiplicarsi diverse volte.

Le idee di quei due giganti tra gli inventori, Edison e Tesla, erano coinvolte in una battaglia cruenta. Degli sviluppi incredibili fuoriuscivano dai laboratori dei due geni, che potevano vedersi sulla *South Fifth Avenue* di New York.

Ci furono conflitti notevoli tra Edison, che era un fervente difensore della corrente continua, e i sostenitori della corrente alternata. La Thomson-Houston Company e la Westinghouse Electric Company avevano considerevolmente sviluppato quel dominio di illuminazione elettrica di serie e di lampade ad arco prima che il sistema di energia di Tesla fosse stato sviluppato. Edison, che già aveva avuto problemi a partire con quei concorrenti, attaccava il sistema di corrente alternata dichiarandolo pericoloso a causa delle tensioni elevate che utilizzava. L'arrivo del sistema di Tesla gettò benzina sul fuoco.

Le autorità della prigione di stato di New York avevano adottato la corrente alternata ad alta tensione per la folgorazione dei prigionieri condannati; Tesla temeva dunque che Edison avrebbe orchestrato il progetto in modo da screditare la corrente alternata. Non ci sono dubbi sull'aiuto che la scelta delle autorità della prigione diede al gruppo della corrente continua. Tuttavia, la loro decisione si basava indubbiamente sul fatto che la corrente continua non poteva, attraverso nessun mezzo pratico, essere prodotta alle tensioni elevate richieste, mentre la potenza della corrente alternata poteva essere molto facilmente aumentata. A parità di tensione e di intensità di corrente, la corrente continua era tanto mortale quando quella alternata; ciononostante, questa «guerra delle correnti» come le altre guerre, era guidata dalle emozioni piuttosto che dai semplici fatti.

Il compito di rifornire gli Stati Uniti di energia elettrica — cosa intrapresa da George Westinghouse quando iniziò a sfruttare i brevetti di Tesla — era enorme. Aveva bisogno non solo di ingegneri talentuosi, ma anche di capitali. La Westinghouse Electric Company conobbe una formidabile espansione del suo volume di affari; tuttavia, questo aumento al rialzo arrivò in un momento in cui il paese entrava in una fase di depressione commerciale e finanziaria, e Westinghouse si ritrovò rapidamente in difficoltà.

Era inoltre un'epoca in cui i giganteschi interessi finanziari concorrenti si battevano per il controllo della struttura industriale del paese, attraverso il controllo del capitale. Era un'epoca di fusioni, un periodo nel quale gli interessi finanziari creavano delle unità di produzione più grandi unendo diverse società più piccole in ambiti connessi. Tali combinazioni erano spesso forzate, senza ritegno per i desideri dei proprietari di queste compagnie.

Una di queste fusioni, fatta in interno e accordata per consenso reciproco, raggruppava la Thomson-Houston Company e la Edison *General Electric Company*, due delle più importanti concorrenti della Westinghouse Electric, con lo scopo di creare quella che oggi conosciamo come la *General Electric Company*. Era una sfida agli interessi finanziari concorrenti.

Westinghouse aveva sviluppato il suo business in modo molto rapido grazie ai brevetti di Tesla. Poiché la sua struttura finanziaria aveva perso un certo grado di flessibilità, divenne vulnerabile di fronte agli operatori finanziari e si ritrovò rapidamente scartato da una fusione che implicava l'unione della sua azienda con diverse altre piccole compagnie. Gli interessi finanziari della situazione attuale esigevano che la Westinghouse Electric Company fosse riorganizzata in modo da fare un passo avanti, portando con sé una fusione tra l'U.S. Electric Company e la Consolidated Electric Light Company. La nuova unità sarebbe stata riconosciuta con il nome di *Westinghouse Electric and Manufacturing Company*.

Prima di avviare questa riorganizzazione, i consiglieri finanziari, occupando delle posizioni strategiche, insistettero perché Westinghouse abbandonasse alcuni dei sui piani e dei suoi progetti che consideravano inopportuni o pregiudicabili all'ottenimento di una nuova compagnia fondata su una base nuova e più solida da un punto di vista finanziario.

Una delle condizioni era che Westinghouse si sbarazzasse del suo contratto con Tesla riguardo il pagamento delle royalties a un dollaro per cavallo su tutti gli articoli di corrente alternata venduti con i suoi brevetti. (Non esiste alcuna prova scritta di tale contratto. L'autore ha trovato due fonti di informazione: una concorda perfettamente con la storia qui riportata, l'altra stipula che il pagamento di un milione di dollari fosse un anticipo sulle royalties. È d'altronde così che Tesla gli descrive la situazione, dichiarando che nessuna royalty gli era stata versata). I consiglieri finanziari sottolinearono che, se i risultati degli affari che Westinghouse intendeva fare con i brevetti di Tesla nell'anno seguente fossero stati distanti dalle stime sperate, la somma che avrebbe dovuto sborsare in virtù di quel contratto sarebbe stata enorme, di diversi milioni di dollari. Questo, al momento della riorganizzazione, appariva come un fardello pericoloso che metteva in pericolo quella stabilità che tanto si sforzavano di raggiungere per la nuova pianificazione.

Westinghouse protestò vigorosamente contro questo provvedimento. Insisté sul fatto che quel pagamento era conforme alle procedure abituali, e non costituiva un fardello poiché era incluso nei costi di produzione, era pagato dai clienti, e non intaccava i benefici dell'azienda. Westinghouse stesso era un inventore di grande spessore, con un forte senso della giustizia quando trattava i suoi affari con altri inventori.

Tuttavia, i consiglieri finanziari non gliel'avrebbero data vinta. Misero Westinghouse con le spalle al muro, insistendo sul fatto che il milione di dollari già versato a Tesla era un compenso più che ragionevole per un'invenzione, e che facendolo aveva messo in pericolo la struttura finanziaria della sua compagnia e compromesso l'interesse dei suoi banchieri. Affermarono che qualunque altra azione suscettibile di mettere in pericolo la riorganizzazione, come il tentativo di conservare il contratto sulle royalties, avrebbe provocato il ritiro del sostegno necessario a salvare la compagnia.

La situazione si riduceva alla tecnica del famoso « o uno o l'altro ».

Fu affidato a Westinghouse il compito di gestire i negoziati con Tesla. Nessun'altra situazione avrebbe potuto essere più imbarazzante per lui. Westinghouse era però un realista tra i realisti, e mai esitò ad affrontare gli eventi di petto e con una franchezza brutale. « Vi offro un milione di dollari per i vostri brevetti sulla corrente alternata, più le royalties ». Era stato chiaro e conciso quando aveva comprato i brevetti di Tesla, e ora doveva trovare il modo di uscire da quella situazione. E poi, il denaro chiama, e lui deteneva quel denaro. Tesla occupava in quel momento la posizione dominante. Aveva tra le mani un contratto perfettamente valido, che valeva diversi milioni, e poteva citarlo in giudizio per obbligarlo a rispettarne i termini.

I processi di Edison contro le contraffazioni del suo brevetto sulla luce elettrica avevano avuto esiti positivi, causando effetti disastrosi per molte delle aziende che avevano violato i diritto di proprietà del suo brevetto, e portando l'insieme del mondo industriale ad avere un nuovo, sano rispetto per i diritti dei brevetti.

Westinghouse non aveva alcuna ragione di credere che Tesla avrebbe avuto la minima voglia di rinunciare al suo contratto, né che avrebbe permesso che i suoi termini venissero modificati per fornirgli un tasso di royalties inferiore. Sapeva che l'orgoglio di Tesla era stato ferito dalla disaccordo con gli ingegneri di Pittsburgh, e che poteva non essere di umore conciliante. D'altra parte, Westinghouse sapeva anche che era comunque riuscito a fare adottare le idee di Tesla. Il suo più grande conforto veniva dal fatto di aver concluso il contratto in buona fede, e con la stessa buona fede cercava ora di gestire una situazione ben meno soddisfacente. Avrebbe forse potuto offrire a Tesla un posto di dirigente nella compagnia, invece di un contratto. Un tale accordo avrebbe offerto dei vantaggi reciproci.

Non c'era alcun modo di fissare il valore preciso del contratto di Tesla. I suoi brevetti coprivano ogni dipartimento con il nuovo sistema d'energia a corrente alternata, e le royalties potevano essere riscosse sulle dotazioni delle centrali elettriche e dei motori. A quel tempo, l'industria elettrica si era appena avviata. Nessuno sapeva ciò che il futuro riservava, né aveva predetto l'enorme volume di affari che si sarebbe sviluppato. Gli ultimi dati disponibili indicano che nel 1941 le macchine che producevano elettricità in funzione negli Stati Uniti avevano una potenza di 162000000 cavalli, e che erano praticamente tutte alimentate da corrente alternata. Supponendo che la crescita fosse stata uniforme tra il 1891 e il 1941, la potenza installata nel 1905, quando i primi brevetti di Tesla scadevano, sarebbe stata di circa venti milioni. Questa cifra è, apparentemente, troppo elevata.

Secondo un censimento delle stazioni centrali americane condotto da T. Commerford Martin (Electrical World, 14 marzo 1914), la potenza dei generatori in funzione nel 1902 era di 1620000. Nel 1907, questa cifra passò a 6900000. Proporzionalmente all'anno, questa cifra sarebbe di 5000000 nel 1905, anno in cui scadevano i primi brevetti di Tesla. In quel periodo, molti fabbricanti che avevano utilizzato il vapore installarono delle dinamo nelle loro fabbriche e sfruttarono le centrali isolate. Queste non saranno incluse nelle cifre delle stazioni centrali, ma, se così fosse stato, la potenza totale sarebbe aumentata a forse sette milioni di cavalli. Tesla avrebbe dovuto incassare sette milioni di dollari di royalties per quel materiale, in base al suo accordo di un dollaro a cavallo. Avrebbe inoltre avuto il diritto di ricevere delle royalties sui motori che utilizzavano la potenza generata da quelle dinamo. Se solo i tre quarti della corrente generata fossero stati utilizzati per l'energia, questo gli avrebbe permesso di guadagnare cinque milioni di dollari supplementari, per un totale di dodici milioni di dollari.

Sarebbe stato un compito difficile per qualunque dirigente, per quanto intelligente o informato, quello di chiedere a un uomo di rinunciare ad un contratto quando questo potrebbe fargli guadagnare diversi milioni, o incitarlo ad accettare una riduzione di tassi che si elevavano a milioni.

Westinghouse andò a trovare Tesla, incontrandolo nello stesso laboratorio sulla *South Fifth Avenue* dove quattro anni prima aveva comprato i brevetti. Senza girarci tanto intorno, gli spiegò la situazione.

«La vostra decisione», disse il magnate di Pittsburgh, «determinerà le sorti della Westinghouse Company».

«Supponiamo che io rifiuti di abbandonare il mio contratto. Cosa farete voi allora?», chiese Tesla.

«In quel caso, vi ritroverete a trattare con i banchieri, perché io non avrei più alcun potere sulla situazione», rispose Westinghouse.

«E se lascio questo contratto, voi salverete la vostra compagnia e ne manterrete il controllo, potendo così continuare il progetto di diffondere il mio sistema polifasico nel mondo?», continuò Tesla.

«Il vostro sistema polifasico è, a mio parere, la più grande scoperta mai fatta in ambito di elettricità», dichiarò Westinghouse. «Sono i miei sforzi per offrirla al mondo che hanno provocato tutte queste difficoltà, ma intendo continuare. Qualunque cosa accada, proseguirò i miei progetti originari di estendere la corrente alternata a tutto il paese»

«M. Westinghouse,» disse Tesla, raddrizzandosi sul suo metro e ottanta di altezza e sorridendo al magnate di Pittsbugh, lui stesso un grand'uomo, «voi siete stato mio amico, e avete creduto in me quando altri non l'hanno fatto. Voi siete stato abbastanza coraggioso da continuare, e pagarmi un milione di dollari quando ad altri mancava il coraggio. Mi avete appoggiato anche quando i vostri ingegneri, al contrario di noi, non vedevano le grandi cose che ci aspettavano. Siete rimasto al mio fianco come amico. I benefici che il mio sistema polifasico porterà alla civilizzazione ai miei occhi valgono ben di più che il denaro in gioco. M. Westinghouse, voi salverete la vostra compagnia per poter sviluppare le mie invenzioni. Ecco qui il vostro contratto ed ecco il mio — li strapperò entrambi e non dovrete più preoccuparvi delle royalties. Questo può convenirvi?»

Accompagnando le parole con i gesti, Tesla strappò il contratto e lo gettò nell'immondizia. Westinghouse, grazie a questo formidabile gesto di Tesla, ritornò a Pittsburgh e utilizzò le installazioni della compagnia riorganizzata (che conosciamo oggi come la *Westinghouse Electric and Manufacturing Company*) per mantenere la promessa fatta a Tesla, e rendere il suo sistema di corrente alternata accessibile al mondo.

Non c'è probabilmente traccia, nella storia, di un così magnifico sacrificio fatto in nome dell'amicizia come quello del notevole regalo che Tesla fece a Westinghouse, ovvero i dodici milioni di dollari di royalties insoluti (malgrado il fatto che Westinghouse percepisse, dal canto suo, dei benefici indiretti provenienti da questo).

È anche probabile che l'impossibilità di pagare quelle royalties a Tesla abbia provocato uno dei più grandi handicap nel progresso scientifico e industriale che la razza umana abbia mai conosciuto. Qualche anno dopo, Tesla, sempre grande intellettuale lungi dall'apogeo della sua massima crescita, e sempre con una profusione d'invenzioni e di scoperte di grande ampiezza, si ritrovò senza i fondi per sviluppare le sue scoperte. Per questo, molte di loro andarono perdute.

Quasi cinquant'anni dopo questa maestosa rinuncia alla ricchezza in nome dell'amicizia, durante i quali Tesla aveva avuto occasione di vedere gli Stati Uniti e l'insieme del mondo arricchirsi grazie alla potenza che aveva messo loro a disposizione, fu invitato a partecipare con un discorso all'encomio tenuto presso l'Institute of Immigrant Welfare. Tesla, ormai quasi ottantenne, non poté presentarsi di persona. Aveva vissuto dei decenni di povertà, durante i quali aveva dovuto affrontare l'imbarazzo dato dall'incapacità di sviluppare le invenzioni che dichiarava di aver creato, ed era stato obbligato a spostarsi frequentemente di hotel in hotel perché non in grado di pagare le sue fatture. Malgrado queste esperienze, non aveva maturato alcun rancore verso Westinghouse, in nome del quale aveva sacrificato i suoi dodici milioni di royalties; conservò invece la sua calorosa amicizia iniziale. È quanto indicato nella dichiarazione del discorso inviato all'Institut, che sarebbe stato letto durante la cena tenuta presso l'hotel Biltimore il 12 maggio 1938:

«George Westinghouse era, a mio parere, l'unico uomo su questo pianeta in grado di farsi carico, nelle circostanze dell'epoca, del mio sistema di corrente alternata, ed il solo a vincere la lotta contro il potere dei pregiudizi e del denaro. Era un pioniere dotato di una stazza imponente, uno dei veri nobili del mondo di cui l'America può andar fiera, e al quale l'umanità deve un immenso debito di gratitudine»

SEI

Quando nel 1889 Tesla lasciò la fabbrica di Westinghouse a Pittsburgh per ritornare al suo laboratorio di New York, arrivò in un mondo nuovo. Il magnifico sistema polifasico che aveva già prodotto non era che un piccolo campione delle meraviglie ancora inesplorate, ed era impaziente di approfondire quel nuovo campo.

Non entrava in un dominio totalmente sconosciuto, nel quale avrebbe dovuto muoversi nel buio con la speranza di finire su qualcosa di valore — anche se chiunque altro all'epoca sarebbe stato in quella posizione. In quel fatidico pomeriggio del febbraio 1882 a Budapest, quando ebbe la visione del campo magnetico rotante, questa arrivò accompagnata da un'illuminazione che gli rivelò l'insieme del cosmo, con le sue varianti infinite e nella sua miriade di manifestazioni, come una sinfonia di correnti alternate. Per Tesla, le armonie dell'universo erano suonate su una scala di vibrazioni elettriche con una vasta gamma di ottave. Su una delle ottave inferiori si trovava una nota unica, la corrente alternata di 60 cps, e su una delle ottave superiori la luce visibile con la sua frequenza di migliaia di cicli al secondo.

Tesla aveva in mente dei numerosi esperimenti che gli avrebbero permesso di analizzare quell'area di vibrazioni elettriche presente tra la sua corrente alternata e le onde luminose. Avrebbe aumentato la frequenza della corrente alternata attraverso le zone intermediarie sconosciute. Se una nota nelle ottave inferiori era riuscita a produrre un'invenzione magnifica come il campo magnetico rotante e il sistema polifasico, chi poteva immaginare tutte le possibilità racchiuse nelle ottave superiori? E c'erano migliaia di ottave da esplorare. Avrebbe costruito un'armonica elettrica in grado di produrre delle vibrazioni elettriche su tutte le frequenze, e ne avrebbe poi studiato le caratteristiche. Sarebbe stato allora capace, o almeno così sperava, di capire il motivo della sinfonia cosmica delle vibrazioni elettriche che toccava l'universo intero.

A trentatré anni, Tesla era un uomo fortunato. La Westinghouse Company gli aveva versato un milione di dollari per la sua prima serie di invenzioni. Cinquecentomila dollari di quella cifra furono riversati a A. K. Brown e al suo associato che aveva finanziato i suoi esperimenti. Altre invenzioni ancor più grandi sarebbero arrivate, non avrebbe mai più avuto bisogno di denaro. Credeva allora che i suoi brevetti sulla corrente alternata gli avrebbero portato dei milioni in royalties; avrebbe potuto spenderli come voleva, penetrare i segreti della Natura e applicare le sue scoperte al benessere umano. Impegnarsi in quel modo era una sua responsabilità: sapeva di essere dotato, e che nessun altro uomo era altrettanto visionario, talentuoso e capace. Sarebbe dunque spettato a lui offrire al mondo i tesori divini della conoscenza scientifica, che avrebbe estratto dagli angoli più nascosti dell'universo e trasformato in agenzie grazie alle attività della sua poderosa mente, per rallegrare la vita, alleggerire il lavoro e accrescere la felicità dell'umanità.

Il suo atteggiamento era arrogante? Se così fosse, le sue intenzioni non erano egoiste. Per lui, poco importava quel che pensava dal momento che il suo pensiero rimaneva oggettivo e le sue riflessioni potessero essere tradotte in fatti dimostrabili. Cosa ci si poteva fare, se si considerava migliore degli altri uomini? Questo punto di vista non era forse conforme ai fatti? Supponiamo che si considerasse lui stesso come un uomo dal grande destino. Non avrebbe forse potuto procurare delle prove a sostegno di questa affermazione? Non era necessario che Tesla vedesse realmente un evento prodursi per approfittare della sua realizzazione. Aveva forse dichiarato, da giovane, che avrebbe inventato un motore a corrente alternata pratico, solo per sentirsi dire dal suo professore che quell'obiettivo era impossibile da raggiungere? (E non aveva forse compiuto questa «impossibilità»?) Non aveva forse migliorato la concezione ed il funzionamento delle dinamo a corrente continua di Edison, che tutti consideravano un grande genio? Inoltre, non era stato lui a produrre un sistema ampiamente superiore per produrre, distribuire e utilizzare l'elettricità? A tutte queste domande Tesla potrebbe rispondere affermativamente, senza oltrepassare i limiti della modestia riguardo le sue realizzazioni.

Il suo atteggiamento non era quello di un egoista. Era l'atteggiamento di chi ha fiducia in sé stesso e nella capacità visionaria di cui è dotato. Per un uomo con grandi capacità, che crede in sé e che dispone delle risorse finanziarie necessarie a raggiungere i suoi scopi, il mondo delle invenzioni non ha limiti. Questa era l'immagine di Tesla mentre ritornava al suo laboratorio sulla *Fifth Avenue* di New York, alla fine del 1889.

Tesla aveva studiato una vasta gamma di frequenze di corrente alternata per poter individuare quella su cui il suo sistema polifasico avrebbe funzionato meglio. I suoi calcoli indicavano dei cambiamenti importanti nelle caratteristiche della corrente e nei suoi effetti quando la frequenza veniva aumentata, e le osservazioni effettuate con le macchine elettriche da lui costruite confermavano tali calcoli. Notò che, aumentando le frequenze, erano necessarie quantità di ferro sempre più piccole, e voleva ora esplorare le altissime frequenze, durante le quali degli effetti insoliti avrebbero dovuto prodursi senza che vi sia la minima traccia di ferro nel circuito magnetico.

Quando ancora si trovava a Budapest, dopo la sua scoperta del campo magnetico rotante, Tesla si era dedicato ad un gioco di calcolo mentale sulle proprietà delle correnti alternate, dalla frequenza più bassa a quella della luce. Nessuno aveva ancora esplorato quel campo; tuttavia, nove anni prima, nel 1873, James Clerk Maxwell dell'Università di Cambridge in Inghilterra aveva pubblicato la sua magnifica presentazione sulla teoria elettromagnetica della luce. Le sue equazioni indicarono la presenza di una vasta gamma di vibrazioni elettromagnetiche al di sopra e al di sotto della luce visibile, e di vibrazioni di lunghezza d'onda molto più lunghe e altre molto più corte. Mentre Tesla era occupato a fabbricare dei modelli del suo sistema polifasico, nel 1887 il professor Heinrich Hertz, in Germania, testò a sua volta la teoria di Maxwell nella gamma di onde di qualche metro di lunghezza. Fu in grado di produrre le onde dalla scarica di scintille di una bobina di induzione, di assorbire queste onde dallo spazio, e caricarle di nuovo in una piccolissima scintilla a una certa distanza dalla bobina

Il lavoro di Hertz appoggiò la teoria di Tesla in base alla quale vi era una scoperta interessante da fare su quasi ognuna delle note dell'intera gamma di vibrazioni, tra quelle conosciute della corrente elettrica e quelle della luce. Tesla era sicuro di poter continuare ad aumentare la frequenza delle vibrazioni elettriche fino a raggiungere quella della luce. Sarebbe allora stato in grado di produrre della luce attraverso un procedimento diretto e molto efficace, contrariamente al processo estremamente poco redditizio usato nella lampada a incandescenza di Edison (in cui le onde luminose rappresentavano un'infima parte delle onde di calore sprecate emesse durante il processo, e solo il 5% dell'energia elettrica era utilizzata efficacemente).

Tesla iniziò le sue indagini costruendo delle dinamo funzionanti a corrente alternata che potevano includere fino a 384 poli magnetici. Con questi apparecchi, era in grado di generare delle correnti capaci di raggiungere fino a 10000 cps. Constatò che tali correnti ad alta frequenza presentavano numerose e affascinanti possibilità per la trasmissione di potenza, ancor più efficaci del suo sistema polifasico molto pratico a 60 cps. Proseguì dunque una linea di ricerca parallela sui trasformatori, per alzare e abbassare la tensione di queste correnti.

In seguito, F. W. Alexanderson sviluppò delle dinamo a corrente alternata ad alta frequenza, simili a quelle inventate da Tesla nel 1890, creando degli emettitori senza fili ad alta potenza. Più di due decenni più tardi, questi emettitori resero la trasmissione transatlantica senza fili così pratica e stabile che il governo vietò che il suo controllo fosse gestito da un paese straniero, facendo in modo che gli Stati Uniti conservassero la loro posizione predominante nel mondo del senza fili.

I trasformatori di corrente ad alta tensione sviluppati da Tesla si avverarono particolarmente performanti. Non contenevano alcuna traccia di ferro; a dire il vero, la presenza di ferro noceva al loro buon funzionamento. Si trattava di trasformatori a nucleo ad aria, composti semplicemente da bobine primarie e secondarie concentriche. La tensione che riusciva a produrre con quei trasformatori, conosciuti poi con il nome di Bobine di Tesla, era molto elevata. Durante i suoi primi esperimenti era arrivato ad un potenziale elettrico che gli permetteva di creare delle scintille di qualche centimetro; ma in poco tempo, realizzò dei progressi enormi e riuscì a produrre degli archi elettrici. Lavorando con quel tipo di tensione, incontrò delle difficoltà riguardo l'isolamento del suo apparecchio: sviluppò allora la tecnica che è oggi universalmente utilizzata per gli apparecchi ad alta tensione, ovvero quella di immergere l'apparecchio nell'olio ed eliminare l'aria dalle bobine. Una scoperta dal gran valore commerciale.

C'era però un limite al di là del quale l'uso di generatori rotativi di corrente ad alta frequenza non era possibile. Per rimediarvi, Tesla si mise a progettare un altro tipo di generatore. Non c'era niente di originale nell'idea di base che utilizzò. Nelle dinamo rotative, la corrente è prodotta spostando un filo in un cerchio davanti ad un certo numero di poli magnetici al seguito. Lo stesso effetto può essere ottenuto facendo andare e venire il filo con un movimento oscillatorio davanti ad un polo magnetico. Eppure, nessuno aveva ancora prodotto una dinamo pratica a movimento alternato. Tesla ne produsse una che si rivelò molto pratica per il suo uso privato, ma che aveva altrimenti poca utilità. Più tardi, si rese conto che avrebbe potuto usare meglio il tempo che vi dedicò. Era un ingegnoso motore a cilindro unico senza valvole, e poteva funzionare comprimendo l'aria o il vapore. Era munito di aperture come un piccolo motore marino a due tempi; un'asta partiva dal pistone fino alla testa del cilindro ad ogni estremità e, ad ogni estremità dell'asta, una bobina piatta di filo era attaccata, la quale provocava il movimento di va e vieni nel campo di un elettromagnete attraverso l'azione di movimento alternato del pistone. Il campo magnetico, per il suo effetto ammortizzante, serviva da volano.

Tesla riuscì ad ottenere una velocità di 20000 oscillazioni al minuto, e a mantenere un tale notevole grado di costanza nel funzionamento da proporre il mantenimento di una velocità di funzionamento altrettanto costante per il suo sistema polifasico di 60 cps, e l'utilizzo di motori sincroni, demoltiplicati ad un livello opportuno, come gli orologi che avrebbero fornito l'ora esatta ovunque la corrente alternata fosse disponibile. Questa proposta gettò le basi dei nostri orologi elettrici moderni. Come per molte altre delle sue idee pratiche e utili, Tesla non depositò il brevetto per quest'invenzione, e non ne trasse alcun vantaggio economico.

Il suo sistema polifasico permise a Tesla di acquisire una comprensione approfondita del ruolo svolto dai due fattori, ovvero la capacità elettrica e l'induttanza, nei circuiti a corrente alternata. Il primo agiva come una molla, il secondo come un serbatoio di stoccaggio. I suoi calcoli indicarono che con correnti a frequenza sufficientemente elevata sarebbe stato possibile produrre della risonanza dai valori relativamente bassi d'induttanza e di capacità elettrica. Produrre della risonanza significa accordare elettricamente un circuito; gli effetti meccanici analoghi alla risonanza elettrica sono all'origine del fatto che un pendolo descriva un ampio arco quando si esercitano su di lui una serie di pressioni molto leggere ma perfettamente cronometrate, o della distruzione di un ponte da parte di soldati che vi marciano sopra all'unisono. Ogni piccola vibrazione rinforza le precedenti fino a che gli effetti si facciano sentire.

In un circuito elettrico accordato, un condensatore fornisce la capacità e una bobina di fino alimenta l'induttanza. Un condensatore è solitamente composto da due placche metalliche parallele molto vicine le une alle altre, ma separate da del materiale isolante. Ogni placca è legata ad una delle estremità della bobina di induttanza. La taglia del condensatore e della bobina è determinata dalla frequenza della corrente. La combinazione bobina-condensatore e la corrente sono accordate tra loro. La corrente può essere descritta come circolante nel condensatore fino a che quest'ultimo sia completamente carico; circola in seguito elasticamente nella bobina di induzione, che stocca l'energia creando il suo campo magnetico. Quando la corrente cessa di circolare nella bobina, il campo magnetico crolla e rende alla bobina l'energia precedentemente utilizzata nella costruzione del campo magnetico, provocando così il reflusso della corrente verso il condensatore, per caricarlo fino a che trabocchi di nuovo in modo che sia pronto a ripetere il processo. Questa circolazione nei due sensi, tra il condensatore e la bobina, si svolge contemporaneamente all'inversione periodica della corrente alternata che fornisce l'energia quando la risonanza è stabilita. Ogni volta che avviene, la corrente di carica arriva al momento giusto per darle una mano, in modo che le oscillazioni aumentino fino a raggiungere dei valori considerevoli.

In occasione di una conferenza tenutasi qualche anno più tardi a proposito di questo piano di regolazione elettrica dei circuiti, Tesla dichiarò:

« La prima domanda alla quale bisogna rispondere, è sapere se gli effetti della risonanza pura sono producibili. Le teorie e gli esperimenti mostrano che una tal cosa è impossibile in natura, perché appena le oscillazioni diventano più energiche le perdite di corpi vibranti e dei mezzi circostanti aumentano rapidamente. È anche necessario verificare le vibrazioni, perché altrimenti non cesserebbero di aumentare. Fortunatamente, la risonanza pura non può essere prodotta, perché se lo fosse sarebbe impossibile definire quali pericoli potrebbero incombere sullo sperimentatore innocente. Ma, in una certa misura, la risonanza può essere prodotta dal momento che l'ampiezza degli effetti è limitata dalla conduttività e dall'elasticità imperfetta dei mezzi o, in modo generale, dalle perdite per attrito. Più queste perdite sono deboli, più gli effetti sono stupefacenti»

Tesla applicò i principi di regolazione elettrica alle sue bobine, e scoprì che era capace di produrre degli effetti di risonanza considerevoli e di accumulare delle tensioni molto elevate. Furono i principi di sintonizzazione da lui sviluppati nel 1890 a rendere possibile la nostra moderna radio e lo sviluppo dell'arte del «senza fili». Tesla lavorava con quei principi e li aveva già dimostrati ben prima che gli altri — quelli che avevano ricevuto il finanziamento — avessero iniziato ad imparare le basi dell'elettricità.

Cercando una nuova fonte di corrente ad alta frequenza, più elevata di quella che avrebbe potuto essere prodotta da qualunque apparecchio meccanico, Tesla si servì di una scoperta fatta nel 1856, l'anno della sua nascita, da Lord Kelvin in Inghilterra, per la quale nessun utilizzo era ancora stato trovato fino a quel momento. Fino all'epoca della scoperta di Kelvin si pensava che, in un condensatore scarico, l'elettricità circolasse da una placca all'altra come acqua versata in un bicchiere, creando così l'equilibrio. Kelvin dimostrò che il processo era molto più interessante e complesso, e che la sua azione assomigliava al sobbalzo prodotto quando una molla tesa viene liberata. Mostrò che l'elettricità si precipita da una placca all'altra e così via, continuando fino a che tutta l'energia immagazzinata non sia utilizzata superando le perdite per attrito. Questi sovraccarichi sopraggiungono ad una frequenza estremamente elevata, di centinaia di milioni al secondo.

La combinazione di scariche di condensatore e circuiti accordati apre un nuovo campo nell'ambito nella scienza elettrica, altrettanto significativo ed importante che il sistema polifasico di Tesla. Quest'ultimo elaborò dei metodi decisamente semplici e automatici per caricare i condensatori a bassa tensione (corrente continua e alterna), e scaricarli attraverso i suoi nuovi trasformatori a nucleo ad aria, o bobine di Tesla, per produrre delle correnti ad altissima intensità che oscillassero alla frequenza estremamente elevata della scarica del condensatore. Le proprietà di tali correnti erano diverse da quanto visto fino ad allora. Tesla era ancora una volta pioniere di un nuovissimo campo che offriva delle possibilità incredibili. Lavorava con accanimento nel suo laboratorio, e anche la notte, steso sul letto per le sue cinque ore di riposo — di cui due di sonno — elaborava dei nuovi esperimenti.

Tesla annunciò l'effetto riscaldante delle correnti ad altra frequenza sul corpo nel 1890, e propose il loro utilizzo come strumento terapeutico. In questo fu un pioniere, ma presto numerosi imitatori, negli Stati Uniti e all'estero, pretesero di esserne gli inventori. Non fece alcuno sforzo per proteggere la sua scoperta o per impedire il pirataggio della sua invenzione. Quando la stessa osservazione fu riproposta trentacinque anni dopo nei laboratori che utilizzavano degli oscillatori con tubo a vuoto come fonti di corrente ad alta frequenza, fu accolta come una scoperta nuova e sviluppata come una meraviglia moderna. La scoperta originale di Tesla resta comunque la base di una vasta gamma di applicazioni elettroniche molto recenti, nelle quali le correnti ad alta frequenza sono utilizzate per produrre calore a scopi industriali.

In occasione della sua prima conferenza sul soggetto, davanti all'Istituto americano degli ingegneri elettrici al Columbia College, nel maggio 1891, Tesla fu in grado di produrre delle scariche di scintille di quasi 13 cm, il che indica un potenziale di circa 100000 volt. Ancor più importante, fu capace di produrre dei fenomeni, come delle cortine di fiamme elettriche, e una varietà di nuove forme d'illuminazione — delle lampade elettriche come nessun sperimentatore ne aveva mai viste prima né avrebbe potuto immaginare nelle sue fantasie più audaci.

Quella conferenza fece scalpore negli ambienti d'ingegneria. Tesla vi era già celebre dalle sorprendenti rivelazioni che aveva fatto davanti a quella stessa organizzazione, quando descrisse la sua scoperta del sistema di corrente alternata polifasico. Quella scoperta era la realizzazione intellettuale di un'intelligenza sconcertante, resa impressionante dalla sua considerevole importanza commerciale.

Tuttavia, gli esperimenti con le correnti ad alta frequenza e a forte potenziale erano spettacolari. Il crepitio delle scintille ad alta tensione, lo scoppio delle cortine di fiamme elettriche a forte potenziale, le brillanti lampadine e i tubi di fuoco elettrico, gli effetti fisici prodotti con le nuove correnti: tutto questo aveva scosso profondamente gli spettatori sorpresi.

L'uomo che poteva produrre queste due scoperte di punta nel giro di due anni, doveva essere molto di più che un semplice genio! Le notizie della sua nuova creazione attraversarono rapidamente il mondo, e la fama di Tesla posava ormai su delle fondamenta doppie.

La fama mondiale di cui ormai godeva a quell'epoca era però infelice. Tesla avrebbe dato prova di qualità sovrumane se non avesse tratto una gran soddisfazione da quel culto dell'eroe che gli veniva consacrato. Solo cinque anni prima si ritrovava a vagare affamato e senza un soldo per le strade di New York, battendosi con orde di disoccupati affamati quanto lui per i pochi impieghi che necessitavano di manodopera, mentre la sua testa straripava di idee importanti che era ansioso di svelare al mondo. Nessuno si sarebbe preso la briga di dargli retta, a quell'epoca — ed ecco che ora l'élite intellettuale della nazione si mette ad onorarlo come se fosse un genio senza eguali.

Tesla era una figura di spicco a New York, nel 1891. Un uomo alto, bruno, bello, ben fatto e con il dono di portare abiti che gli conferivano un'aria distinta, che parlava perfettamente l'inglese diffondendo quell'atmosfera della cultura europea tanto amata a quei tempi. Chiunque lo vedesse lo considerava una personalità notevole. Nascosto dietro al suo comportamento calmo e pacato e ad un'estrema modestia che si manifestava con una timidezza esagerata, si dissimulava lo spirito di un genio che aveva compiuto le meraviglie elettriche che avevano infiammato l'immaginazione di tutti e oltrepassato la comprensione della gran maggioranza della popolazione. Inoltre, Tesla era ancora giovane, aveva meno di trentacinque anni, aveva recentemente ricevuto un milione di dollari ed era single.

Un single con un milione di dollari, cultura e fama, non poteva passare inosservato nel periodo di inizio anni '90 dell'800 a New York, più conosciuto come i «Gay Nineties». Furono numerose le astute matrone con figlie in età da marito che gettarono uno sguardo languido su quel bel partito. I dirigenti sociali lo consideravano come un'affascinante decorazione per i loro salotti, e i grandi uomini d'affari come un uomo di valore da conoscere. Gli intellettuali dell'epoca trovavano le sue realizzazioni quasi incredibili, fonte di ispirazione.

Fatta eccezione per le cene officiali, Tesla cenava sempre solo, e sotto alcun pretesto avrebbe invitato una donna a una cena per due. Tesla, in modo inflessibile, conservava un'attitudine perfettamente distaccata qualunque fossero gli sforzi impiegati dalla donna per sedurlo o per tentare di ottenere i suoi favori. Aveva dei tavoli privati che venivano riservati per lui all'hotel Waldorf-Astoria e al ristorante Delmonico's; questi si trovavano sempre appartati dagli altri poiché, non appena penetrava in una o nell'altra sala da pranzo, diventava il bersaglio di tutti gli sguardi, e non amava essere fissato in quel modo.

Malgrado tutta l'adulazione di cui era l'oggetto, Tesla aspirava a una cosa sola: continuare i suoi esperimenti in laboratorio senza essere disturbato da distrazioni esterne. C'era un immenso impero di conoscenze nuove che non aspettava altro che essere esplorato. Era pieno d'entusiasmo per il suo lavoro, un entusiasmo tanto elevato quanto la tensione delle correnti con cui lavorava, e delle idee nuove gli venivano in mente con quasi la stessa rapidità dei cicli nella sua corrente ad alta frequenza.

C'erano tre grandi ambiti nei quali desiderava sviluppare le applicazioni che erano in quel momento perfettamente definite nella sua mente: un sistema di trasmissione d'energia senza fili che avrebbe sorpassato il suo proprio sistema polifasico, un nuovo tipo di illuminazione e la trasmissione di informazioni senza fili. Voleva lavorare contemporaneamente su tutti e tre i progetti; non si trattava di soggetti separati e isolati, erano al contrario strettamente legati fra loro. Tutte le note su quella vasta scala cosmica di vibrazione erano rappresentate dalle sue care correnti alternate. Non voleva suonare una sola nota alla volta come un violinista: preferiva suonare come un pianista, toccando diverse note per volta e trasformandole in magnifici accordi. Se fosse stato possibile occupare il posto di direttore d'orchestra e suonare contemporaneamente tutti gli strumenti di una grande orchestra sinfonica, sarebbe stato ancor più felice — considerato che gli strumenti della sua orchestra sarebbero stati degli apparecchi elettrici oscillanti in accordo con la loro corrente energizzante o con il loro ambiente. Se non fosse riuscito a realizzare i suoi desideri più cari, avrebbe subito una pressione psicologica tale da portarlo a lavorare ad un ritmo che nessun individuo di forza normale avrebbe potuto sopportare senza che ne risultasse un crollo fisico completo.

La conferenza spettacolare e la dimostrazione sulle correnti ad alta frequenza e a forte potenziale che aveva tenuto davanti all'Istituto americano degli ingegneri elettrici al Columbia College nel febbraio 1891, aveva suscitato la stessa intensa emozione della precedente. Entrambe le conferenze avevano aperto le porte su un ambito tutto nuovo di ricerche scientifiche e di scoperte pratiche. Le scoperte enunciate erano talmente grandiose che avrebbero potuto essere presentate come il frutto del lavoro di tutta una vita, e portargli una notorietà eterna. Eventi di quel genere, prodotti ad un ritmo così veloce, sembravano quasi incredibili, eppure la carriera di Tesla sembrava appena avviata: gli restavano delle invenzioni più importanti da scoprire.

Le società erudite di tutto il paese e d'Europa gli chiesero di tenere delle conferenze, ma Tesla pregò di essere scusato a ragione dell'enorme pressione che il suo lavoro provocava sul suo tempo. Le esigenze sociali che gli venivano richieste erano piuttosto insistenti; i gruppi sociali cercavano in tutti i modi di rendergli omaggio, e «in via accessoria» di risplendere condividendo la sua gloria. Tesla non era vulnerabile all'opportunismo dei mondani che cercavano semplicemente di gravitare nella sua orbita, ma gli abili «cacciatori di leoni» dell'epoca scoprirono presto il suo tallone d'Achille: un interesse intelligente per i suoi lavori e un orecchio attento per i suoi meravigliosi sogni futuri.

Con questa tecnica ben orchestrata, Tesla fu catturato e in poco tempo completamente adulato. Fu l'invitato d'onore ad una serie incessante di ricevimenti, e dovette piegarsi agli obblighi sociali conseguenti organizzando a sua volta delle cene raffinate al Waldorf-Astoria, seguite da qualche dimostrazione nel suo laboratorio sulla *South Fifth Avenue*. Tesla non faceva mai niente a metà. Quando organizzava una cena, non lasciava mai niente al caso in materia di cucina, servizio e decorazione. Cercava pollame e pesci rari, carni dall'eccellenza senza eguali, liquori scelti e vini pregiati provenienti dalle migliori regioni. Tutti in città non parlavano d'altro che delle cene di Tesla, ed esservi invitato era un'etichetta di distinzione sociale, una prova dell'appartenenza al gruppo ristretto dell'élite che formava i «400» di Ward MacAllister. Tesla presiedeva queste cene come un oste molto meticoloso, o meglio, come un monarca assoluto di altri tempi, poiché voleva assaggiare tutti gli alimenti che venivano portati nella sala da pranzo e raramente passava una serata senza che quest'oste grandioso non rimandasse in cucina certe salse o vini d'incontestata eccellenza che considerava indegni dei suoi invitati.

Dopo ogni pasto, Tesla conduceva gli invitati al suo laboratorio sotto Washington Square. Una volta là, le sue dimostrazioni erano ancor più spettacolari delle sue cene. Aveva un dono per lo spettacolo, e gli apparecchi dall'aspetto strano che popolavano il suo laboratorio fornivano uno sfondo grottesco e bizzarro alle rappresentazioni fantastiche di forze apparentemente sovrannaturali che, con dita invisibili, facevano vorticare oggetti, risplendere di colori insoliti dei globi e dei tubi di diverse forme, come se una parte di un sole lontano si fosse improvvisamente trapiantata nella stanza oscura. Il crepitio del fuoco e il sibilo delle cortine di fiamme provenienti da quelle mostruose bobine, accompagnate dai fumi solforosi dell'ozono prodotto dalle scariche elettriche, suggerivano che la camera di quel mago fosse direttamente legata alle volte grondanti dell'inferno. Quest'illusione non fu dissipata quando Tesla lasciò che centinaia di migliaia di volt d'elettricità attraversassero il suo corpo, accendessero una lampada o facessero fondere un filo che teneva in mano.

L'incredibile esperienza di lasciare delle correnti ad altissima tensione e frequenza attraversare il suo corpo senza pericolo era qualcosa che Tesla aveva sviluppato attraverso i suoi esperimenti mentali, molto tempo prima di aver l'occasione di testarlo nel suo laboratorio. Le correnti alternate a bassa frequenza, come quelle che sono oggi utilizzate per l'illuminazione delle nostre case, avrebbero prodotto uno shock doloroso se avessero attraversato il suo corpo — d'altronde ne aveva già avuto la triste esperienza. Tuttavia, quando le onde luminose investono il corpo non si percepisce alcuna sensazione dolorosa. La sola differenza tra le correnti elettriche e le onde luminose, rifletté Tesla, era una questione di frequenza. Le correnti elettriche oscillano al ritmo di 60 frequenze al secondo, mentre le onde luminose a quello di miliardi di frequenze al secondo.

Tesla suppose che la proprietà produttrice di shock di vibrazioni doveva sparire da qualche parte tra questi due estremi, e che il punto sarebbe stato vicino alla parte inferiore dello scarto. Divise allora in due fattori i danni inflitti all'organismo da uno shock elettrico. Primo fattore: la distruzione dei tessuti ad opera dall'effetto riscaldante che aumenta o diminuisce quando l'intensità della corrente sale o scende. Secondo fattore: la sensazione di dolore acuto che varia con il numero di alternanze della corrente, ogni alternanza producendo uno stimolo unico trasmesso dai nervi come un dolore.

Sapeva che i nervi potevano rispondere agli stimoli fino ad un ritmo di circa 700 al secondo, ma che erano incapaci di trasmettere gli impulsi ricevuti ad un ritmo più rapido. A questo proposito, agivano molto similmente all'orecchio, che è incapace di sentire le vibrazioni d'aria al di sopra di una frequenza di circa 15000 al secondo, e all'occhio, che è cieco alle vibrazioni di colori ad una frequenza più elevata di quella della luce violetta.

Quando costruì le sue dinamo a corrente alternata ad alta frequenza, Tesla disponeva di frequenze che andavano fino a 20000 al secondo su cui testare la sua teoria. Grazie a dei test, durante i quali passava il suo dito tra i terminali, fu in grado di dimostrare che i nervi erano incapaci di percepire le vibrazioni individuali a quel ritmo rapido. L'intensità della corrente all'interno di quelle macchine, che portava la potenza di distruzione del tessuto, era ancora ben troppo elevata per passare in tutta sicurezza attraverso al suo corpo, anche se mancava la sensazione di dolore.

Facendo passare le correnti attraverso il trasformatore a nucleo ad aria che aveva appena inventato, poteva aumentare la loro tensione di diecimila e ridurre l'amperaggio proporzionalmente. La densità di corrente, così, sarebbe stata ridotta al di sotto del punto in cui avrebbe potuto ferire i tessuti. Poteva allora ottenere una corrente non nociva per i tessuti e che non avrebbe prodotto sensazioni.

Tesla sperimentò prudentemente la sua teoria facendo passare le correnti attraverso due delle sue dita, poi il braccio, in seguito da una mano all'altra attraverso il suo corpo e finalmente dalla testa ai piedi. Se una scintilla scaturisse da o verso il suo corpo ne risulterebbe una sensazione di formicolio nel punto di contatto, che potrebbe però essere eliminata tenendo un pezzo di metallo nel posto da cui la scintilla potrebbe emergere mentre la corrente passa attraverso i tessuti senza produrre alcuna sensazione.

Il contenuto energetico di queste correnti, proporzionale al contenuto moltiplicato per la tensione, potrebbe essere molto elevato e produrre degli effetti spettacolari come la fusione delle aste metalliche, l'esplosione dei dischi di piombo e l'illuminazione di lampade a incandescenza o di tubi a vuoto dopo aver attraversato il suo corpo senza dolore.

Le società scientifiche europee continuarono i loro sforzi nel cercare di convincere Tesla ad accettare l'invito a tenere delle conferenze presso le loro sedi. Tesla finì per accettare. Fissò delle norme estremamente rigorose riguardo il contenuto delle conferenze, e la loro preparazione portò un'enorme quantità di lavoro. Tutto il materiale doveva essere totalmente nuovo: non avrebbe mai ripetuto un esperimento già presentato in passato. Ogni dichiarazione tecnica doveva essere testata almeno venti volte per assicurare un'esattezza completa. Le conferenze duravano due o tre ore; Tesla utilizzava ogni minuto di questo tempo per svolgere delle dimostrazioni nuove e impressionanti provenienti dal suo flusso costante di scoperte. Si serviva di una gran varietà di apparecchi che aveva progettato e costruito lui stesso nei suoi laboratori per illustrare il suo progetto. Una conferenza di Tesla era dunque un evento estremamente importante nel mondo scientifico, e un'occasione impressionante per coloro che avevano la fortuna di potervi assistere.

Tesla aveva preso accordi per tenere una conferenza davanti all'Istituto degli ingegneri elettrici a Londra il 3 febbraio 1892, e un'altra davanti alla Società internazionale degli elettricisti a Parigi il 19 febbraio. La sua decisione di tenere delle conferenze in Europa era stata influenzata, in una certa misura, dal fatto che queste gli offrivano l'occasione di visitare casa sua a Gospic poiché, secondo le ultime lettere che aveva ricevuto, lo stato di salute di sua madre era peggiorato.

La sua conferenza all'Istituto degli ingegneri elettrici riscontrò un grande successo. Le riviste inglesi d'ingegneria, come vedremo, erano state avare nel riconoscere a Tesla la priorità nella scoperta del campo magnetico rotante, e avevano denigrato il valore pratico del suo sistema a corrente alternata polifasico. Ma questo atteggiamento non era rappresentativo dell'insieme del corpo degli ingegneri, più entusiasti e generosi nei loro elogi. Gli scienziati inglesi condividevano l'atteggiamento degli ingegneri.

Quando Tesla arrivò a Londra fu invitato in molte circostanze da uomini celebri. Alla Royal Institution, dove l'immortale Michael Faraday aveva continuato le sue fondamentali ricerche sul magnetismo e l'elettricità, Sir James Dewar e un comitato di scienziati altrettanto celebri avevano cercato di convincere Tesla a ripetere la sua conferenza di fronte a questa organizzazione. Tesla poteva rivelarsi molto testardo quando aveva qualcosa in mente, e in quel caso mostrò la sua solita fermezza. Il celebre scienziato scozzese era però altrettanto ostinato. Condusse Tesla fino alla sedia di Faraday, una sorta di reliquia sacra per la scienza inglese, lo fece sedere su quel trono e tirò fuori un'altra eredità egualmente preziosa: una bottiglia di whisky, il resto della riserva personale di Faraday, che non aveva toccato da quasi un quarto di secolo. Versò così un mezzo bicchiere a Tesla. Sir James vinse la partita: Tesla cedette, e tenne la conferenza l'indomani sera.

Lord Rayleigh, l'illustre fisico inglese, presiedeva la riunione della Royal Institution che aveva riunito in quell'occasione l'élite del mondo scientifico e una grande rappresentanza della nobiltà del campo. Dopo aver assistito allo svolgimento degli esperimenti di Tesla, impressionanti per gli scienziati quanto per i profani, Rayleigh coprì l'inventore di elogi.

Rayleigh dichiarò che Tesla possedeva un vero dono per la scoperta dei principi scientifici fondamentali, e lo esortò a concentrare i suoi sforzi su una sola grande idea.

Durante quella conversazione dopo la riunione, Tesla smentì le sue capacità di grande scopritore; in realtà, stava solo cercando di mostrarsi modesto, poiché sapeva di essere unico tra gli uomini grazie alla sua capacità di scoprire delle verità fondamentali. Tuttavia, considerò molto seriamente il consiglio di Rayleigh di concentrarsi su una sola grande idea. Ci si può comunque chiedere se questo consiglio fosse veramente pertinente; la mente di Tesla aveva una portata di ampiezza cosmica, e si era adattata ai grandi progressi attraverso regioni sconosciute. Il consiglio di Rayleigh era come suggerire a un esploratore dalla capacità unica di penetrare in un continente sconosciuto e aprirlo alla civilizzazione, di stabilirsi da qualche parte a coltivare la terra, perché questo produrrebbe dei rendimenti più precisi e specifici per gli sforzi impiegati.

Due settimane più tardi Tesla tenne come previsto la sua conferenza alla Società dei fisici di Parigi, e la ripeté davanti alla Società internazionale degli elettricisti. Si trattava della sua seconda visita a Parigi da quando aveva lasciato il lavoro alla *Continental Edison Company*, in quella stessa città otto anni prima. Subito dopo aver abbandonato la Westinghouse Company nell'autunno 1889, aveva fatto una breve visita a Parigi per assistere all'Esposizione Universale. In quell'epoca aveva anche riempito le condizioni necessarie per vedersi attribuire la cittadinanza americana.

Nel frattempo, la notorietà del suo sistema polifasico si era diffusa in Europa, e a questo si era aggiunta la gloria per il suo lavoro spettacolare con le nuove correnti ad alta frequenza. Fu ricevuto a Parigi e a Londra come un eroe.

Sarebbe interessante sapere cosa passava per la mente dei dirigenti della *Continental Edison Company* mentre osservavano l'enorme contributo che l'ingegnere aveva apportato alla scienza e all'industria. Ingegnere di cui avevano perso i servizi a causa delle loro tattiche economiche, quando nel 1883 rifiutarono il sistema polifasico che Westinghouse pagò a Tesla un milione di dollari cinque anni più tardi — e che avrebbero senza alcun dubbio potuto comprare per una cifra relativamente inferiore.

Una conferenza di Tesla portava una valanga di nuove e affascinanti conoscenze in elettricità. Egli sommergeva completamente i suoi spettatori con un'abbondanza di esperimenti originali e, di conseguenza, quasi ogni contributo individuale perdeva la sua identità nella concentrazione stupefacente della pleiade di sviluppi sorprendenti.

Nelle conferenze del 1892, intitolate « Esperimenti con correnti alternate ad alto potenziale e ad alta frequenza », Tesla descrisse diverse sue scoperte il cui utilizzo è stato generalizzato solo oggigiorno, e che sono considerate come invenzioni moderne. Tra queste troviamo il « neon » e altre lampade a gas, cosi come le lampade fosforescenti. Molte delle scoperte descritte restano inutilizzate, inclusa come vedremo la « lampada ad alta frequenza » a pastiglie di carbonio funzionante con una connessione ad un solo filo, e altre ancora di cui scoprirà in seguito chi erano i ricchi produttori dei misteriosi raggi X.

La trascrizione di queste conferenze contava 40000 parole. Molte parti dell'apparecchio erano utilizzate e, generalmente, praticava diversi esperimenti con ognuna. Descrisse le lampade « senza fili »: dei tubi di vetro irradianti che non necessitavano di alcuna connessione ad un filo per funzionare. Descrisse dei motori funzionanti con un filo, e anche dei motori « senza fili ». Ma forse l'invenzione più importante che presentò fu il tubo elettronico, l'originale di tutte le nostre radio moderne e di altri tubi elettronici. La macchina che, come aveva predetto, avrebbe permesso di riceve dei messaggi telegrafici senza fili attraverso l'Atlantico. Ritorneremo più avanti nel dettaglio di tutte queste scoperte.

Tesla aveva l'intenzione di fare una breve visita al suo domicilio di Gospic una volta terminate le conferenze, ma le circostanze lo costrinsero a compiere il viaggio prima del previsto. Di ritorno al suo hotel dopo aver tenuto la seconda conferenza a Parigi, apprese che la madre era gravemente malata. Si precipitò alla stazione, e arrivò giusto in tempo per salire su un treno che era sul punto di partire. Telegrafò per ottenere dei mezzi di trasporto speciali che gli avrebbero permesso di accorciare la durata del viaggio e riuscire ad arrivare a Gospic in tempo per vedere sua madre ancora in vita. Arrivò nel pomeriggio, e lei morì durante la notte.

In seguito alla grande inquietudine di cui fu vittima durante quella notte passata senza sonno per rendersi a Gospic, una ciocca bianca sul lato destro della testa di Tesla apparse dall'oggi al domani. Nell'arco di un mese, i suoi capelli ritrovarono il loro colore naturale, nero corvino.

Quasi subito dopo la morte della madre, Tesla cadde gravemente malato e dovette passare diverse settimane in convalescenza. Quando ritrovò la salute andò a trovare sua sorella Marica a Plaski, e vi rimase due settimane. Da lì, si recò a Belgrado, capitale della Serbia, dove arrivò in maggio e fu accolto come un eroe nazionale.

Durante le settimane di inattività fisica forzata imposte dalla malattia, Tesla si mise a fare un punto su se stesso, e si ritrovò scontento del modo in cui aveva condotto la sua vita. Nessun essere umano poteva sentire altro che una reazione gradevole in risposta all'adulazione di cui era stato ricoperto nel corso degli ultimi due anni. Tesla, invece, si vantava della sua bravura nell'aver concepito la propria vita in modo tale da non diventare una vittima delle debolezze umane, e funzionare ben al di sopra del normale livello umano di limiti fisici e attività intellettuali. Ora, guardandosi alle spalle, Tesla vedeva che, conformandosi ai suoi progetti di vita, era riuscito a raggiungere il suo obiettivo di produrre il lavoro di un superuomo a un ritmo che aveva stupefatto il mondo. Tuttavia notò che, una volta sottomesso alla prima lusinga dei cacciatori di leoni dopo la sua conferenza a New York nel maggio 1891, le attività sociali avevano fatto irruzione nel suo tempo libero e intralciato le sue attività creative. Aveva permesso all' «uomo magnifico» di soppiantare il suo «superuomo», e due anni del suo prezioso tempo erano stati in gran parte persi. Inoltre, aveva passato quell'anno totalmente improduttivo presso la fabbrica Westinghouse. Dopo quel periodo si era giurato che non avrebbe mai più lavorar per nessuno. Ora, si giurava di porre fine alle attività sociali prive di senso nel quale si era lasciato trascinare.

Non era facile per Tesla essere fedele ai suoi buoni propositi, dato che il suo viaggio in Europa aveva considerevolmente rinforzato la sua notorietà e che delle cerimonie trionfali erano previste per il suo rientro a New York. Ciononostante, rifiutò tutti gli inviti. Ritornò all'hotel Gerlach dove visse un'esistenza solitaria.

Con una riserva di energia fisica soffocata a causa del lungo periodo di astinenza che gli impedì di procedere nel suo pesante carico di lavoro quotidiano, Tesla si immerse con molto vigore nel suo nuovo programma, che prevedeva di aprire le porte su nuovi e incantevoli ambiti di meraviglie scientifiche.

SETTE

La prima messa in funzione pubblica del sistema di corrente alternata polifasica di Tesla fu fatta alla fiera mondiale di Chicago, inaugurata nel 1983 per celebrare il quattrocentesimo anniversario della scoperta dell'America. Si trattava della prima esposizione universale per la quale l'illuminazione elettrica era una possibilità; gli architetti scelsero questa occasione per ottenere degli effetti spettacolari illuminando l'interno durante il giorno e terreni e costruzioni durante la notte. La Westinghouse Electric Company ottenne il contratto per installare presso la fiera tutto il sistema di alimentazione e di illuminazione, e approfittò pienamente di questa occasione per utilizzare il sistema di Tesla e dimostrare la sua grande polivalenza. Quest'ultimo forniva tutta la corrente utilizzata per l'illuminazione e la potenza.

Anche se l'Esposizione universale di Chicago era già in realtà un monumento a Tesla, quest'ultimo aveva, inoltre, uno stand personale che utilizzò per mostrare le sue ultime invenzioni. Uno dei suoi pezzi era un uovo di metallo rotante, presentato disteso sul fianco sopra ad una piccola piattaforma circolare ricoperta di velluto. Quando Tesla premette su un interruttore, l'uovo si raddrizzò su una delle sue estremità ed iniziò come per magia a girare a tutta velocità. La parte «magica» di questo esperimento riuscì a sedurre il pubblico, che non aveva però capito molto delle sue spiegazioni che illustravano il principio del campo magnetico rotante prodotto dalle correnti alternate polifasiche. Un altro pezzo presentava dei tubi di vetro sospesi nello spazio, o tenuti fra le sue mani, illuminati in modo altrettanto «magico».

Ma la sua dimostrazione più impressionante fu quella di lasciar passare 1000000 volt attraverso il suo corpo. Si trattava di una corrente alternata ad altissima frequenza e ad alta tensione. Tesla aveva trovato il modo di produrre questo tipo di corrente. Erano trascorsi otto anni da quando Edison, dopo aver classificato come mortale la corrente alternata ad alta tensione, aveva rifiutato di interessarsi al sistema polifasico di Tesla. Questo sistema forniva ora l'energia dell'esposizione universale, mentre il sistema a corrente continua di Edison veniva ignorato. Di fronte alle accuse di Edison riguardo alla pericolosità della corrente alternata, Tesla aveva avuto l'ultima parola: lasciò passare la tensione più elevata mai prodotta attraverso il suo proprio corpo durante diversi minuti, senza il minimo sintomo di pericolo. Quest'arte della messa in scena gli procurò il favore del pubblico e gli portò una fama mondiale. Purtroppo però, tutto questo eclissò il suo lavoro più importante, quello sulle correnti polifasiche.

La grande impresa seguente, ottenuta grazie al suo sistema polifasico, fu l'impianto delle cascate del Niagara. (Prima di questa impresa, e prima ancora dell'apertura della fiera di Chicago, la fattibilità del suo sistema fu dimostrata in Europa, ma a sua insaputa. Un test pratico sulla trasmissione della corrente alternata polifasica a 30000 volt fu effettuato tra la stazione idroelettrica di Lauffen e Francoforte, dove la corrente venne utilizzata per fornire l'elettricità di una fiera organizzata in città. Quell'installazione fu costruita nel 1891. La corrente servì a illuminare delle lampade a incandescenza, delle lampade ad arco ma anche a far funzionare un motore Tesla). Nel 1886 fu concessa l'autorizzazione di sviluppare l'energia presso le cascate. Il progetto avanzò lentamente prima di essere rilevato da un gruppo di New York, che organizzò la *Cataract Construction Company*, di cui Edward Dean Adams fu nominato presidente.

L'azienda di M. Adams desiderava sviluppare l'energia sulla più vasta scala possibile. La provvigione totale di energia disponibile presso le cascate del Niagara era stata stimata tra i 4000 e i 9000 cavalli. M. Adams organizzò la Commissione internazionale del Niagara per determinare il modo migliore di sfruttare le cascate, e fece di Lord Kelvin, il celebre studioso inglese, il suo presidente. Un premio di 3000 dollari era offerto a chi avesse presentato il progetto più pratico.

Ancora bambino, quasi trent'anni prima, Tesla aveva predetto che sarebbe un giorno riuscito a sfruttare le cascate del Niagara: ora l'occasione gli si presentava. Aveva nel frattempo permesso al suo sogno infantile di realizzarsi, completando la serie di invenzioni che gli permise di tramutare l'energia idraulica delle cascate in energia elettrica.

Tuttavia, il progetto di premio e di offerta adottato da M. Adam non fu benaccolto da M. Westinghouse, quando a sua volta venne esortato a presentare una proposta. Questi rispose: «Queste persone cercano di ottenere il valore di centomila dollari di informazioni per tremila dollari. Quando saranno pronti a parlare di affari, allora noi proporremo le nostre idee». L'attitudine inflessibile di Westinghouse rappresentava un ostacolo al progetto a corrente alternata di Tesla. Il secondo grande handicap, fu il fatto che Lord Kelvin si era dichiarato favorevole all'utilizzo della corrente continua.

Una ventina di progetti parteciparono al concorso, ma nemmeno uno fu accettato dalla commissione e nessun premio fu assegnato. Le grandi compagnie elettriche, la Westinghouse, l'Edison *General Electric* e la Thomson-Houston non presentarono alcun progetto. Questo accadeva nel 1890.

Dei creatori originali prevedevano di utilizzare localmente la potenza meccanica fornita dalle ruote idrauliche, ma il solo piano pratico era, evidentemente, la produzione di elettricità grazie a delle dinamo trascinate da ruote idrauliche e la distribuzione della corrente in tutto il distretto. Un eccellente mercato per questo progetto si trovava a Buffalo, una grande città industriale a circa ventidue miglia di distanza. C'era anche la speranza costante che la corrente potesse essere trasmessa a New York, collegando i ricchi territori intermediari. Utilizzando della corrente continua, la sua trasmissione a Buffalo, a ventidue miglia di distanza, sarebbe stata totalmente irrealizzabile; il sistema a corrente alternata di Tesla aveva invece reso la trasmissione a Buffalo estremamente pratica, e reso l'arrivo della corrente a New York possibile.

A tempo debito, la *Cataract Construction Company* decise che il sistema idroelettrico era il solo realizzabile, e chiese alla Westinghouse Electric Company e alla *General Electric Company* di fornirgli delle proposte e delle offerte per un sistema d'energia costituito da tre unità di produzione, ognuna da 5000 cavalli. Entrambe presentarono la proposta di installare un sistema di produzione polifasico di Tesla. La *General Electric Company*, successore della Edison *General Electric Company*, che aveva nel frattempo ottenuto una licenza per utilizzare i brevetti di Tesla, propose di creare un sistema trifasico, mentre Westinghouse suggerì un sistema bifasico. La prima proposta portava sulla costruzione della centrale. Una seconda proposta, per la quale erano state richieste delle offerte, riguardava la linea di trasporto di energia tra le cascate del Niagara e Buffalo, e un sistema di distribuzione in quest'ultima.

Delle offerte furono richieste all'inizio dell'anno 1893, e nell'ottobre di quello stesso anno M. Adams annunciò l'accettazione del piano della Westinghouse per la centrale, e quello della *General Electric* per la linea di trasmissione. Quest'ultimo includeva la trasformazione della corrente bifasica proveniente dai generatori in corrente trifasica da trasmettere a Buffalo. Questa alterazione mostrò la flessibilità del sistema polifasico di Tesla.

La Westinghouse terminò la centrale, la quale rappresentava il pezzo d'ingegneria elettrica più gigantesco mai concepito o realizzato fino a quel momento. Nel 1895, la centrale era pronta a produrre una potenza di 15000 cavalli. Nel 1896 la *General Electric* completò il sistema di trasmissione e di distribuzione, e l'energia elettrica estratta dalle cascate del Niagara fu consegnata alle industrie attraverso le regioni delle cascate e di Buffalo, senza in alcun modo intaccare la bellezza dello spettacolo che queste offrivano. Quest'installazione conobbe un tale successo da permettere alla Westinghouse di creare sette unità di produzione supplementari, portando la potenza fornita a 50000 cavalli. La *General Electric Company* costruirà più tardi una seconda centrale, equivalente alla prima, funzionante anch'essa con la corrente alternata. Oggi, le centrali elettriche delle cascate del Niagara sono direttamente legate al sistema di energia elettrica di New York, ognuna utilizzando il sistema di Tesla.

Il Dr. Charles F. Scott, professore emerito di ingegneria elettrica all'università di Yale e antico presidente dell'Istituto americano degli ingegneri elettrici, inoltre ingegnere presso la Westinghouse all'epoca in cui la società sviluppava il sistema di Tesla, descrisse lo sviluppo dello sfruttamento delle cascate del Niagara e i suoi risultati in una rivista commemorativa delle imprese di Tesla (pubblicata in Electrical Engineering, agosto 1943, pp. 351-555):

« Lo sviluppo simultaneo del progetto Niagara e del sistema di Tesla fu una coincidenza fortuita. Nel 1890 non esisteva alcun metodo adeguato per manipolare una grande potenza. Ma mentre il tunnel idraulico era in costruzione, lo sviluppo del dispositivo polifasico giustificò la decisione ufficiale del 6 maggio 1893 di utilizzare il sistema di Tesla, cinque anni e cinque giorni dopo l'emissione dei suoi brevetti. Il metodo polifasico apportò successo al progetto Niagara, e reciprocamente il progetto Niagara apportò un prestigio immediato al nuovo sistema elettrico ».

Nell'agosto 1895 dell'energia fu consegnata ad un primo cliente, la Pittsburgh Reduction Company (oggi Aluminium Company of America), per la produzione di alluminio attraverso il processo di Hall, processo brevettato in quel 1886 ricco di eventi...

Nel 1896, la linea di trasporto che collegava le cascate del Niagara a Buffalo, situata a ventidue miglia di distanza, fu inaugurata. Bisogna paragonare questo sistema universale e gigantesco in grado di unire numerose fonti di energia in un sistema di superpotenza, con la moltitudine di « sistemi » lillipuziani che avevano già fornito la rete elettrica. Come M. Adams spiegò così bene, « un tempo, le diverse tipologie di corrente richieste dalle diverse tipologie di lampade e di motori venivano prodotte localmente. Con il sistema Niagara-Tesla, un solo tipo di corrente è prodotto. Questa è trasmessa ai luoghi di utilizzo e in seguito trasformata nella forma desiderata. »

La dimostrazione della corrente presso le cascate, realizzata con grandi generatori, condusse immediatamente all'installazione di sistemi di alimentazione simili a New York — per le linee ferroviarie sopraelevate, le ferrovie e la metropolitana, per l'elettrificazione delle ferrovie a vapore e per i sistemi di Edison, sia facendo funzionare le sottostazioni per convertire la corrente alternata in corrente continua, sia cambiando completamente per un servizio alternativo.

L'anno 1896 inaugurò due sviluppi di grande importanza per l'estensione della potenza polifasica, uno commerciale e l'altro di ingegneria. In cambio dei diritti di brevetto, la *General Electric Company* ottenne i diritti di licenza di esercizio dei brevetti di Tesla, più tardi resi inespugnabili da quasi una ventina di decisioni della corte. La turbina Parsons, accompagnata dal suo principale ingegnere, fu trapiantata in America e permise a George Westinghouse di portare a termine il suo primo brevetto, una «macchina a vapore rotativa», grazie ad un nuovo metodo. L'apogeo del motore alternato arrivò all'inizio dei primi anni del 1900; lo sviluppo di un secolo permise di produrre i grandi motori che possiedono gli alternatori da 5000 a 7500 kilowatt della ferrovia sopraelevata di New York e della metropolitana. Tuttavia, la rapida espansione della turbina a vapore di diversi tipi condannò presto il motore al disuso. Sono ormai le unità individuali, dalla capacità corrispondente ad una ventina dei più grandi motori, ad alimentare la metropoli. Le centrali elettriche forniscono ora più potenza delle migliaia di stazioni centrali e di fabbriche isolate del 1890 messe insieme.

Il Prof. Scott concluse che «l'evoluzione dell'energia elettrica, dalla scoperta di Faraday nel 1831 fino all'installazione del sistema polifasico di Tesla nel 1896, è senza alcun dubbio l'evento più straordinario di tutta la storia dell'ingegneria».

Lord Kelvin, che aveva inizialmente preferito la corrente continua per le cascate, riconobbe più tardi che la corrente alternata presentava molti più vantaggi per i sistemi di distribuzione a grande distanza, una volta che il sistema fu messo in servizio. Dichiarò: «Tesla ha contribuito alla scienza dell'elettricità più di qualunque altro uomo prima di lui».

Non avrebbe mai dovuto esserci alcun'ombra di dubbio riguardo ai meriti di Tesla, non solo per la scoperta del campo magnetico rotante, ma anche per aver inventato il primo motore a corrente alternata pratico, il sistema polifasico di correnti alternate e le dinamo per produrle, una varietà di motori in grado di convertire le correnti in potenza, un sistema di trasformatori polifasici per aumentare e abbassare le tensioni, così come dei metodi economici per trasmettere l'energia elettrica su lunghe distanze. Tuttavia, altri prima di lui si videro ingiustamente attribuire tutto il merito, e lo accettarono. Tesla riuscì a stabilire le sue pretese, ma nel frattempo il male era fatto, dopo aver formulato quelle affermazioni ingiuste. Fino ad oggi la categoria di ingegneri elettrici, così come il servizio pubblico e le grandi industrie elettriche, non ha mai concesso a Tesla il riconoscimento che gli è dovuto. Se così fosse stato, il nome di Tesla sarebbe stato altrettanto conosciuto che quelli di Edison e Westinghouse.

Come abbiamo potuto constatare, Tesla concepì la sua invenzione del campo magnetico rotante nel 1882, e nello spazio di soli due mesi riuscì a fare evolvere l'intero sistema elettrico, incluso quello di tutti gli apparecchi che farà brevettare più tardi. Nel 1883 descrisse la sua invenzione agli ufficiali della *Continental Edison Company*. Nel 1884 mostrò il suo motore al sindaco di Strasburgo e agli altri. Quello stesso anno, parlò della sua invenzione a Thomas A. Edison. Nel 1885, chiese ai fondatori della Tesla Arc Light Company di sviluppare il suo sistema. Nel 1887, ottenne il sostegno finanziario per costruire una serie di dinamo e di motori che verranno testati dal Prof. Anthony dell'università Cornell. Il 12 ottobre 1887 le prime richieste di brevetto per le sue invenzioni fondamentali furono depositate all'ufficio dei brevetti, che gli vennero concessi in date diverse nei primi mesi del 1888. Il 16 maggio 1888 presentò una dimostrazione e una descrizione delle sue invenzioni fondamentali davanti all'Istituto americano degli ingegneri elettrici a New York. Questo per la cronaca.

La prima complicazione arrivò quando il Professor Galileo Ferraris, un fisico dell'università di Torino, presentò un articolo sulle «Rotazioni elettrodinamiche» davanti all'Accademia di Torino nel marzo 1888. Questo avveniva sei anni dopo che Tesla ebbe fatto la sua scoperta, cinque anni dopo la dimostrazione del suo motore e sei mesi dopo che ebbe depositato i brevetti per il suo sistema. Il Prof. Ferraris aveva continuato le sue ricerche nell'ambito dell'ottica; egli si occupava principalmente della luce polarizzata. In quel periodo, si riteneva necessario costruire dei modelli meccanici per dimostrare tutti i principi scientifici. Non era molto difficile concepire dei modelli per dimostrare la natura della luce polarizzata in un piano, mentre invece la luce a polarizzazione circolare presentava un problema particolarmente arduo.

Ferraris iniziò a riflettere su questo problema nel 1885, ma non realizzò alcun progresso sul soggetto prima del 1888, quando si rivolse alla corrente alternata per trovare una soluzione. In quell'epoca, la luce era erroneamente percepita come un'onda in continua ondulazione nell'etere. Il Prof. Ferraris considerò la corrente alternativa continua analoga all'onda luminosa polarizzata in un piano. Per una rappresentazione meccanica dell'onda luminosa a polarizzazione circolare, immaginò una seconda serie di onde sfasate di 90 gradi rispetto alla prima, dando un vettore ad angolo retto alla componente che doveva manifestarsi con la rotazione. Questa poteva essere paragonata alla soluzione trovata da Tesla sei anni prima.

Organizzando una dimostrazione nel suo laboratorio, Ferraris si servì di un cilindro di rame sospeso su un filo per rappresentare le onde luminose, producendo su questo l'azione di due campi magnetici ad angolo retto l'uno rispetto all'altro. Al momento dell'accensione, il cilindro iniziò a ruotare, attorcigliandosi sul filo attorno al quale era sospeso prima di sollevarsi. Fu un eccellente modello delle onde luminose polarizzate rotanti, che non somigliava per niente ad un motore (non che lo scienziato di Torino volesse che fosse considerato tale). Si trattò di una dimostrazione di ottica in laboratorio, utilizzando un'analogia elettrica.

Nel suo esperimento seguente, Ferraris montò il cilindro di rame su un asse e divise ognuna delle sue due bobine in due parti, prima di piazzarne una ad ogni estremità del cilindro. Il dispositivo raggiunse una velocità di 900 giri al minuto; oltre questo punto, perse potenza così rapidamente da cessare completamente di funzionare. Ferraris tentò allora l'esperimento con dei cilindri di ferro, ma il risultato fu sproporzionato rispetto ai cilindri di rame. Il professore non vedeva alcun avvenire per quel dispositivo come fonte di energia, ma aveva previsto di trovarvi un'utilità in quanto principio di funzionamento di un contatore per misurare la corrente.

Ferraris dimostrò così di aver fallito nel cogliere il principio che Tesla aveva sviluppato. Lo scienziato italiano constatò che l'utilizzo del cilindro di ferro magnetico interferiva con il funzionamento del suo dispositivo, mentre Tesla, che seguiva la teoria giusta, aveva utilizzato dei nuclei in ferro per il campo magnetico del suo motore, un'armatura in ferro, e aveva ottenuto un rendimento di quasi il 95% per il suo primo motore che era stato stimato a circa un quarto di potenza. L'efficacia dell'apparecchio di Ferraris era inferiore del 25%.

Il professor Ferraris era convinto di aver fatto un gran favore alla scienza dimostrando che il campo magnetico rotante non poteva essere utilizzato su alcuna base pratica per produrre della potenza meccanica partendo dalla corrente alternata. Non si separò mai da questa opinione, né pretese di aver anticipato la scoperta di Tesla di utilizzare in modo pratico il campo rotante per produrre energia. Sapendo che il suo procedimento era totalmente diverso da quello di Tesla, non cercò mai di ottenere un compenso riguardo la scoperta esclusiva del motore a corrente alternata. Al contrario, ammise che Tesla era arrivato alla sua scoperta del campo magnetico rotante in modo indipendente, e che non avrebbe in alcun modo potuto conoscer il suo proprio lavoro prima di essere pubblicato.

Una descrizione degli esperimenti del Prof. Ferraris fu tuttavia pubblicata in The

Electrician a Londra, il 25 maggio 1888 (pag. 86), accompagnata dalla seguente dichiarazione:

«Che l'apparecchio concepito dal professor Ferraris porti alla scoperta di un motore a corrente alternata, è una questione che noi non possiamo predire, ma il principio in questione può avere anche altre applicazioni, in particolare nella costruzione dei contatori usati per misurare l'approvvigionamento di energia…».

Un anno prima, il Prof. Anthony aveva già testato i motori a corrente alternata di Tesla negli Stati Uniti e annunciato che avrebbero raggiunto un'efficacia pari a quella dei motori a corrente continua, e i brevetti americani di Tesla erano stati oggetto di un annuncio pubblico qualche mese prima.

Era evidente che i redattori di questa pubblicazione di Londra non si tenevano aggiornati degli sviluppi raggiunti negli Stati Uniti.

Tesla rispose rapidamente, per informare i redattori della svista e proporre un articolo per illustrare i suoi motori e i risultati ottenuti grazie a loro.

I redattori di The Electrician non manifestarono un grande entusiasmo. Decisero di ritrattare il meno possibile la propria posizione in favore di Ferraris, pubblicando una nota editoriale:

«Nota al numero del 25 maggio contenente un riassunto di un articolo scritto dal professor Galileo Ferraris in cui descrive un metodo per produrre un campo magnetico rotante ottenuto attraverso un paio di bobine con gli assi ad angolo retto e attraversate da corrente alternata. Abbiamo posto l'accento sul fatto che il principio dell'apparecchio potrebbe essere applicato alla costruzione di un motore a corrente alternata. L'articolo di Nikola Tesla, che appare nelle nostre colonne questa settimana, contiene la descrizione di un tale motore, fondato esattamente sullo stesso principio». (Vol. XX p. 165, 15 giugno 1888)

Non si è però data alcuna importanza al fatto che Ferraris fosse arrivato alla conclusione che il principio non avrebbe mai potuto essere utilizzato per la fabbricazione di un motore pratico, quando invece Tesla un tale motore l'aveva già prodotto.

Questo atteggiamento verso lo sviluppo americano rimase presente nelle riviste d'ingegneria di Londra. Più tardi, l'Electrical Review (Londra, Vol. XXVIII, p. 291, 6 marzo 1891) pubblicò un editoriale che si apriva su questa dichiarazione:

«Da diversi anni, dall'epoca delle ricerche del Prof. Ferraris, seguite da quelle di Tesla, di Zipernowski e di una folla di imitatori, abbiamo regolarmente sentito dire che la questione dei motori a corrente alternata era risolta».

In quell'epoca, la società Westinghouse stava già sfruttando per scopi commerciali il successo e la praticità del sistema polifasico di Tesla negli Stati Uniti. Alcun merito fu concesso a Tesla nella stampa di settore londinese.

Una lettera di protesta, inviata da Tesla il 17 marzo 1891, fu pubblicata qualche settimana dopo da Review (p. 446), dove tra le altre cose si leggeva:

«In tutti i paesi civilizzati, i brevetti sono ottenuti quasi senza fare un solo riferimento a checchessia che possa rimettere in questione la novità dell'invenzione. Il primo saggio pubblicato, un resoconto di alcuni esperimenti del laboratorio del Prof. Ferraris, è apparso in Italia sei o sette mesi dopo la data di deposito della mia richiesta di brevetto di base… Eppure, nel vostro numero del 6 marzo, ho letto: «Da diversi anni, dall'epoca delle ricerche del Prof. Ferraris, seguite da quelle di Tesla, di Zipernowski e di una folla di imitatori, abbiamo regolarmente sentito dire che la questione dei motori a corrente alternata era risolta».

Nessuno può accusarmi di non aver riconosciuto volontariamente il merito del Prof. Ferraris, e spero che la mia esposizione dei fatti non sarà mal interpretata. Anche se il saggio del Prof. Ferraris fosse apparso prima della data di deposito della mia richiesta, io avrei, a parere di tutti gli onesti, avuto diritto al riconoscimento di essere stato il primo a produrre un motore pratico, poiché il Prof. Ferraris nega nel suo saggio il valore dell'invenzione per la trasmissione d'energia…

Così, per quel che riguarda gli elementi essenziali del sistema — i generatori con due o tre correnti a fare diversa, il sistema a tre fili, l'armatura della bobina chiusa, i motori a corrente continua di campo…, sarei il solo, anche se il saggio del Prof. Ferraris fosse stato pubblicato anni fa…

La maggior parte di questi fatti, se non tutti, sono perfettamente noti in Inghilterra. Eppure, secondo certi giornali, uno dei principali elettricisti inglesi non esiterebbe ad affermare che abbia lavorato nella direzione indicata dal Prof. Ferraris, e nel vostro numero sopracitato pare che mi si tratti da imitatore.

Ora, io vi chiedo, dov'è finita quest'equità inglese tanto nota? Sono un pioniere e mi si qualifica come un imitatore. Non sono un imitatore. Io produco opere originali, o niente».

Questa lettera fu pubblicata, ma l'Electrical Review non manifestò mai alcun rimorso per la dichiarazione inesatta, né attribuì il riconoscimento a Tesla.

Charles Proteus Steinmetz, che conoscerà più tardi la gloria come mago dell'elettricità alla *General Electric Company*, venne ad apportare il suo appoggio a Tesla. In un rapporto presentato davanti all'Istituto americano degli ingegneri elettrici, dichiarò: «Ferraris non costruì altro che un giocattolino, e i suoi circuiti magnetici, per quel che ne so, sono finiti nell'aria, non nel ferro — non che questo faccia molta differenza». (Transactions, A.I.E.E., Vol. VIII, p. 591, 1891)

Anche altri ingegneri americani si unirono per portare il loro sostegno a Tesla.

Come abbiamo detto, un'esposizione industriale si tenne a Francoforte, in Germania, nel 1891. La marina degli Stati Uniti vi inviò Carl Hering, un ingegnere elettrico che aveva scritto molto per le riviste tecniche, in qualità di osservatore per fare rapporto su tutti gli sviluppi suscettibili di interessare la marina. Purtroppo Hering non era venuto a conoscenza delle invenzioni contenute nei brevetti di Tesla prima di partire all'estero.

La prima messa in funzione pubblica del sistema di Tesla fu la creazione più notevole dell'esposizione di Francoforte. I terreni e gli stabili erano illuminati da dell'elettricità apportata alla città attraverso una linea di trasporto di energia a lunga distanza. L'elettricità era trasportata dalla centrale idroelettrica di Lauffen attraverso una corrente alternata trifasica da 30000 volt. Un motore di due cavalli funzionante a corrente trifasica era esposto.

Hering riconobbe l'importanza di questa nuova creazione, e inviò dei resoconti favorevoli descrivendola come un'invenzione tedesca. Nel suo articolo per l'Electrical World (New York), parlò con entusiasmo del lavoro di Dolivo Dobrowolsky nella concezione del motore trifasico e del suo sistema associato, accogliendola come una scoperta scientifica notevole e di un'enorme importanza commerciale. Questo diede l'impressione che tutti gli altri inventori avevano mancato il punto cruciale, e che Dobrowolsky aveva realizzato una vera prodezza che avrebbe dettato il tono dei futuri sviluppi d'energia. Hering non era il solo ad aver avuto questa impressione.

Ludwig Gutman, un ingegnere elettrico americano e delegato al Congresso elettrico di Francoforte, criticò Dobrowolsky nel suo articolo sull' « inventore del sistema del campo rotante », che pronunciò davanti all'organizzazione. Affermò:

« Dato che noi in America godiamo da ormai diversi anni di questo sistema, rappresentato dai motori Tesla, devo oppormi all'affermazione recentemente fatta dal Sig. Dobrowolsky durante una riunione dell'Electrotechnische Zesellschaft che ha avuto luogo qui a Francoforte. Quest'uomo ha detto: « Credo di poter affermare che il problema del motore per le grandi e le piccole opere è stato completamente risolto ». Quest'affermazione è probabilmente esagerata. Il problema era già stato risolto, teoricamente e elettricamente, nel 1889 ». (Electrical World, New York, 17 ottobre 1891)

In un articolo pubblicato nell'Electrotechnische Zeitschrift (pag. 149-150, 1891), Dobrowolsky ritrattò la sua affermazione di aver prodotto il primo motore a corrente alternata pratico. Affermò che le pulsazioni di campo si elevavano al 40% nel motore bifasico di Tesla, mentre nel suo motore trifasico, in funzione all'esposizione di Francoforte, le pulsazioni erano fortemente ridotte.

Ma anche questa nuova dichiarazione di Dobrowolsky fu rapidamente annientata. Questo gli valse l'attacco da fonti americane e inglesi, così come dal capo ingegnere del progetto di cui il suo motore faceva parte.

Il Dr. Michael I Pupin, del dipartimento di ingegneria dell'università della Columbia, analizzò l'affermazione di Dobrowolsky (ibid., 26 dicembre 1891) e dimostrò che questi aveva fallito nel comprendere i principi basilari del sistema di Tesla, e che il sistema trifasico che rivendicava come proprio era incluso nelle invenzioni di Tesla.

C. E. L. Brown, l'ingegnere incaricato del sistema innovativo di trasmissione a 30000 volt che avrebbe unito Lauffen a Francoforte, e del suo sistema di produzione trifasica, incluso il motore Dobrowolsky, liquidò definitivamente e completamente la questione del merito per l'insieme del sistema. In una lettera pubblicata in Electrical World (7 novembre 1891), concluse affermando: «La corrente trifasica, come quella impiegata a Francoforte, è il frutto del lavoro del Sig. Tesla, e sarà chiaramente specificato nei suoi brevetti».

Il Sig. Brown inviò delle lettere dello stesso tenore ad altre riviste tecniche, all'interno delle quali criticava il Sig. Hering per aver omesso di riconoscere a Tesla il merito che gli spettava, e per averlo invece attribuito a Dobrowolsky.

Tali critiche portarono finalmente a una risposta di Hering. Questa apparse in Electrical World il febbraio 1892:

«Nelle lettere indirizzate all'Electrical World e ad altre riviste, il Sig. C. E. L. Brown sembra determinato ad insistere sul fatto che io abbia trascurato il lavoro del Sig. Tesla sulla corrente rotativa, ci tengo dunque a precisare che non potrei essere più desideroso di dare al Sig. Tesla il credito che merita per il suo lavoro. L'ho sempre considerato come un inventore originale del sistema di campo magnetico rotante, ed il primo ad averlo messo in pratica, e sono sicuro di averlo menzionato nei miei articoli. Se ho mancato, ad un certo punto, di rendergli il credito che gli spetta per le sue creazioni, è perché il Sig. Tesla è stato troppo modesto (o forse prudente) per far sapere al mondo ciò che aveva compiuto. Quando gli articoli che han provocato questo dibattito sono stati scritti, i brevetti del Sig. Tesla non mi erano accessibili. Dove inizino esattamente i miglioramenti del Sig. Dobrowolsky, non sono in misura di stabilirlo…

Per quanto sia un inventore indipendente, Dobrowolsky riconosce che il lavoro di Tesla è anteriore al suo… La modestia di questi due signori porterebbe, ne sono sicuro, ad una buona comprensione. Per quel che riguarda il soggetto che ci interessa, può essere interessante dire qui che nel corso di una conversazione che ho sostenuto con il Prof. Ferraris l'estate scorsa, quest'uomo mi ha rivelato con una punta di umiltà che, nonostante abbia condotto gli esperimenti con il campo rotante diversi anni prima che i lavori di Tesla venissero pubblicati, non pensava che fosse possibile che Tesla avesse potuto aver conoscenza del suo lavoro, e credeva quindi che Tesla l'avesse inventato in modo totalmente indipendente. Ha anche dichiarato che Tesla l'aveva sviluppato più di quanto lui (Ferraris) l'avesse fatto».

In questo modo, gli scienziati e gli ingegneri di Stati Uniti, Germania e Italia diedero a Tesla il riconoscimento chiaro e incontestato di essere l'unico inventore del magnifico sistema elettrico polifasico nei suoi minimi dettagli. Le riviste francesi e britanniche seguirono in seguito la stessa linea.

Così, nel 1892, Tesla fu elogiato dai circoli di ingegneri in quanto inventore incontestato del motore a corrente alternata e del sistema polifasico. Non c'era dunque nessuno a contestare la sua affermazione o a cercare di privarlo del merito quando la sua notorietà raggiunse il pubblico grazie al funzionamento del suo sistema all'Esposizione universale di Chicago del 1893, o quando più tardi il sistema rese possibile lo sfruttamento delle cascate del Niagara.

Tuttavia, ad un certo punto, numerose persone pretesero di aver apportato dei miglioramenti alle invenzioni di Tesa, e ampi sforzi furono intrapresi per sfruttare questi «miglioramenti». La Westinghouse Company, proprietaria dei brevetti di Tesla, si impegnò a difendere i brevetti e a perseguire i trasgressori. In seguito a questi fatti quasi una ventina di processi furono portati in tribunale: tutti si conclusero con una vittoria decisiva di Tesla.

Ecco un estratto delle sentenze radicali pronunciate dal giudice Townsend del Distretto Giudiziario del Connecticut negli Stati Uniti, nel settembre del 1900 quando, al momento di esprimersi sul primo gruppo di brevetti di base, tra le altre cose affermò:

«Appartiene al genio di Tesla l'aver selezionato gli elementi indisciplinati, sfrenati, e fino ad oggi opposti nel dominio della natura e dell'arte e l'averli utilizzati per procurare le macchine degli uomini. È lui che, per primo, ha mostrato come trasformare il giocattolo di Arago in una macchina di potenza, l'«esperimento in laboratorio» di Bailey in un motore praticamente riuscito, l'indicatore in un pilota. Ha in un primo tempo concepito l'idea che gli ostacoli stessi dell'inversione di direzione, le controindicazioni delle alternanze, potrebbero essere trasformate in rotazioni produttrici di potenza, un campo di forza vorticoso, cosa che altri considerarono solo come ostacoli invincibili. Tesla è riuscito a cogliere le correnti inaccessibili e le forze contraddittorie, armonizzandone le direzioni, e ha utilizzato la forza delle cascate nei motori pratici di città distanti».

Il risentimento, e l'antagonismo scatenato dalla serie invariabile di decisioni andate a buon fine, portò le persone coinvolte a scaricare il loro astio su Tesla, nonostante egli in dieci anni non abbia detenuto alcun interesse personale nei brevetti.

La situazione che ne scaturì è perfettamente decritta da B. A. Behrend, che diverrà in seguito vicepresidente dell'Istituto americano degli ingegneri elettrici:

«È un tratto specifico degli uomini ignoranti quello di passare sempre da un estremo all'altro, e coloro che una volta erano gli ammiratori devoti del Sig. Tesla, che cantavano le sue lodi con fervore, cercano ora di schernirlo. C'è qualcosa di profondamente melanconico in questa prospettiva, e non posso evitare di pensare a Nikola Tesla senza riflettere sul mio soggetto e condannare l'ingiustizia e l'ingratitudine che egli ha ricevuto tanto dalla voce del pubblico quanto da quella della categoria di ingegneri». (Western Electrician, settembre 1907)

Con gli ambienti scientifici e dell'ingegneria, e i tribunali, che arrivarono ad onorarlo per essere stato colui che scoprì e inventò i principi e le macchine alla base del sistema elettrico moderno, Tesla si erge senza rivali come il genio che ha dato al mondo l'era dell'energia elettrica, che ha reso possibile il nostro sistema industriale di produzione di massa. Il nome di Tesla oggi dovrebbe essere, logicamente, il nome più celebre nel mondo dell'ingegneria.

GLORIA E RICCHEZZA

OTTO

Nel marzo 1893, in seguito alle conferenze in Europa e America, Nikola Tesla ritornò al suo laboratorio. Eliminò tutte le attività sociali dal suo programma di vita e, straripante di energia, si consacrò integralmente al lavoro sperimentale relativo al suo sistema senza fili. Realizzò degli esperimenti ripetuti nel corso dei quali lavorò al miglioramento del principio volto ad accordare i circuiti in risonanza gli uni con gli altri. Fabbricò più di un centinaio di bobine, che coprivano una gran varietà di caratteristiche di aggiustamenti elettrici; elaborò anche numerosi oscillatori per produrre correnti ad altra frequenza, così come dei condensatori e degli induttori per regolare contemporaneamente le bobine ricettrici e quelle emettitrici su qualunque frequenza o lunghezza d'onda desiderata.

Dimostrò di essere in grado di provocare una risposta mirata e potente, emessa da un oscillatore su una lunghezza d'onda specifica, da una fra le centinaia di bobine, mentre tutte le altre rimanevano inerti. Scoprì che le bobine elettriche accordate presentavano inoltre le stesse proprietà delle corde musicali accordate, nella misura in cui queste vibrano sulla nota fondamentale ma anche su una vasta gamma di armoniche superiori ma soprattutto inferiori. Questa caratteristica avrebbe potuto essere utilizzata nell'ambito dell'elaborazione di antenne emettitrici e ricettive, ma avrebbe compromesso la risposta precisa ed esclusiva della regolazione delle bobine. Sulla breve distanza, e con le potenti correnti che Tesla utilizzava nel suo laboratorio, le armoniche rappresentavano un ostacolo; se invece una distanza maggiore separava le bobine emettitrici e ricettive, questo problema diventava minore.

Tesla capì che sarebbe stato difficile organizzare una prima dimostrazione del suo sistema mondiale d'informazione e di energia; organizzò quindi un sistema di compromessi nel quale avrebbe utilizzato un emettitore centrale e dei posti di relè più piccoli posizionati ad una certa distanza.

In un'intervista con Arthur Brisbane, il celebre redattore, Tesla manifestò l'infallibilità del suo progetto nell'edizione del giornale *The World* del 22 luglio 1894. Dichiarò:

«Mi prendereste per un sognatore e un pazzo se vi rivelassi quel che realmente spero. Ma posso dirvi, in tutta onestà, che non vedo l'ora di inviare un messaggio attraverso la terra senza utilizzare alcun filo. Spero anche di trasmettere allo stesso modo l'energia elettrica, senza alcuno spreco. Sono certo che la trasmissione di messaggi attraverso la terra sarà un successo. Devo, prima di tutto, determinare esattamente quante vibrazioni al secondo sono provocate perturbando la massa di elettricità terreste. La mia macchina di trasmissione deve vibrare altrettanto spesso per accordarsi all'elettricità generata dalla terra.

A questo scopo, durante l'inverno seguente, progettò e costruì la sua stazione di trasmissione ed una stazione di ricezione. Questa funzionava bene nel perimetro delimitato dal suo laboratorio, e tra diversi punti della città. Tesla, come l'artista che non è mai soddisfatto del suo lavoro e deve sempre aggiungere qualche tocco qua e là per finalizzare l'opera, continuò ad apportare miglioramenti per assicurarsi che la prova, che avrebbe avuto luogo in primavera, quando avrebbe portato il suo ricettore su un piccolo battello sull'Hudson River per testare la sua capacità di risposta sulla grande distanza, sarebbe stata perfetta.

Purtroppo, come per Cesare, la tragedia si abbatté su Tesla nel corso delle idi di marzo. In quel funesto giorno del 13 marzo 1895 un incendio scoppiò durante la notte nelle parti inferiori dell'immobile in cui si trovava il laboratorio di Tesla, devastando l'intero palazzo. I due piani in cui erano depositate le sue attrezzature crollarono nel sottosuolo, e furono completamente distrutti. Fu tutto ridotto in polvere. Tesla aveva investito la maggior parte della sua fortuna nelle attrezzature che si trovavano in quel palazzo, ma dato che non aveva sottoscritto alcuna assicurazione, tutto andò perduto.

La perdita monetaria rappresentava il fattore meno importante dello shock che Tesla aveva subito. Gli strumenti, così come gli innumerevoli esperimenti sui numerosi soggetti ai quali erano associati, facevano parte integrante di lui. Il lavoro di tutta una vita era distrutto. Tutti i suoi dossier, documenti, ricordi, le famose invenzioni che aveva presentato durante l'Esposizione Universale, non erano altro che cenere. Il suo laboratorio, dove aveva rivelato le sue meraviglie alle élites e all'intellighenzia di New York, agli uomini e alle donne più celebri del paese e del mondo, non esisteva più. E questa tragedia accadde nel momento in cui si apprestava a fare la prima dimostrazione del suo sistema senza fili.

Tesla si ritrovò in una situazione finanziaria difficile. Il laboratorio apparteneva alla Tesla Electric Company, detenuta da Tesla e A. K. Brown che, con un associato, aveva raccolto i fondi per finanziare le dimostrazioni del sistema polifasico a corrente alternata di Tesla, prima che questo non fosse venduto a Westinghouse per un montante di un milione di dollari. Una parte di quel denaro fu diviso in contanti fra gli associati, come citato; il resto fu reinvestito nel laboratorio per delle ricerche future. Le risorse della compagnia erano ora disseminate, e le risorse personali di Tesla sul punto di scomparire. Percepiva dalla Germania delle royalties dal brevetto per i motori asincroni e le dinamo: queste risorse gli bastavano a pagare le proprie spese di sussistenza, ma non gli permettevano di mantenere finanziariamente un laboratorio sperimentale.

Il Sig. Adams, direttore del gruppo Morgan che aveva sviluppato la centrale idroelettrica presso le cascate del Niagara utilizzando il sistema polifasico di Tesla, venne allora in aiuto dell'inventore. Propose e intraprese la creazione di una nuova società che avrebbe finanziato il proseguimento degli esperimenti di Tesla, e si impegnò a sottoscrivere centomila dollari sull'offerta di un mezzo milione di dollari del capitale azionario della società.

Grazie a questo appoggio, Tesla riuscì a mettere in piedi un nuovo laboratorio. Si stabilì al 46 East Houston Street, ed iniziò a lavorarvi nel luglio 1895, quattro mesi dopo la distruzione del suo laboratorio sulla *South Fifth Avenue*.

Il Sig. Adams pagò quarantamila dollari come primo acconto della sua sottoscrizione. Si interessò ampiamente ai lavori di Tesla, e passò molto tempo nel suo laboratorio. Dalla sua esperienza con la centrale elettrica delle cascate del Niagara, sapeva che Tesla era, tecnicamente, molto pragmatico. Rimase molto impressionato dal suo progetto di trasmissione senza fili di informazioni e di energia. Dichiarò che era pronto a spingersi ancora più in là del suo piano iniziale di sostegno finanziario: propose che anche il figlio facesse parte di quel progetto, in quanto socio attivo di Tesla.

Un tale accordo corrispondeva ad un'alleanza tra Tesla ed il potente gruppo finanziario Morgan. Fu grazie all'appoggio di J. P. Morgan che la *General Electric Company* ricevette delle direttive finanziare e che la costruzione della stazione Waterside, la prima grande centrale elettrica Edison a New York, divenne possibile; fu sempre il gruppo di Morgan che, rendendo attuabile lo sviluppo delle cascate del Niagara, diede una formidabile spinta al sistema di Tesla. La fama risultante da un accordo con Morgan sarebbe stata probabilmente ben più redditizia dell'aiuto finanziario in questione. Grazie a quest'alleanza il futuro finanziario di Tesla era assicurato; questa gli avrebbe permesso di avere il sostegno del più grande genio organizzativo e dei più grandi poteri di concretizzazione del mondo. Il tragico incendio che aveva provocato questa situazione poteva rivelarsi una benedizione.

Tesla prese la sua decisione. Nessuno seppe mai cosa lo portò a fare questa scelta. Rifiutò l'offerta del Sig. Adams. Da un punto di vista pratico, la sua decisione non si spiegava. Ma nessuno riuscì a dimostrare il suo senso pratico sulle questioni commerciali e finanziarie.

Grazie ai quarantamila dollari sottoscritti da Adams, Tesla riuscì a continuare attivamente le sue ricerche per circa tre anni. Avrebbe sicuramente potuto ottenere delle sottoscrizioni ben maggiori se avesse investito anche solo un minimo sforzo nel procurarsele; ma il suo principale interesse si trovava nel progresso dei suoi esperimenti, piuttosto che nella preoccupazione dei suoi bisogni finanziari futuri. Era convinto che l'avvenire gli avrebbe portato diversi milioni di dollari, in risposta ai miliardi che lui stesso avrebbe apportato grazie alle sue invenzioni.

Tesla mise circa un anno per attrezzare il suo laboratorio e costruire tutta une serie di apparecchi sperimentali. La maggior parte delle cose che utilizzava non si poteva comprare sul mercato: tutto doveva essere specificamente progettato dai suoi operai, in base alle sue istruzioni. Nella primavera del 1897 era pronto ad effettuare sul suo emettitore e sul suo ricettore senza fili i test di distanza che erano stati interrotti dall'incendio due anni prima.

Il successo di quei test fu annunciato da Tesla in occasione di un'intervista con un rappresentate di Electrical Review, pubblicata il 9 luglio 1897. Affermò:

«Sono ormai anni che quasi tutti gli inventori telegrafici sognano la possibilità di comunicare senza fili. Di tanto in tanto, un riferimento agli esperimenti è apparso nelle riviste tecniche, dimostrando la credenza praticamente unanime degli elettricisti che, un giorno, i fili sarebbero stati eliminati. Diversi esperimenti sono stati condotti al fine di stabilire le possibilità, ma è stato il Sig. Nikola Tesla a proporre una teoria e realizzare l'esperimento in grado di provare che la comunicazione senza fili è un fatto, e certamente non una vaga ipotesi. Effettivamente, dopo sei anni di lavoro attento e minuzioso, il Sig. Tesla è giunto a uno stadio in cui è possibile intravedere il futuro».

Un rappresentante dell'Electrical Review ricevette la conferma da Tesla in persona che, oltre ad avere un atteggiamento conformistico, stabilì come fatto compiuto la comunicazione elettrica senza fili, e sancì che il metodo impiegato e i principi in questione rendevano infallibile la trasmissione dei messaggi e intelligibile la ricezione tre due punti distanti. Aveva già fabbricato un apparecchio di trasmissione e un ricettore elettrico il quale, una volta allontanato, diventava sensibile ai segnali emessi dal trasmettitore, indipendentemente dalle correnti terrestri o dai punti cardinali. E vi era riuscito con un consumo energetico sorprendentemente basso.

«Ovviamente il Sig. Tesla rifiuta di spiegare tutti i dettagli della sua invenzione, ma lascia intendere di essersi servito di quello che per ora possiamo chiamare equilibrio elettrostatico: se questo viene ad essere perturbato su un punto qualunque della terra, la perturbazione può essere sondata a distanza grazie ad appositi apparecchi, e in questo modo i mezzi di segnalazione e di lettura dei segnali diventano possibili una volta che gli strumenti sono messi a disposizione. Il Sig. Tesla ha espresso la sua convinzione riguardo queste possibilità, ma solo dopo essersene assicurato realizzando un test sugli apparecchi che ha ideato. Restava ancora molto lavoro da fare, e Tesla ha in seguito consacrato uno studio minuzioso e molta attenzione al problema.

Per ragioni evidenti i dettagli non sono ancora disponibili: noi ora non facciamo altro che riportare nel dettaglio le dichiarazioni del Sig. Tesla, il quale afferma di avere effettivamente stabilito una comunicazione senza fili su una grande distanza, con un basso consumo di energia. Ora non gli resta che perfezionare i suoi apparecchi per poter effettuare qualunque tipo di manovra. L'esperimento realizzato un tempo da Samuel Morse su una distanza di 60 chilometri era stato condotto su una base ben meno sicura delle possibilità del senza fil di oggi.

Il lavoro del Sig. Tesla sulle alte frequenze e sulle correnti ad alto potenziale è notevole. Già nel 1891 aveva predetto i risultati attuali, sia in ambito di illuminazione al tubo elettronico (o lampada) che in materia di intercomunicazione senza fili. Il primo si era trasformato tra le sue mani in un motore grazie al quale potrà dimostrare al pubblico i fenomeni delle forze molecolari elettrostatiche. Innumerevoli esperimenti sono stati realizzati, e il Sig. Tesla è riuscito a trasformare quella che all'epoca era considerata come una frequenza impressionante di 10000 oscillazioni al secondo in una velocità oggi moderata di 2 milioni di oscillazioni al secondo».

Questo annuncio segnò la nascita della radio moderna, come quella che utilizziamo ancora oggi. Nacque su un battello che risaliva lo Hudson River con a bordo la postazione ricettrice, la quale si trovava allora a quaranta chilometri dal laboratorio di Houston Street, una distanza che rappresentava una piccola frazione della portata dell'apparecchio ma che bastava a dimostrarne le capacità. Al posto della modestissima dichiarazione di Tela, e del modo ancor più prudente con cui l'Electrical Review trattò la notizia, una tale dimostrazione avrebbe invece meritato un annuncio sensazionale. Tesla non doveva solo proteggere i suoi diritti di brevetto, che sarebbero stati compromessi da una divulgazione prematura, ma doveva anche badare a non diventare la vittima dei ladri di invenzioni e di brevetti, con i quali aveva già avuto a che fare. L'Electrical Review temeva di accogliere la notizia con un entusiasmo eccessivo, e di ritrovarsi così « con un'ascia sopra la testa » ancor prima di aver avuto conoscenza di tutti i dettagli.

I brevetti fondamentali sul sistema di Tesla furono pubblicati il 2 settembre 1897, solo due mesi dopo la sua richiesta, e portavano i numeri 645.576 e 649.621. Vi descriveva tutte le caratteristiche essenziali della radiodiffusione e dei circuiti di ricezione che utilizziamo ancora oggigiorno. Una volta assicurata la protezione dei suoi brevetti, Tesla non impiegò molto tempo per rendere note le sue scoperte al pubblico. La sua presentazione si trasformò in una dimostrazione spettacolare al Madison Square Garden.

La trasmissione di informazioni senza fili è la realizzazione di uno dei più antichi sogni dell'uomo, il quale ha sempre cercato di eliminare le distanze della comunicazione attraverso lo spazio senza che vi sia un legame materiale nell'intervallo intermediario. I primi sperimentatori, che effettuavano test soprattutto sul telefono, cercavano disperatamente di trovare un metodo di comunicazione elettrica senza fili in grado di trasmettere la voce attraverso lo spazio, nello stesso modo con cui l'aria trasporta il suono. Nel 1879 David Edward Hughes notò che, quando una scintilla elettrica veniva prodotta in un punto qualsiasi di casa sua, poteva udire un rumore nel ricevitore del telefono. Ripercorse l'effetto dell'azione dei granuli di carbonio in contatto con un disco di metallo nel suo trasmettitore telefonico, che agiva come un rivelatore d'onde di spazio, incollandoli leggermente tra loro, riducendo così la resistenza della massa e producendo un «click» nel ricevitore.

Il professor A. E. Dolbear dell'Università Tufts intensificò quest'osservazione, e nel 1882 creò un dispositivo dimostrativo servendosi di quel principio, ma ritirando l'apparecchio telefonico. Utilizzò una bobina di accensione per generare delle onde, e una massa di granuli di carbonio per sondarle. Si trattava esattamente del sistema senza fili che fu «scoperto» quattordici anni dopo da Marconi.

Edison, ingaggiato dalla Western Union Telegraph Company per contrastare il monopolio detenuto da Bell grazie alla sua invenzione del telefono, riuscì nel 1885 ad inviare un messaggio «senza fili» da un treno in movimento. Un filo teso sul treno, come un cavo telegrafico sospeso sui pali lungo i binari, permise di colmare i pochi centimetri attraverso un effetto induttivo, quello stesso effetto che provoca un disturbo creando della «diafonia», o un miscuglio delle conversazioni su due circuiti telefonici situati a prossimità l'uno dell'altro. W. M. Preece, in Inghilterra, realizzò un esperimento simile più o meno nello stesso momento. La portata molto limitata di quegli apparecchi impediva loro di avere una qualunque utilità pratica.

Nel 1880 e 1881, Alexander Graham Bell mise a punto una tecnica di comunicazione senza fili completamente diversa. Questa fu chiamata radiotelefono, ma Bell insisté sull'appellativo «fotofono». Il fotofono trasmetteva la voce attraverso un raggio luminoso. Il microfono consisteva in un vetro estremamente fine, o in uno specchio di mica, che vibrava sotto l'azione della voce. Lo specchio rifletteva così un raggio di luce, generalmente la luce del sole, su un apparecchio di ricezione un po' distante. Il ricettore, molto semplice, era composto da una provetta nella quale era stato introdotto un materiale specifico. La cima della provetta era chiusa da un tappo dal quale uscivano due tubetti di cauccіù che vi erano stati inseriti, e le cui estremità si piazzavano nelle orecchie. Una gran varietà di materiali poteva essere messa nella provetta come sonda. Quando il raggio luminoso, che vibrava con l'azione della voce, entrava in contatto con il materiale contenuto nella provetta, questa produceva un assorbimento di calore e faceva vibrare l'aria al suo interno, ricreando così la voce che era stata trasportata dal raggio di luce. Bell utilizzava anche il selenio come sonda: questo agiva ai raggi visibili e produceva un effetto elettrico. Beninteso, questi esperimenti non avevano alcun valore pratico in quanto fondamenta di un sistema di comunicazione senza fili.

Nel 1845, a Londra, Michael Faraday descrisse la sua teoria sulla relazione tra la luce e le linee di forza elettromagnetica. Nel 1862, James Clerk Maxwell pubblicò un'analisi dei lavori realizzati da Faraday, ed introdusse una base matematica alla teoria secondo cui le onde luminose sarebbero elettromagnetiche, e potrebbero avere un'esistenza ben più breve, o molto più lunga, della lunghezza d'onda conosciuta della luce visibile. La sfida per gli scienziati era allora provare l'esistenza di quelle onde.

Tra il 1886 e il 1888 a Bonn, in Germania, il professor Heinrich Hertz intraprese la ricerca delle onde più lunghe di quelle della luce o del calore. Le produceva attraverso la scarica di scintille prodotta da una bobina di Ruhmkorff, poi le recuperava nello spazio, su una distanza breve, sotto forma di una minuscola scintilla che sorpassava lo scarto in una sfera di rame. Nello stesso momento, in Inghilterra, Sir Oliver Lodge tentava di misurare le piccolissime onde elettriche nei circuiti muniti di fili.

Questa la situazione in cui si trovava il mondo scientifico quando Tesla iniziò il suo lavoro nel 1889. Il metodo che avrebbe permesso la comunicazione senza fili, che Tesla presentò nel 1892 e nel 1893 e che descriveremo fra poco, dimostra fino a che punto la sua formidabile capacità di concezione e le sue conoscenze estremamente avanzate padroneggiavano su tutti i suoi contemporanei.

Quando Tesla lasciò la fabbrica di Westinghouse, nell'autunno 1889, si rivolse immediatamente verso la prossima tappa dello sviluppo di un campo di corrente alternata: un nuovo sistema di distribuzione d'energia grazie a delle correnti alternate ad alta frequenza, ovvero una scoperta molto più spettacolare del suo sistema polifasico. Durante i due anni che seguirono esplorò i principi in base ai quali l'energia poteva essere distribuita grazie ad una diffusione senza fili, cosa che aveva dimostrato nel suo laboratorio attraverso potenti bobine. La distribuzione delle informazioni, più tardi chiamata «trasmissione senza fili», non era che una parte dell'insieme del progetto.

Nel 1892 Tesla descrisse il primo tubo elettronico ideato per essere utilizzato come sonda in un sistema radio, e di cui dimostrò le caratteristiche durante le conferenze di Londra e Parigi nel corso dei mesi di febbraio e marzo di quello stesso anno (tuttavia, il tubo fu sviluppato nel 1890). L'anno seguente, nel febbraio e nel marzo 1893, durante le conferenze tenute presso la convention della National Electric Light Association che si svolse a St. Louis, Tesla presentò il suo sistema di radiodiffusione spiegandone nel dettaglio i principi utilizzati.

Il tubo elettronico di Tesla, invenzione del 1890, era l'antenato dei tubi di individuazione e di amplificazione attualmente in uso. Nel febbraio e nel marzo 1892 Tesla fece la dimostrazione del tubo davanti a quattro società: l'Institut of Electrical Engineers, la Royal Society di Londra, la Société Française de Physique e l'International Society of Electrical Engineers di Parigi. La sua presentazione divenne di notorietà pubblica negli archivi di questa società. Durante queste conferenze, dichiarò:

«Se esiste un movimento misurabile nello spazio, allora questa spazzola dovrebbe rivelarlo. Si tratta, in un certo senso, di un raggio di luce senza attrito e sprovvisto di inerzia.

Penso che gli si possano trovare delle applicazioni pratiche nella telegrafia. Per esempio, con questo tipo di spazzola, sarà possibile inviare delle missive all'altro lato dell'Atlantico, a qualunque velocità, poiché la sua sensibilità è tale che il minimo cambiamento la affetta».

La «spazzola» nel tubo di Tesla era un raggio di elettroni. Tuttavia, l'elettrone non era ancora stato scoperto. Tesla riuscì comunque a dare una descrizione precisa della sua natura, dimostrando così la sua interpretazione dei fenomeni strani con un'esattezza incredibile. Quel raggio elettronico era così sensibile che un piccolo magnete a forma di ferro di cavallo, di qualche centimetro di larghezza, e ad una distanza di quasi due metri, avrebbe provocato il movimento del raggio di elettroni nell'una o nell'altra direzione, in funzione della posizione nella quale si trovava la calamita.

Se qualcuno si avvicinava al tubo di qualche metro, il raggio, o spazzola, oscillava verso il lato opposto del tubo. Se si camminava attorno al tubo, anche a tre metri di distanza, il raggio si spostava allo stesso modo, puntando l'estremità del suo centro nella direzione dell'oggetto in movimento. Il minimo movimento di un dito, o anche la contrazione di un muscolo, faceva oscillare il raggio.

In occasione della conferenza del 1892, quella in cui aveva descritto il primo tubo elettronico, Tesla aveva fatto la presentazione di lampade che si potevano accendere senza che fossero attaccate ad un filo (luce senza fili), e di un motore che funzionava senza connessioni ad una bobina d'induzione (energia senza fili). Presentò di nuovo queste invenzioni durante la sua esposizione alla Chicago Columbian Exposition all'inizio dell'anno 1893.

Dopo tanti esperimenti accumulati, che gli procurarono la certezza della praticità e della funzionalità del suo sistema, nel febbraio e nel marzo 1893 Tesla fece una dichiarazione molto prudente e conservatrice riguardo i suoi progetti al Franklin Institut e alla convention della National Electric Light Association. Già nel corso di quelle conferenze del 1893, Tesla avrebbe potuto organizzare una dimostrazione della trasmissione di informazioni senza fili piazzando nella sala una delle sue bobine risonanti, sormontata da uno dei tubi «a spazzola» elettronici o da una delle lampade ad aria a bassa pressione, e facendola reagire ai segnali emessi da una bobina sotto tensione di lunghezza d'onda simile, ma installata molto lontano dal palazzo. Praticava regolarmente questo esperimento nel suo laboratorio.

Tuttavia, questo avrebbe prodotto un effetto strettamente locale, mentre il suo sistema di radiodiffusione era stato elaborato su scala mondiale, e richiedeva delle apparecchiature ben più potenti di quelle che aveva costruito fino a quel momento. Tesla, temendo di dimostrare disonestà intellettuale, rifiutò di abbassarsi a far passare un effetto puramente locale per la dimostrazione di un sistema mondiale, nonostante gli effetti osservati fossero stati identici. Malgrado tutto, quella dimostrazione del senza fili sarebbe stata ben più spettacolare e toccante di qualunque altra rappresentazione di qualunque altro inventore dei sessant'anni seguenti, se non oltre.

Durante la riunione della National Electric Light Association del 1893, Tesla descrisse così il suo sistema mondiale:

«In relazione agli effetti di risonanza e ai problemi di trasmissione di energia su un unico conduttore, preso in considerazione prima, vorrei spendere qualche parola su un soggetto che ossessiona costantemente i miei pensieri, e che riguarda il benessere di tutti. Voglio parlare della trasmissione di segnali intelligibili, o forse addirittura di energia, su qualunque distanza e senza l'utilizzo di fili. Sono sempre più convinto della fattibilità di questo progetto, e malgrado io sappia, con pertinenza, che la gran maggioranza degli scienziati non crede che tali risultati possano essere realizzati in modo pratico e nell'immediato, penso malgrado tutto che siano tutti coscienti dei progressi realizzati da un certo numero di ricercatori in questi ultimi anni, che ci incoraggiano a riflettere e sperimentare in questa direzione. La mia certezza si è rafforzata ad un punto tale che non considero più il progetto di trasmissione di informazioni o di energia come una possibilità puramente teorica, ma come un serio problema di ingegneria elettrica che un giorno o l'altro dovremo risolvere.

«L'idea di trasmettere delle informazioni senza fili è la conclusione naturale secondo gli ultimi risultati in materia di ricerche elettriche. Certi appassionati hanno espresso la loro convinzione che la telefonia, su qualunque distanza e per induzione in aria, è possibile. I miei sforzi immaginativi non si spingono così lontano, ma sono convinto della possibilità di perturbare, con macchine potenti, le condizioni elettrostatiche terrestri e di trasmettere così dei segnali intelligibili e, forse, dell'energia. In realtà, cosa ci impedisce di concretizzare questo progetto?

«Ora sappiamo che le vibrazioni elettriche possono essere trasmesse da un conduttore unico. Perché dunque non servirci della terra a questo scopo? Non dobbiamo preoccuparci della nozione di distanza. Per il viaggiatore stanco che conta i chilometri la terra può sembrare enorme, ma per il più felice degli uomini, l'astronomo, che ha gli occhi puntati verso il cielo, e che grazie a certi criteri riesce a stimare la circonferenza del globo, questa sembra ben piccola. Ecco perché penso che dovrebbe essere così per l'elettricista, poiché quando tiene conto della velocità alla quale una perturbazione elettrica si propaga attraverso la terra, tutte le sue nozioni di distanza dovrebbero allora scomparire.

«Un punto fondamentale sarebbe innanzitutto conoscere la capacità della terra, così come la carica che potrebbe contenere se fosse elettrificata. Anche se non abbiamo alcuna prova concreta riguardo l'esistenza di un corpo carico nello spazio, senza avere a prossimità altri corpi di carica opposta, c'è una forte probabilità che la terra sia un tale corpo, poiché, qualunque sia il processo che l'ha separata (si tratta dell'opinione diffusa sulla sua origine), deve comunque aver conservato una carica, come in tutti i processi di separazione meccanica…

«Se riuscissimo a determinare il periodo in cui la terra, quando perturbata, si mette a oscillare rispetto a un sistema o un circuito noto di carica opposta, determremo allora senza dubbio un'informazione inestimabile per il benessere dell'umanità. Suggerisco di ricercare questo periodo servendoci di un oscillatore elettrico o di una fonte di correnti alternate.

«Uno dei terminali di questa fonte dovrà essere connesso alla terra, come ai condotti d'acqua principali della città, per esempio, e l'altro al corpo isolante di un'ampia superficie. Può succedere che lo strato di aria conduttrice esterna, o spazio libero, contenga una carica opposta, e che formi con la terra un condensatore di grandissima capacità. In tal caso, il periodo di vibrazione può rivelarsi molto debole e una dinamo alternata potrebbe servire per questo esperimento. Procederei poi con il trasformare la corrente in potenziale elettrico quanto più elevato possibile, e connetterei le estremità dell'alta tensione secondaria alla terra e al corpo isolante. Facendo variare la frequenza delle correnti, osservando attentamente il potenziale del corpo isolante e sorvegliando le perturbazioni in diversi punti adiacenti alla superficie terreste, potremmo sondare la risonanza.

«Se, come probabilmente credono la maggior parte degli scienziati, il periodo si rivelasse estremamente breve, allora una dinamo non ci servirebbe. Sarebbe necessario fabbricare un vero e proprio oscillatore elettrico, e forse non sarebbe possibile ottenere vibrazioni così rapide. Ma che sia possibile o meno, che la terra sia o non sia carica, e qualunque sia il suo periodo di vibrazione, è senza dubbio possibile (e ne abbiamo quotidianamente la prova) produrre una perturbazione elettrica abbastanza potente da essere sondata da apparecchi appositi, in qualunque posto sulla superficie terrestre...

«Così, in teoria, non sarebbe necessaria una gran quantità di energia per produrre una perturbazione percettibile su una lunga distanza, o addirittura su tutta la superficie del globo. Ora, non ci sono dubbi sul fatto che, in qualunque punto situato in un raggio illimitato di fonti, un apparecchio altamente prestante, a autoinduzione e correttamente programmato, potrebbe essere attivato per risonanza. Ma non è tutto. Un'altra fonte simile a s, s1, o qualunque sia il numero che le si attribuirà, può essere definita in modo da funzionare in sincronia con l'ultima. Le vibrazioni sarebbero così intensificate e si estenderebbero su un'ampia zona, o meglio, un flusso di elettricità potrebbe essere prodotto da o verso la fonte $s1$, se è della stessa, o di fase opposta, alla fonte s.

«Sono convinto che sia possibile far funzionare degli apparecchi elettrici in una città, via la terra o via un sistema di canalizzazione, attraverso la risonanza di un oscillatore elettrico posizionato in un punto centrale. Ma la soluzione pratica a questo problema sarebbe molto meno vantaggiosa per l'uomo della concretizzazione del progetto di trasmissione delle informazioni, o, forse, dell'energia, a qualunque distanza attraverso la terra o attraverso mezzi circostanti. Se questo fosse effettivamente possibile, la distanza avrebbe poca importanza. Delle macchine appropriate devono innanzitutto essere ideate prima di affrontare il problema, e ho considerato a lungo questa questione. Ho l'intima convinzione che questo progetto sia realizzabile, e spero che potremo vederlo da vivi».

Fece una dichiarazione simile durante la conferenza che si svolse presso il Franklin Institute, della quale possiamo citare un altro paragrafo:

«Se, grazie a delle macchine potenti, riuscissimo a produrre delle rapide variazioni del potenziale terrestre, un filo di terra che raggiunge una certa altezza sarebbe allora attraversato da una corrente che potrebbe essere intensificata connettendo l'estremità libera del filo a un corpo di una certa taglia... L'esperimento, di grande interesse scientifico, avrebbe sicuramente più successo se venisse realizzato a bordo di un battello in alto mare. Così, anche se si avverasse impossibile far funzionare le macchine, l'informazione potrebbe certamente essere trasmessa».

Durante quelle conferenze Tesla presentò dunque i principi che aveva scoperto nel corso dei tre anni precedenti grazie ai suoi esperimenti in laboratorio, indispensabili per realizzare con successo la comunicazione senza fili.

Furono presentate diverse condizioni fondamentali, che potevano essere comprese anche da una persona non-iniziata e con un'esperienza solo limitata in materia di ricettori radio: 1) un'antenna, o un filo d'antenna; 2) una connessione terreste; 3) un circuito antenna-terra contenente un'induttanza e una capacità; 4) un'induttanza e una capacità regolabili (per le regolazioni); 5) degli emettitori e dei ricettori regolati per entrare mutualmente in risonanza; 6) delle sonde di tubi elettronici. Tesla aveva già inventato anche un altoparlante.

Ecco qui i principi fondamentali della radio, che utilizziamo ancora nella nostra epoca per ogni emissione e ricezione.

Di conseguenza la radio, così come la conosciamo oggi, è il prodotto del genio di Nikola Tesla. Fu creatore del sistema nel suo insieme, così come di tutte le principali componenti elettriche. L'altro uomo al quale possiamo attribuire la maggior parte del merito, dopo Tesla, è Sir Oliver Lodge, il grande scienziato inglese. Ma anche Lodge non riuscì a vedere l'immagine fondamentale presentata da Tesla.

All'inizio dell'anno 1894 Lodge introdusse uno spinterometro di Hertz in un cilindro di rame aperto ad un'estremità: fu così che produsse un raggio di oscillazioni a onde ultra-corte che poteva essere trasmesso in qualunque direzione. Fece la stessa cosa con il ricettore. Poiché le onde in entrata potevano essere ricevute da una sola direzione, quel ricettore era in grado di localizzare la direzione di origine delle onde trasmesse. Grazie a quell'apparecchio, Lodge precedette i lavori di Marconi di quasi due anni. L'estate di quello stesso anno, durante una dimostrazione davanti alla British Association for the Advancement of Science ad Oxford, inviò dei segnali in morse, con degli apparecchi migliorati, tra due palazzi separati da diverse centinaia di metri.

Non c'è allora da stupirsi che Marconi, che iniziò i suoi studi sul senza fili nel 1895, non suscitò alcuno stupore particolare nella comunità scientifica inglese in occasione del suo viaggio dall'Italia a Londra nel 1896, quando portò con sé un apparecchio senza fili identico, nei minimi dettagli, a quello presentato da Lodge nel 1894. Utilizzò un riflettore parabolico: il suo apparecchio era dunque un po' più sviluppato di un proiettore elettrico. Tuttavia, apportò una caratteristica alternativa per rimpiazzare il riflettore parabolico. Si trattava di un conduttore di terra e di un'antenna, o filo d'antenna, per il ricettore e l'emittente, esattamente come Tesla aveva descritto nel progetto che aveva pubblicato tre anni prima.

Realizzando gli esperimenti per dimostrare la natura identica della luce e delle onde elettromagnetiche più lunghe, Hertz cercò volontariamente di utilizzare le onde più corte che fosse possibile produrre. Si misuravano in centimetri, e facevano molto meno di un metro. Erano perfette per il suo esperimento. Quando gli sperimentatori che lavoravano sul senza fili copiarono i suoi metodi, ripresero il progetto di un'onda corta senza mai porsi la domanda di sapere quale lunghezza d'onda fosse necessario utilizzare per le comunicazioni senza fili. L'idea che esistessero altre lunghezze d'onda, che potevano essere prodotte e utilizzate, sembrava non sfiorarli nemmeno. Eccetto Tesla.

Tesla, in perfetto spirito scientifico, si prese la briga di rinnovare gli esperimenti di Hertz e pubblicò i suoi risultati, precisando di aver scoperto diverse differenze importanti, e attirando così l'attenzione sui difetti dei metodi sperimentali utilizzati da Hertz.

Dopo aver studiato un'ampia gamma di lunghezze d'onda di correnti ad alta frequenza, e studiato le proprietà di ogni parte dello spettro, Tesla sapeva che le lunghezze di onde corte non erano per niente adatte al fine della comunicazione. Sapeva che le lunghezze d'onda utili misuravano tra i 100 e diverse migliaia di metri. Aveva capito che l'associazione di bobina d'induzione e spinterometro di Hertz a forma di palla non avrebbe mai potuto servire a produrre il genere di pulsazioni elettriche necessarie. Anche con gli apparecchi molto perfezionati che possediamo oggi, gli scienziati non sono riusciti ad utilizzare le onde ultra-corte nella comunicazione (salvo in situazioni speciali), cosa che Tesla, con la sua grande saggezza, aveva condannato e che Marconi, con la sua inesperienza, aveva tentato di fare.

La storia del senza fili nel corso degli anni seguenti è la storia del fallimento delle onde corte di Lodge, Marconi, e dei loro adepti; è la storia della transizione verso le onde più lunghe descritte da Tesla, e dell'abbandono del loro metodo di segnaletica e della sua sostituzione con il metodo più raffinato e molto più efficace di accordare mutualmente le stazioni di emissione e di ricezione, in base ai metodi scoperti da Tesla; è la storia dell'adozione delle onde continue di Tesla.

Inoltre, quei ricercatori titubanti non vedevano nel senza fili altro che un metodo di segnalazione da un punto ad un altro, o da una stazione a un'altra. Nessuno di loro aveva previsto il sistema di radiodiffusione che Tesla descrisse nel 1893. Questo sistema, inventato e scoperto da Tesla, è quello che utilizziamo ancora oggi. Ma abbiamo mai accordato a Tesla il merito che gli spetta?

NOVE

Tesla contribuì enormemente all'avvio di vasti imperi di conoscenze. Riversò le sue scoperte sul mondo ad un ritmo così rapido e in un modo talmente evidente che sembrava aver paralizzato le menti degli scienziati della sua epoca. Era troppo occupato a mettere in luce tutte le nuove rivelazioni importanti che gli si presentavano per preoccuparsi di sviluppare le applicazioni tecniche o commerciali di ogni nuova scoperta. Le sue scoperte non erano frutto del caso: Tesla le visualizzava ben prima del loro sviluppo nel suo laboratorio. Aveva stabilito un programma ben definito di ricerche innovative nell'ambito degli studi inesplorati, e quando avrebbe finito con questo, pensava che avrebbe avuto allora una lunga vita davanti a sé durante la quale si sarebbe potuto occupare delle applicazioni pratiche di quelle già rivelate.

Nell'attesa, aveva scoperto un nuovo mondo di effetti interessanti prodotti dalle scariche delle sue bobine quando venivano caricate con correnti ad altissima frequenza. Produsse delle bobine sempre più grandi, e le sperimentò con delle strutture di forme diverse. A partire dalla comune bobina di forma cilindrica, sviluppò la bobina conica, e si spinse ancora oltre ideando un'elica piatta, o una bobina piatta.

L'altissima frequenza delle correnti offriva un paradiso matematico nel quale Tesla poteva sviluppare le sue equazioni come voleva. Grazie alle sue capacità matematiche e al suo strano potere di visualizzazione, poteva spesso fare — e in modo molto rapido — tutta una serie di scoperte, quando invece un vero e proprio laboratorio impiegava molto più tempo a riuscirci. Fu il caso dei fenomeni di risonanza e dei circuiti accordati.

Era molto più semplice costruire dei condensatori per regolare i circuiti, a causa della loro lunghezza d'onda relativamente più corta. Quando un circuito è regolato, la corrente elettrica che vi circola oscilla in modo ritmico, proprio come farebbe una corda musicale che, quando scossa o pizzicata, vibra e produce delle oscillazioni della stessa lunghezza, che presentano dei punti immobili fra ognuna di esse. Può esserci un'unica oscillazione, come possono essercene diverse.

Tesla non inventò l'idea di risonanza elettrica. Questa era inerente alla descrizione matematica della scarica di un condensatore sviluppata da Lord Kelvin, così come alla natura fisica delle correnti alternate. Tesla però la trasformò, e la fece passare da equazione matematica dimenticata a realtà fisica eclatante. Si tratta dell'analogia della risonanza acustica, che è una proprietà naturale della materia. Tuttavia, non esistevano circuiti pratici in cui la risonanza poteva manifestarsi, fino a quando Nikola Tesla sviluppò le correnti alternate, e in particolare la corrente ad alta frequenza. Condusse con maestria la ricerca in questo campo, sviluppando il principio di risonanza in circuiti individuali grazie a degli aggiustamenti della capacità e dell'induttanza, l'amplificazione degli effetti per accoppiamento induttivo di due circuiti accordati e le manifestazioni particolari della risonanza in un circuito accordato a un quarto della lunghezza d'onda corrente di eccitamento. Quest'ultima creazione fu un vero e proprio colpo di genio.

Su una corda vibrante, una cresta e un ventre formano una lunghezza d'onda completa; una cresta misura la metà di una lunghezza d'onda — poiché la cresta si trova in alto mentre il ventre si trova in basso. Tra queste due estremità si trova un punto nodale che resta immobile. La distanza tra il punto nodale e l'estremità di una cresta (o di un ventre) equivale a un quarto di lunghezza d'onda. Considerando il quarto di lunghezza d'onda come un'unità, un'estremità è immobile mentre l'altra oscilla sull'ampiezza più grande di vibrazione.

Regolando le bobine sui quarti di lunghezza d'onda, Tesla notò che una delle loro estremità rimaneva completamente inattiva, mentre l'altra oscillava in un'attività elettrica gigantesca. Ecco un caso particolare: una delle estremità di una piccola bobina rimane inerte mentre dall'altra affiorano fiotti di scintille di diverse centinaia di migliaia, forse milioni, di volt. Per fare un confronto fisico: è come se le rive del Niagara raggiungessero il bordo del precipizio e, invece di riversarsi nell'abisso, l'acqua venisse propulsata ad altezze vertiginose, come una gigantesca fontana.

La bobina al quarto d'onda è l'equivalente elettrico del ramo vibrante del diapason, della pendola ordinaria o dell'ancia vibrante. Una volta realizzata si rivela essere una cosa molto semplice, ma la sua scoperta è degna del lavoro di un genio. Questo tipo di progresso sarebbe stato più che improbabile per coloro privi di aspirazione che si accontentavano di smanettare con degli aggeggi sperando di finire su qualcosa che li avrebbe resi ricchi; ma per un genio che lavorava basandosi su principi generali, come aveva fatto Tesla per tutta la sua vita, si trattava di un'evidenza.

Una bobina ad alta tensione con un'estremità inerte semplificava decisamente il problema. Una delle più grandi difficoltà riscontrate da Tesla, fu il trovare il modo di isolare la bobina secondaria ad alta tensione dei trasformatori dalla bassa tensione principale che la caricava. La scoperta di Tesla eliminò totalmente la tensione da una delle estremità della bobina secondaria, in modo che questa potesse essere direttamente legata alla principale o alla terra, mentre l'altra estremità continuava ad emettere scintille. Così, per sfruttare questo fenomeno, sviluppò le bobine coniche e piatte.

Il laboratorio di Tesla era colmo di una varietà di bobine. Nelle sue ricerche scoprì presto che facendo funzionare una bobina di una data lunghezza d'onda, sia le bobine del laboratorio che si regolavano su quella stessa lunghezza d'onda, che le altre regolate su una delle armoniche, reagivano ugualmente e facevano scaturire dei mazzi di scintille, malgrado il fatto che non fossero connesse in alcun modo alla bobina in funzione.

Ecco un esempio di trasmissione di energia attraverso lo spazio. Tesla non aveva bisogno di compiere diversi esperimenti per capire le implicazioni di quella situazione. Non si perdeva mai in uno dei nuovi territori che aveva appena scoperto. La sua mente si elevava ad un tale grado di comprensione, che riusciva a cogliere in un occhiata l'insieme delle possibilità che un nuovo campo presentava.

Tesla aveva previsto una dimostrazione spettacolare per presentare quel nuovo principio. Aveva chiesto ai suoi operai di attaccare un filo su dei supporti isolanti lungo i quattro muri vicino al soffitto della sala più grande del suo laboratorio. Il filo era legato ad uno degli oscillatori.

I preparativi dell'esperimento si conclusero tardi durante la notte. Per realizzare il suo test, Tesla preparò due tubi di vetro di circa un metro di lunghezza e dodici millimetri di diametro. Sigillò una delle estremità di ogni tubo, fece fuoriuscire leggermente l'aria che vi era contenuta, e sigillò anche l'altro lato.

Espresse ai suoi operai il desiderio di immergere totalmente la sala nell'oscurità per la sua dimostrazione, con tutte le luci spente. Al suo segnale, l'interruttore dell'oscillatore avrebbe dovuto essere attivato. «Se la mia teoria è corretta,» spiegò, «chiudendo l'interruttore quei tubi si trasformeranno in vere e proprie spade di fuoco».

Camminò fino al centro della sala, e diede l'ordine di spegnere le luci. Il laboratorio era nell'oscurità più totale, e un operaio aveva la mano posata sull'interruttore dell'oscillatore.

«Ora!», ordinò Tesla.

Immediatamente, la grande sala fu invasa da una strana e luminosa luce biancobluastra, e gli operai contemplarono la sagoma grande e fine di Tesla nel mezzo della sala che brandiva quelle che sembravano essere due spade fiammeggianti. I due tubi di vetro brillavano di una luce sovrannaturale e, come se si trovasse in pieno duello di scherma, Tesla se ne serviva per difendersi e dare colpi a destra e sinistra.

Gli operai che lavoravano al laboratorio erano abituati agli esperimenti spettacolari di Tesla, ma quello li superava tutti. Un tempo aveva acceso i suoi tubi a vuoto elettrico, ma erano sempre legati a delle bobine che li alimentavano di elettricità. Ora, si accendevano senza alcuna connessione ad una fonte di energia.

Questa dimostrazione, realizzata nel 1890, portò Tesla ad adottare definitivamente quella tecnica come metodo di illuminazione per i suoi laboratori. L'anello attorno al soffitto era sempre sotto tensione, e se qualcuno avesse voluto una luce in una direzione particolare, non doveva fare altro che prendere un tubo di vetro e piazzarlo nel luogo desiderato.

Quando Tesla intraprese lo sviluppo di un nuovo genere di luce elettrica, si rivolgeva al sole come modello. Vedeva nella fotosfera, o nello strato gassoso esterno del sole, che la luce era creata dalla vibrazione delle molecole. Si trattava della teoria in voga in quell'epoca, e cercava di applicare lo stesso metodo.

Fu osservando l'orbita ardente del sole calante nel parco di Budapest che la sua mente fu scossa da un'incredibile esplosione rivelatrice. Questa gli offrì, come abbiamo visto, non solo la meravigliosa invenzione del campo magnetico rotante e i numerosi usi della corrente alternata, ma anche la grandiosa generalizzazione secondo la quale tutto ciò che è in Natura funziona in base al principio delle vibrazioni corrispondenti alle correnti alternate. L'accumulo di invenzioni e di scoperte che realizzò nel corso degli anni seguenti trovano radice, anch'esse, in quell'esperienza sublime.

Si credeva che la luce nascesse dal sole, dalla vibrazione delle molecole per effetto del calore. Tesla cercò di migliorare quel metodo facendo vibrare le molecole per mezzo di forze elettriche. Pensava che le scintille e le fiamme elettriche create dalle sue bobine ad alta tensione fossero legate alle vibrazioni molecolari nell'aria. Se fosse riuscito a mettere in bottiglia i gas contenuti nell'aria, e a farli vibrare con l'azione elettrica, questi avrebbero prodotto della luce senza generare calore, poiché l'energia veniva fornita da correnti elettriche fredde.

Sir William Crookes, che aveva prodotto ben prima di Edison una luce elettrica incandescente richiudendo un filamento elettrico riscaldato elettricamente in un tubo a vuoto, realizzò una serie di esperimenti sulla conduzione dell'elettricità dei gas contenuti in dei recipienti di vetro sotto diverse condizioni, andando dalla pressione atmosferica al più grande vuoto che poteva essere ottenuto, e produsse strani risultati. Crooks utilizzava le correnti ad alta tensione prodotte dalle vecchie bobine di Ruhmkorff.

Dopo aver imbottigliato gli strani effetti che aveva osservato con le sue correnti ad altissima frequenze, Tesla si era aspettato di produrre delle manifestazioni completamente diverse da quelle scoperte da Crooks o Geissler, avendo anche quest'ultimo lavorato in quel campo. E non rimase deluso dal risultato.

Tesla produsse quattro nuovi tipi di luce elettrica utilizzando delle molecole di gas attivate elettricamente: 1) dei tubi nei quali un corpo solido veniva reso incandescente; 2) dei tubi all'interno dei quali dei materiali fosforescenti e fluorescenti diventavano luminescenti; 3) dei tubi in cui dei gas rarefatti diventavano luminosi e, infine, 4) dei tubi in seno ai quali la luminosità era prodotta da gas a pressione ordinaria.

Come Crooks, anche Tesla fece passare le correnti al alta frequenza attraverso dei gas a tutte le pressioni, dal vuoto la cui pressione era minima alla pressione atmosferica normale, ed ottenne dei brillanti effetti luminosi, superiori a tutto quanto mai realizzato. Rimpiazzò l'aria dei tubi con altri gas, tra cui il vapore di mercurio, e osservò il colore particolare e gli effetti che producevano.

Notando la varietà di colori che i differenti gas, e la stessa aria, emettevano sotto diverse pressioni, Tesla ipotizzò che non tutta l'energia emessa si liberasse in luce visibile, ma che una certa quantità si liberasse sotto forma di luce nera. Per verificare la sua ipotesi, mise del solfuro di zinco e altri materiali fosforescenti e fluorescenti nei suoi tubi e li fece brillare. Grazie a questi esperimenti, realizzati nel 1889, Tesla stabilì le fondamenta dei tipi di lampade ad altissimo rendimento, che noi abbiamo sviluppato recentemente e utilizzato nell'illuminazione fluorescente — che generalmente consideriamo essere un'invenzione molto recente. Tesla inventò il metodo con cui gli ultravioletti dispersi, o luce nera invisibile, sono utilizzati trasformandoli in luce visibile grazie a delle sostanze fosforescenti. Roentgen stava utilizzando dei tubi simili, ma di vetro, e la sostanza fluorescente depositata su un tavolo del suo laboratorio quando, sei anni più tardi, scoprì i raggi X. Tesla inventò inoltre il tubo fluorescente, e arrivò anche a piegare i suoi tubi per formare delle lettere e delle forme geometriche, proprio come sulle insegne al neon. Ci riuscì a dispetto di qualche precedente esperimento in laboratorio realizzato simultaneamente da Crookes et J. J. Thompson, dai quali nessuno dei due era però riuscito a svilupparne lampade o applicazioni pratiche.

All'inizio del 1890 Tesla scoprì che le sue correnti ad alta frequenza presentavano delle proprietà talmente diverse dalle correnti prodotte dalla bobina ordinaria di Ruhmkorff, o bobina a induzione, che riuscì con altrettanto successo ad accendere i tubi e a volte addirittura con un risultato migliore, utilizzando un solo filo per collegarli al trasformatore ad alta tensione, e con il circuito di ritorno realizzato senza fili nello spazio.

Lavorando con dei tipi di lampade che includevano dei tubi contenenti al loro centro un filo conduttore, e con il tubo riempito d'aria sotto un vuoto parziale, Tesla notò che il gas sarebbe stato un migliore conduttore di corrente ad altra frequenza rispetto al filo. Partendo da questa osservazione, fu in grado di sviluppare numerosi esperimenti spettacolari che sembravano aver violato le più fondamentali leggi dell'elettricità. Poteva cortocircuitare delle lampade e altri apparecchi con pesanti barre metalliche che, con correnti comuni, avrebbero privato completamente i dispositivi di elettricità, in modo che non avrebbero più potuto funzionare. Tuttavia, con le correnti ad alta frequenza, le lampade si illuminarono e le macchine funzionarono come se le barre di cortocircuito non fossero presenti.

Uno dei suoi sorprendenti esperimenti consisteva nel piazzare un lungo tubo di vetro, da cui l'aria era stata parzialmente estratta, in un tubo di rame leggermente più lungo e di cui una delle estremità era tappata. Una fessura era stata praticata al centro del tubo di rame, in modo che il tubo che si trovava all'interno potesse essere visto. Connettendo il tubo di rame al circuito ad alta frequenza, l'aria all'interno del tubo si illuminava di una luce brillante, ma non fu possibile trovare alcuna prova di una qualche corrente che avesse circolato attraverso l'involucro di rame che proteggeva dai cortocircuiti. L'elettricità preferiva passare dal tubo di vetro, per induzione, poi nell'aria rinchiusa parzialmente evacuata, attraversare l'aria a bassa pressione che riempiva tutta la lunghezza del tubo, e infine uscire dall'altra estremità per induzione piuttosto che attraversare il cammino interamente metallico che circondava il tubo di metallo.

Tesla allora dichiarò: «Da quanto abbiamo potuto constatare quel giorno, il gas è un conduttore capace di trasmettere degli impulsi elettrici su qualunque frequenza siamo in grado di produrre. Se la frequenza potesse essere abbastanza elevata, allora un sorprendente sistema di distribuzione, che interesserà sicuramente le compagnie di gas, potrebbe essere realizzato. Dei tubi metallici riempiti di gas, con il metallo come isolante e il gas come conduttore, alimenterebbero delle lampade fosforescenti, o forse degli apparecchi che non sono ancora stati inventati».

Più tardi, questa notevole conduttività dei gas e dell'aria a bassa pressione portò Tesla a suggerire, in una dichiarazione pubblicata nel 1914, un sistema di illuminazione a scala terrestre, nel quale proponeva di trattare la terra intera, e la sua atmosfera circostante, come se si trattasse di una sola e unica lampada.

L'atmosfera è sottomessa alla pressione più forte lungo la superficie della terra, a causa del peso dell'aria soggiacente. Andando più in alto nel cielo, l'aria è presente in più grande quantità al di sotto di noi che al di sopra; in questo modo, più ci allontaniamo dal suolo e più la pressione dell'aria è debole.

Tesla spiegò che ad un'altitudine alta il gas dell'atmosfera si trova allo stesso stato che l'aria all'interno dei tubi parzialmente svotati che preparava nel suo laboratorio, e che quindi quest'ultimo sarebbe stato un eccellente conduttore per le correnti ad alta frequenza. Le aurore boreali sono esempi naturali dell'effetto che ricercava, e sono il prodotto della Natura che Tesla aveva immaginato, ma questo fenomeno non era conosciuto nel momento in cui sviluppava la sua idea.

Far circolare in modo appropriato una quantità sufficiente di elettricità, nelle zone superiori dell'atmosfera, avrebbe permesso di rendere l'aria luminosa. La terra intera sarebbe stata trasformata in una gigante lampada e il cielo notturno completamente illuminato. Tesla sottolineò che i lampioni lungo le strade, nelle vie e nelle zone esterne sarebbero allora diventati inutili, salvo in caso di tempesta o di abbondanti nuvole basse. Attraversare l'oceano si sarebbe allora rivelato molto più sicuro e gradevole, poiché il cielo intero sarebbe stato illuminato, e avrebbe quindi fatto giorno in piena notte.

I metodi con cui Tesla voleva condurre le sue correnti ad alta frequenza fino all'aria in altitudine non furono pubblicati. Quando presentò il progetto, dichiarò che questo non presentava alcuna difficoltà che non potesse essere superata in modo pratico. Questo significava che possedeva i mezzi concreti per realizzare il suo obiettivo.

Dichiarò che l'aria, ad un'altitudine di 10000 metri, possiede un alto grado di conduttività per le correnti ad alta frequenza, ma può essere utilizzata in modo efficace ad un altitudine inferiore. L'esattezza della predizione di Tesla riguardo la conduttività dell'aria in altitudine è attestata da uno dei problemi riscontrati ai giorni nostri nell'uso degli aerei a altitudini molto inferiori a 7500 metri. Il sistema di avvio, trasportando le correnti ad alta tensione alle candele di accensione dei motori dell'aereo, facendo esplodere il gas nei cilindri, causava delle difficoltà alle altitudini più elevate, poiché l'elettricità si liberava molto facilmente nell'aria circostante. A bassa altitudine l'aria è un eccellente isolante, soprattutto per le correnti continue e le correnti a bassa frequenza. Ma, come Tesla scoprì, a maggior altitudine, dove le basse pressioni dominano, l'aria diventa un eccellente conduttore per le correnti ad alta frequenza. I fili che portano alle candele di accensione si ritrovano circondati da una corona, o alone elettrico, che dimostra una fuga di corrente. Se non impedisse totalmente il loro funzionamento, questo avrebbe avuto effetto sull'efficacia degli apparecchi che utilizzano delle correnti ad alta frequenza o a forte potenziale, tali che gli apparecchi radio.

(Poiché Tesla aveva scoperto che i fili e gli steli metallici, che agivano come eccellenti conduttori per le correnti continue e a bassa frequenza, potevano anche diventare ottimi isolanti per le sue correnti ad alta frequenza, era perfettamente evidente che il suggerimento di sospendere dei cavi metallici a un pallone per trasportare la corrente nell'aria era totalmente irrealista.)

Tesla fece di nuovo riferimento al suo proposito di trasformare la terra in una lampada gigante negli anni venti. In quell'epoca, l'assenza di finanziamenti gli impediva di continuare i suoi lavori sperimentali, e rifiutava di divulgare i suoi metodi — dato che non dava mai i dettagli prima di averli messi in pratica. Malgrado tutto, sperava di ottenere rapidamente dei fondi che gli avrebbero permesso di testare il suo progetto.

L'autore lo bombardò di domande per saperne il più possibile sulle sue intenzioni. Ma Tesla rimase inflessibile:

«Se dovessi rispondere ad altre tre delle vostre domande, voi conoscereste il mio progetto bene quanto me», affermò.

«Comunque sia, Dottor Tesla,» risposi io, «vorrei sottolineare nel mio articolo il solo progetto che mi sembra realizzabile in base alle leggi fisiche che noi conosciamo, e potrete allora negare o confermare. I vostri tubi di bombardamento molecolare producono una gran quantità di ultravioletti e di raggi X, e potrebbero anche creare un potente fascio di questa radiazione che ionizzerebbe l'aria ad una grande distanza. Quando questi raggi attraversano l'aria, la ionizzano, cosa che li rende un buon conduttore per tutti i tipi di elettricità le cui tensioni sono abbastanza elevate. Producendo un tale fascio sulla cima di un'alta montagna e dirigendolo verso l'alto, si creerebbe allora un tragitto conduttore nell'aria a qualunque altezza desiderata. Potreste inviare le vostre correnti ad alta frequenza nelle più alte altitudini senza nemmeno aver lasciato il suolo»

«Se questo è ciò che deciderete di pubblicare», ribatté Tesla, «dovrete allora presentare questo piano come vostro, e non mio»

L'articolo fu pubblicato con la speculazione sopracitata, ma l'inventore non diede alcuna conferma né fornì alcuna smentita, e niente di più può essere detto a suo favore. Tesla aveva forse in mente un piano più pratico e più semplice. (Dopo aver redatto questo volume, l'autore ha appreso che Tesla aveva intenzione di installare una fila di lampade ultraviolette in cima alla sua torre a Wardencliff, e che aveva ideato la piattaforma superiore per riceverle).

Tesla aveva un altro piano, sicuramente legato al suo progetto e di cui aveva discusso in numerose occasioni, a proposito delle condizioni elettriche terrestri. Evidenziò che la terra era un buon conduttore elettrico, così come l'aria in altitudine, mentre l'aria della bassa troposfera era un isolante per numerosi tipi di corrente. Questa combinazione offre quello che possiamo chiamare un «condensatore», un apparecchio che permette di accumulare e scaricare l'elettricità. Caricando la terra, l'aria in altitudine verrebbe lei stessa caricata per induzione. Una volta la nostra terra in rotazione trasformata in bottiglia di Leyde terrestre, potrebbe venire caricata ma anche scaricata, in modo che una corrente possa circolare contemporaneamente nell'aria in altitudine ma anche nel suolo, producendo un flusso elettrico che renderebbe l'aria in altitudine auto-luminosa. Tuttavia, Tesla non si mostrò mai realmente specifico riguardo l'applicazione del piano del condensatore per rispondere a quel problema, come indica la frase precedente. Il suo progetto forse si trova ancora nei suoi documenti che, nel momento in cui scriviamo, sono sigillati e vietati alla consultazione, eccetto per i responsabili di governo.

Tesla riuscì a ricavare almeno cinque scoperte storiche dallo spazio quasi vuoto di un tubo a vuoto di quindici centimetri. La sua lampada produceva molti più miracoli di quella di Aladdin in Le Mille e una Notte. Donò la sua lampada «magica» alla scienza cinquant'anni prima. Quel talismano magico era la lampada a pastiglie di carbonio di Tesla che, oltre alle scoperte che ne derivarono, era lei stessa una scoperta scientifica luminosa che resta ancora inutilizzata. Edison sviluppò la lampada elettrica a filamento incandescente e ricevette tutti gli onori per la sua realizzazione. Tesla inventò un tipo di lampada completamente originale, la lampada a incandescenza, che produceva venti volte più luce per la stessa quantità di corrente impiegata. Malgrado ciò, il suo contributo resta praticamente sconosciuto.

La lampada a pastiglia di carbonio fu descritta da Tesla nella conferenza tenuta all'American Institute of Engineers di New York nel 1891, e nuovi sviluppi furono presentati durante delle conferenze date in Inghilterra e in Francia, nel febbraio e nel marzo 1892. Durante la conferenza di New York, Tesla dichiarò:

«Gli effetti elettrostatici permettono di produrre luce in diversi modi. Per esempio, possiamo collocare il corpo di qualche materiale refrattario in una sfera chiusa, preferibilmente con più o meno aria evacuata. Colleghiamola rapidamente ad una fonte di alto potenziale alternato, che forzerà le molecole gassose a colpire la sfera diverse volte al secondo a grandissima velocità, e così, grazie a dei bilioni di martelli invisibili che la colpiranno, questa diventerà incandescente. O allora, mettiamo un corpo in una sfera che non include quasi più aria, che manterremo ad un dato grado di incandescenza utilizzando delle altissime frequenze e degli altissimi potenziali.»

Realizzò un gran numero di esperimenti con quella lampada a pastiglie di carbonio, e fornì una descrizione dei più importanti in occasione di una conferenza davanti alle società scientifiche francese e inglese nella primavera 1892. Tuttavia, in quel caso non si trattava che di uno dei numerosi tipi di nuove lampade e di altri progressi importanti del suo spettacolare lavoro.

La costruzione delle lampade a pastiglie di carbonio era molto semplice. Erano composte principalmente da un globo di vetro sferico dai sette ai quindici centimetri di diametro, al centro del quale si trovava un pezzo di materiale refrattario solido, montato sull'estremità di un filo che sporgeva dal globo e che serviva da connessione a filo unico con la fonte di corrente ad alta frequenza. Il globo conteneva dell'aria rarefatta.

Una volta la corrente ad alta frequenza collegata alla lampada, quando le molecole d'aria contenute nel globo entravano in contatto con la pastiglia centrale, diventavano cariche e venivano respinte a grandissima velocità contro il vetro del globo, dove avrebbero perso la loro carica prima di essere di nuovo respinte alla stessa velocità e andare a colpire la pastiglia. Milioni e milioni di processi simili si svolgevano ad ogni secondo, facendo così scaldare la pastiglia che diventava incandescente.

Tesla era in grado di produrre delle temperature estremamente elevate all'interno di quei semplici globi di vetro, il cui limite massimo sembrava dipendere dalla quantità di corrente utilizzata. Fu capace di vaporizzare il carbonio direttamente in un gas, notando che lo stato liquido era talmente instabile da non poter esistere. Lo zirconio, la sostanza più resistente al calore conosciuta, poteva essere fusa istantaneamente. Tentò con delle pastiglie di diamante e di rubino, ma anch'esse vennero vaporizzate. Quando utilizzava l'apparecchio come lampada non voleva far fondere le sostanze, ma realizzava sempre i suoi esperimenti nei due estremi. Notò che il carburo di silicio era talmente refrattario che era possibile far funzionare con più facilità le lampade a delle densità di corrente elevata utilizzando pastiglie a base di questo materiale che non con altre sostanze. Il carburo di silicio non si vaporizzava tanto facilmente, e non formava depositi all'interno del globo.

Tesla sviluppò così una tecnica di funzionamento delle lampade, in cui la pastiglia incandescente trasferiva la sua energia termica alle molecole dell'infima quantità di gas presente nel tubo, in modo che diventassero una sorta di luce, facendo così funzionare le lampade come il sole: la pastiglia rappresentava il corpo massiccio del sole, e i gas circostanti la fotosfera, o strato atmosferico emettitore di luce di quel corpo.

Tesla aveva uno spiccato senso dello spettacolo, ma al di là di questo provava senza alcun dubbio una certa soddisfazione quando riusciva ad accendere quel sole in miniatura grazie alle correnti che attraversavano il suo corpo, delle correnti ad alta frequenza di centinaia di migliaia di volt. Tenendo in una mano un terminale del suo trasformatore ad alta frequenza, e brandendo nell'altra la lampadina che conteneva l'incandescente sole in miniatura che aveva creato, imitando la posa della statua della Libertà era capace di far brillantemente risplendere la sua nuova lampada. In quel momento, possiamo dirlo, il superuomo dimostrava una qualunque delle sue prodezze, alla quale era associata una sorta di soddisfazione puramente legata ai comuni mortali. Edison si era beffato del suo progetto di elaborazione di un sistema di corrente alternata, e aveva dichiarato che tali correnti non solo erano inutili, ma anche mortali. Tesla aveva sicuramente reagito nel modo appropriato, lasciando la Natura rispondere al posto suo.

Osservando il funzionamento del suo modello di sole incandescente che poteva tenere in mano, Tesla capì molto presto le implicazioni di quei fenomeni. Ogni onda elettrica che attraversava la minuscola perla centrale provocava l'irraggiamento di una pioggia di particelle a grandissima velocità, che colpiva la superficie di vetro del globo solo per poi essere rinviata verso la perla. Tesla arrivò alla seguente conclusione: il sole è un corpo incandescente che trasporta una carica elettrica elevata, e che emette egualmente una gran pioggia di particelle minuscole, di cui ognuna possiede una grande energia che nasce dalla sua grande velocità. Ma nel caso del sole, e di altre stelle come lui, non c'è alcun globo di vetro che funge da barriera, quindi la pioggia di particelle prosegue il suo cammino verso i vasti regni dello spazio ambientale.

Il minimo spazio è riempito di queste particelle che bombardano incessantemente la terra, facendo esplodere la materia là dove cadono, come farebbero all'interno di globi. Tesla aveva constatato questo processo nei suoi globi, in cui le perle di carbonio più refrattarie potevano essere ridotte in polvere atomica dal bombardamento delle particelle elettrificate.

Cercò di sondare queste particelle che colpivano la terra: dichiarò che una delle manifestazioni di tale bombardamento erano le aurore boreali. Gli archivi dei metodi sperimentali grazie ai quali individuò questi raggi non sono disponibili, ma Tesla pubblicò un annuncio in cui dichiarava di averle trovate e di averne misurato l'energia. Aveva inoltre constatato che si muovevano a una grande velocità, la quale conferiva loro le centinaia di milioni di potenziale elettrico del sole.

Ma all'inizio degli anni 1890, né gli scienziati né il pubblico erano pronti ad accogliere tali cifre fuori dal comune, o qualunque dichiarazione secondo la quale la terra sarebbe bombardata da tali raggi così distruttivi. Sarebbe un eufemismo dire che le dichiarazioni contenute nel rapporto di Tesla non furono prese sul serio.

Tuttavia, quando il fisico francese Henri Becquel scoprì nel 1896 i misteriosi raggi emessi dall'uranio, e dopo più ampie ricerche che culminarono a Parigi con la scoperta del radio (i cui atomi esplodevano spontaneamente senza causa apparente) da Pierre e Marie Curie, Tesla fu in grado di indicare i suoi raggi cosmici come la causa della radioattività del radio, del torio, dell'uranio e di altre sostanze. Predisse inoltre la scoperta di altre sostanze che potevano essere rese radioattive dal bombardamento di quei raggi. Ma la vittoria di Tesla durò poco, poiché il mondo scientifico rifiutò le sue teorie. Ciononostante, Tesla fu un profeta più abile di quanto lui o chiunque altro avrebbe potuto immaginare.

Trent'anni dopo il Dottor Robert A. Millikan riscoprì i raggi, e credette che questi possedessero una natura ondulatoria, come la luce. Dopo di lui, il Dottor Arthur H. Compton provò l'esistenza dei raggi cosmici composti da particelle di materia a grande velocità, come li aveva descritti Tesla. Iniziarono con il trovare delle energie di dieci milioni di volt, e oggi queste energie si calcolano in miliardi o addirittura in trilioni di elettronvolt. Quei ricercatori, così come altri, descrissero quei raggi come atomi di materia esplosa, che producevano piogge di detriti. Esattamente ciò che Tesla aveva predetto.

Nel 1934 Frederick Joliot, il genero della coppia Curie, scoprì che si poteva produrre della radioattività artificiale in materiali ordinari bombardandoli di particelle, allo stesso modo descritto da Tesla. Joliot ricevette il premio Nobel per la sua scoperta, ma a Tesla non fu attribuito alcun riconoscimento.

La lampada a bombardamento molecolare di Tesla era l'antenato di un altro progresso molto moderno: il ciclotrone disintegratore di atomi. Sviluppato nel corso degli ultimi vent'anni da E. O. Lawrence, dell'università della California, il ciclotrone è un apparecchio in cui le particelle cariche vagano all'interno di un campo magnetico in una camera circolare fino a raggiungere una velocità molto elevata, per poi uscire dalla camera in uno stretto flusso. La gigante macchina possedeva un magnete grande quanto una casa e, ancora in costruzione nel momento in cui questo libro viene scritto, emetterà un fascio di particelle cariche talmente potente che, secondo il professor Lawrence, se entrasse in collisione con un edificio di mattoni quest'ultimo verrebbe disintegrato. I modelli più piccoli furono utilizzati per bombardare una varietà di sostanze per renderle radioattive, disintegrarle, o trasformare i loro atomi in elementi diversi.

La piccola sfera di vetro di meno di quindici centimetri di diametro che conteneva la lampada a bombardamento molecolare di Tesla produceva esattamente la stessa azione disintegrante sulla materia solida, con un effetto sicuramente più grande di qualunque altro ciclotrone disintegratore d'atomi che esiste oggi, per quanto grande possa essere (il più piccoli pesano venti tonnellate).

Descrivendo uno degli esperimenti realizzati con quella lampada, in cui aveva sistemato un rubino su una pastiglia di carbonio, Tesla affermò:

«Tra le altre cose, pare che in questo caso l'origine del bombardamento importi poco, perché non appena si raggiunge una temperatura elevata uno dei corpi sembra generalmente ricevere la maggior parte del bombardamento, mentre l'altro, o gli altri, ne sono risparmiati. Questa proprietà sembra dipendere essenzialmente dal punto di fusione, e della facilità con cui il corpo può essere «evaporato» o, in modo generale, disintegrato. Questo significa non solo il rigetto degli atomi, ma anche delle masse più grandi. L'osservazione constatata è conforme alle nozioni generalmente accettate. In una lampadina quasi interamente privata di aria, l'elettricità è trasportata dall'elettrodo da dei trasportatori indipendenti, che sono in parte atomi, o molecole, dell'atmosfera residua, e, in parte, atomi o molecole o masse rigettate dall'elettrodo. Se l'elettrodo è composto da corpi di natura diversa, e se uno di loro è più facilmente disintegrabile degli altri, allora la maggior parte dell'elettricità fornita sarà trasportata da quel corpo, che sarà poi portato ad una temperatura più elevata degli altri, e a forza di aumentare la temperatura questo sarà disintegrato ancor più facilmente»

Le sostanze che resistevano alla fusione, a temperature che potevano essere raggiunte dai forni dei laboratori dell'epoca, erano facilmente disintegrate dalla semplice lampada a disintegrazione di Tesla. Questa produceva un potente fascio di particelle disintegranti, raggruppandole da tutti i lati grazie ad un riflettore sferico (la sfera della lampada), una sorta di lente convessa in tre dimensioni, ma che funzionava con delle particelle cariche piuttosto che con raggi termici. L'effetto ottenuto era lo stesso di quello degli enormi disintegratori d'atomi di oggi, ma la sfera, così leggera che avrebbe potuto volare via, lo realizzava con molta più efficacia. La sua semplicità e la sua efficacia erano inoltre accentuate dal fatto che la sostanza disintegrata sarebbe andata ad alimentare le particelle attraverso le quali la disintegrazione si effettuava.

La lampada a bombardamento molecolare di Tesla presenta anche un'altra scoperta molto moderna di grande importanza: il microscopio elettronico, che poteva fornire degli ingrandimenti di un milione di diametro, ovvero da dieci a venti volte più potente che il più noto dei microscopi elettronici, che, a sua volta, può creare ingrandimenti fino a cinquanta volte superiori di quelli del microscopio ottico.

Con il microscopio elettronico, le particelle cariche si proiettano in linea retta a partire da un minuscolo punto attivo su un pezzo di sostanza mantenuto ad un potenziale alto, e riproducono sulla superficie sferica di una sfera di vetro il motivo della zona microscopica da dove provengono le particelle. La taglia della sfera di vetro rappresenta il solo limite al grado di ingrandimento che può essere ottenuto: più il raggio sarà elevato, più l'ingrandimento sarà importante. Poiché gli elettroni sono più piccoli dei raggi di luce, gli oggetti troppo piccoli per essere visti dalle onde luminose possono essere enormemente ingranditi grazie ai motivi prodotti dagli elettroni emessi.

Tesla produceva sulla superficie sferica della sua lampada delle immagini fosforescenti di ciò che avveniva sulla pastiglia di disintegrazione quando utilizzava un vuoto estremamente elevato. Nella primavera 1892 descrisse questo effetto durante le sue conferenze, e la sua descrizione fu praticamente identica a quella del microscopio elettronico a ingrandimento di un milione. Ecco una citazione della conferenza:

«A occhio nudo, l'elettrodo appare uniformemente brillante ma in realtà, sotto, presenta dei punti che cambiano costantemente e che errano, la cui temperatura è molto superiore alla media, cosa che accelera fortemente il processo di disintegrazione... Ritirate l'aria da una lampadina ad un altissimo grado, in modo che con un potenziale relativamente elevato la scarica non possa circolare, cioè, non una scarica luminosa, poiché una debole scarica invisibile si produce sempre, con tutta probabilità. Aumentate allora il potenziale lentamente e meticolosamente, facendo circolare la corrente principale solo per un breve istante. Ad un certo punto, due, tre, o una mezza dozzina di punti fosforescenti appariranno sulla sfera. Quei punti sul vetro sono evidentemente bombardati più violentemente degli altri: questo si spiega con la differente distribuzione di densità elettrica, prodotta chiaramente da forti proiezioni, o in modo generale da delle irregolarità dell'elettrodo. Ma le macchie luminose cambiano costantemente di posizione, come si vede soprattutto se ne produciamo pochissime; questo significa che la configurazione dell'elettrodo cambia rapidamente.

Sarebbe allora pura giustizia se i futuri scienziati attribuissero a Tesla gli onori che gli sono dovuti per essere stato colui che scoprì il microscopio elettronico. Il suo merito non diminuisce per il fatto di non aver descritto precisamente l'elettrone, all'epoca sconosciuto, nel suo funzionamento, ma perché si supponeva che l'effetto risultasse da atomi elettricamente carichi.

Analizzando le performance di diversi modelli di questa lampada e di altre lampade a scarica, Tesla notò che la produzione di luce visibile cambiava in base alle diverse condizioni di funzionamento. Sapeva che emettevano sia raggi visibili che invisibili; utilizzò una varietà di sostanze fosforescenti e fluorescenti per sondare gli ultravioletti, o luce nera. Di solito, i cambiamenti nella luce visibile e ultravioletta si equilibrano mutuamente, l'aumento dell'una provocando la diminuzione dell'altra, con il resto dell'energia coinvolta nelle perdite termiche.

Durante le conferenze del 1892 Tesla annunciò di aver trovato nella sua lampada a bombardamento molecolare una «luce nera visibile e una radiazione molto particolare». Stava testando questa radiazione che, dichiarò, produceva dei negativi su delle placche in recipienti metallici nel suo laboratorio, quando fu distrutto da un incendio nel marzo 1895.

Questa «radiazione molto particolare» non venne descritta nel dettaglio negli articoli pubblicati all'epoca. Però, quando il professor Wilhelm Konrad Roentgen in Germania annunciò di aver scoperto i raggi X, nel dicembre 1895, Tesla fu immediatamente capace di riprodurre gli stessi risultati grazie a quella sua «radiazione molto particolare», il che indicava che questi possedevano delle proprietà molto simili ai raggi X, nonostante fossero stati prodotti in modo un po' diverso. Appena dopo aver letto la dichiarazione di Roentgen, Tesla inviò allo scienziato tedesco i negativi realizzati dalla sua «radiazione molto particolare». Roentgen gli rispose: «Queste immagini sono molto interessanti. Potreste spiegarmi il metodo che avete utilizzato per ottenerle?»

Tesla non pensava che quella situazione gli desse la priorità sulla scoperta dei raggi X, e non affermò mai nulla in quel senso. Ma iniziò immediatamente un grande lavoro di ricerca sulla loro natura. Mentre altri tentavano di estirpare abbastanza raggi X dal tipo di tubo utilizzato da Roentgen, per realizzare i negativi di strutture fini come le mani o i piedi collocati molto vicino alla lampadina, Tesla, quanto a lui, prendeva degli scatti del cranio ad una distanza di dodici metri dal tubo. D'altronde in quell'epoca scrisse che un tipo di radiazione non identificata veniva emanata dallo spinterometro quando una forte corrente lo attraversava, e che non si trattava di un'onda trasversale come la luce o le onde hertziane; inoltre, non poteva essere fermata interponendo delle placche metalliche.

Così, durante una conferenza in cui presentò le ricerche svolte nell'arco di due anni, Tesla offrì al mondo (oltre ai suoi nuovi tubi elettrici, la sua efficacissima lampada a incandescenza, le correnti ad alta frequenza e forte potenziale e i suoi apparecchi) almeno cinque scoperte scientifiche incredibili: 1) i raggi cosmici, 2) la radioattività artificiale, 3) il raggio disintegrante di particelle cariche, o acceleratore di particelle, 4) il microscopio elettronico, e 5) la «radiazione molto particolare» (i raggi X).

Almeno quattro di queste innovazioni furono «riscoperte» quasi quarant'anni più tardi, permettendo ad altri di riportare dei premi Nobel, mentre il nome di Tesla non è mai citato quando si parla di loro.

Eppure, l'opera di Tesla non era che all'inzio!

DIECI

Tesla era particolarmente abile nello svolgere contemporaneamente un certo numero di ricerche in diversi ambiti scientifici. Portando avanti i suoi studi sulle oscillazioni elettriche ad alta frequenza e tutti i loro usi, che andavano dai tubi elettronici alla radio, si interessava anche di vibrazioni meccaniche. Dava prova di grande perspicacia in ciò che riguardava i loro possibili impieghi, che furono poi messi in atto.

Tesla non faceva mai le cose a metà. Tutto ciò che intraprendeva si accendeva come un lampo, seguito dalla gradevole eco di un tuono. E anche quando non pianificava nulla, gli eventi stessi sembravano forgiarsi in modo da raggiungere un apogeo spettacolare. Nel 1896, quando la sua popolarità non cessava di aumentare, organizzò nel suo laboratorio di Houston Street un piccolo esperimento sulle vibrazioni. Da quando vi si era trasferito nel 1895 quel luogo si era già guadagnato una certa reputazione, a causa di tutti i rumori e le strane luci che ne provenivano a qualunque ora del giorno e della notte, ma anche perché era costantemente visitato dai personaggi più celebri del paese.

Il suo piccolo e tranquillo esperimento produsse un terremoto, un vero e proprio sisma che scosse enormemente la popolazione, i palazzi e tutto ciò che vi si trovava, molto più di quanto avrebbe potuto fare un terremoto naturale se avesse colpito la metropoli. In una zona di una dozzina di isolati, occupata da centinaia di palazzi che ospitavano centinaia di migliaia di persone, ci fu un improvviso rombo e una scossa: i vetri si infransero in mille pezzi e i condotti del gas, dell'acqua e del vapore esplosero. Un disordine indescrivibile regnava mentre piccoli oggetti danzavano nelle stanze, pezzi di intonaco si staccavano dai muri e dai soffitti, componenti di macchine che pesavano tonnellate uscivano dal loro punto di ancoraggio al suolo, al quale erano fissati con dei bulloni, per ritrovarsi in luoghi di difficile accesso nei depositi delle officine.

Tesla aveva dichiarato: «E tutto questo fu causato, in modo inaspettato, da un piccolissimo apparecchio che potreste metter256 in tasca».

L'apparecchio che scatenò questa violenta catastrofe da tempo era usato da Tesla come un giocattolo per divertire i suoi amici. Si trattava di un oscillatore meccanico che veniva usato per produrre vibrazioni. Il dispositivo a motore che i barbieri si attaccavano alle mani per fare un «massaggio elettrico» ai loro clienti, era un discendente dell'oscillatore meccanico di Tesla. Ovviamente non c'era niente di elettrico in quel «massaggio elettrico», eccetto l'energia utilizzata per produrre le vibrazioni trasmesse dalle dita del barbiere al cuoio capelluto.

All'inizio degli anni 1890 Tesla elaborò un oscillatore elettro-meccanico per generare correnti alternative ad alta frequenza. L'organo motore produceva sull'albero un semplice movimento alternativo che non si trasformava in movimento di rotazione. Alle due estremità dell'albero era montata una bobina di diverse spire di filo, che si muoveva con alta frequenza avanti e indietro tra i poli di elettro-magnete, generando così delle correnti alternative ad alta frequenza.

Tesla affermò che il motore era di una grande efficacia se confrontato ai motori ordinari, nei quali il movimento alternativo si cambiava in movimento di rotazione attraverso l'uso di un girabacchino. Questo non possedeva alcuna valvola né pezzo distaccabile, ad eccezione del pistone alternativo dove venivano fissati l'albero e le bobine, in modo che le perdite meccaniche fossero molto ridotte. Manteneva una velocità così costante che, affermò, la corrente alternativa generata dall'oscillatore avrebbe potuto servire a far funzionare un orologio senza aver bisogno di un pendolo o di un bilanciere come meccanismo di controllo, e avrebbe indicato l'ora con più precisione del sole.

Questo motore avrebbe potuto avere un potenziale industriale, ma a Tesla non importava. Per lui, si trattava solo di un modo pratico di produrre una corrente alternata ad alta frequenza con una frequenza e una tensione costanti, o anche delle vibrazioni meccaniche quando utilizzato senza le parti elettriche. Il motore funzionava con dell'aria compressa e del vapore a pressioni di 2200 e 550 kilopascal.

Continuando a perfezionare l'apparecchio, Tesla ebbe l'occasione di osservare degli effetti interessanti prodotti dalla vibrazione. Questi si rivelarono indesiderabili nel motore quando utilizzato come dinamo; prese allora le misure necessarie a diminuirli o eliminarli. Era tuttavia interessato alle vibrazioni in quanto tali. Nonostante fossero pericolose per la macchina, trovava che i loro effetti fisiologici fossero gradevoli. Più avanti, costruì un piccolo oscillatore meccanico che funzionava ad aria compressa, il cui unico ruolo era produrre vibrazioni. Costruì una piattaforma che isolò dal suolo con del cauccù e del sughero; montò poi l'oscillatore sulla superficie interna della piattaforma. Lo scopo del cauccù e del sughero sotto la piattaforma era di impedire alle vibrazioni di propagarsi nel resto della struttura e ridurre quindi l'effetto sulla piattaforma stessa. I visitatori trovavano che quella piattaforma vibrante fosse uno dei pezzi più interessanti del gran ventaglio fantastico e affascinante con il quale Tesla meravigliava i personaggi della società che affluivano verso il suo laboratorio.

Tesla confidava nella possibilità di utilizzare quelle vibrazioni per scopi terapeutici e benefici per la salute. Ebbe occasione di osservare, dalla sua propria esperienza e da quella dei suoi colleghi, che producevano certe azioni fisiologiche ben precise.

Samuel Clemens, più conosciuto dal grande pubblico con il nome di «Mark Twain», era un amico intimo di Tesla, che visitava spesso il suo laboratorio. Tesla, che trafficava con il suo meccanismo vibrante ormai da un certo periodo e aveva appreso molto sugli effetti risultanti da diverse quantità di vibrazioni, ricevette una sera la visita di Clemens. Questi, dopo aver udito voci sul nuovo meccanismo, voleva provare le sue vibrazioni rinvigorenti. Si teneva sulla piattaforma mentre l'oscillatore si avviava. Quella nuova esperienza l'aveva talmente entusiasmato che tutta una serie di aggettivi gli vennero in mente. «Ci si sente rinvigoriti e pieni di vitalità!», aveva esclamato. Dopo un certo tempo passato sulla piattaforma, Tesla gli consigliò: «Ne avete avuto abbastanza, Sig. Clemens. Fareste meglio a scendere ora».

«Al contrario,» rispose Clemens, «mi sto divertendo!»

«Ma fareste meglio a scendere, Sig. Clemens, è consigliabile», insisté Tesla.

«Non mi farete scendere da qui nemmeno con un palo di carica!», scherzò Clemens.

«Vi ho avvisato, Sig. Clemens».

«Non mi son mai divertito tanto, allora resterò qui a godermelo. Ascoltate, Tesla, voi non vi rendete conto della macchina meravigliosa che avete qui, per rimettere a nuovo un'umanità stanca…». Clemens continuò così per diversi minuti. Poi, di colpo smise di parlare, si morse il labbro inferiore, si raddrizzò e lasciò improvvisamente la piattaforma a passo svelto.

«Presto, Tesla! Dov'è?», esclamò bruscamente Clemens, d'un tono supplichevole quanto esigente.

«Proprio là, dietro alla piccola porta nell'angolo,» rispose Tesla, «e ricordatevi che vi avevo detto di scendere, Sig. Clemens», urlò alla silhouette che si affrettava.

L'effetto lassativo del vibratore aveva già fatto molte vittime tra il personale del laboratorio.

Tesla portò avanti il suo studio sulle vibrazioni meccaniche in numerose direzioni. Si trattava di un nuovissimo campo di ricerche scientifiche, nel quale quasi nessuna ricerca fondamentale era stata realizzata da quando Pitagora, duemilacinquecento anni prima, aveva fondato la scienza della musica grazie al suo studio sulla vibrazione delle corde. Una gran maggioranza delle meraviglie con le quali Tesla sorprese il mondo, nel campo delle correnti ad alta frequenza e a forte potenziale, proveniva dal suo piccolo segreto che consisteva nell'accordare i circuiti elettrici in modo che l'elettricità potesse vibrare in risonanza con il suo circuito. Visualizzava ora allo stesso modo le vibrazioni meccaniche che intensificavano le condizioni di risonanza, per produrre degli effetti di grande portata su degli oggetti fisici.

Per realizzare quello che pensava essere un esperimento secondario e su piccola scala, avvitò la base di uno dei suoi piccoli oscillatori meccanici ad un pilastro portante di ferro nel mezzo del suo laboratorio, prima di metterlo in movimento. Aveva constatato che gli ci sarebbe voluto un po' di tempo per raggiungere la velocità massima di vibrazione. Per quanto più tempo l'oscillatore era in funzione, più rapidamente raggiungeva il suo ritmo. Tesla aveva notato anche che non tutti gli oggetti reagivano allo stesso modo alle vibrazioni. Uno dei numerosi oggetti che si trovavano nel suo laboratorio poteva mettersi improvvisamente a vibrare violentemente quando entrava in risonanza con la vibrazione fondamentale dell'oscillatore, o con una delle sue armoniche. Quando il ritmo dell'oscillatore cambiava, il primo oggetto si fermava, mentre un altro, in risonanza con la nuova velocità, iniziava a vibrare. La ragione di questa risposta selettiva era ben nota a Tesla, ma non aveva mai avuto occasione di osservare il fenomeno su vasta scala.

Il laboratorio di Tesla si trovava al piano di un immobile industriale, sul lato nord di Houston Street; si trattava del secondo palazzo ad est di Mulberry Street. A circa cento metri a sud di Houston Street, sul lato est di Mulberry Street, si trovava un lungo palazzo di quattro piani in mattoni rossi, famoso per essere la sede della polizia. C'erano molti immobili industriali nel vicinato, che andavano dai cinque ai sei piani di altezza, occupati da ogni sorta di fabbrica. Compressi tra questi palazzi si trovavano delle piccole abitazioni strette in cui si concentrava una popolazione di origine italiana. A qualche passo dalla casa più a sud si trovava Chinatown; ad ovest, il quartiere dei mercanti tessili e, un po' più lontano verso est, c'era un quartiere sovraccarico di abitazioni residenziali.

In questo quartiere molto variegato Tesla realizzò una dimostrazione straordinaria e inattesa sulle proprietà delle potenti vibrazioni sostenute. La popolazione circostante conosceva l'esistenza del suo laboratorio, sapeva che c'era un posto in cui eventi strani, magici e misteriosi avevano luogo, e dove un uomo altrettanto bizzarro realizzava cose incredibili e spaventose con quell'agente segreto estremamente pericoloso che era l'elettricità. La gente sapeva che Tesla era un uomo che bisognava venerare e temere allo stesso tempo, ma avevano ben più paura di lui di quanto non lo venerassero.

Indifferente a ciò che la gente pensava di lui, Tesla continuò a produrre le sue vibrazioni e tutti gli altri esperimenti. Ma ciò che gli passava per la mente quel mattino, non lo sapremo mai. Iniziò i preparativi mentre l'oscillatore, avvitato sul pilastro di ferro portante della struttura, produceva delle frequenze di vibrazione sempre più intense. Notò che, di tanto in tanto, certi apparecchi pesanti si mettevano a vibrare bruscamente, che il suolo sotto ai suoi piedi rimbombava per un secondo o due, che poteva sentire distintamente fischiare il vetro di una finestra, ed altre manifestazioni passeggere alle quali era abituato. Quelle osservazioni gli rivelavano che il suo oscillatore si regolava correttamente, e probabilmente si chiedeva perché non avesse mai provato prima ad attaccarlo al supporto di una costruzione solida.

Tuttavia, le cose non filavano così lisce nel vicinato. Presso la sede della polizia in Mulberry Street i «poliziotti» erano abituati alle luci e agli strani rumori emanati dal laboratorio di Tesla. Potevano udire distintamente lo scricchiolio secco dei lampi prodotti dalle sue bobine. Se qualcosa di strano accadeva nel quartiere, sapevano che in un modo o nell'altro Tesla ne era all'origine.

Quel mattino i poliziotti furono sorpresi di sentire il palazzo rimbombare sotto ai loro piedi. Le sedie si spostarono da terra senza che nessuno le toccasse, gli oggetti sulle scrivanie degli ufficiali si misero a danzare e le scrivanie stesse iniziarono a muoversi. Doveva trattarsi di un terremoto! E aumentava d'intensità. Dei pezzi di intonaco caddero dai soffitti, dell'acqua si riversò su una delle scale in seguito all'esplosione di un condotto. Le finestre vibrarono emettendo un rumore acuto che diventava sempre più forte, e alcuni vetri andarono in frantumi.

«Non è un terremoto!» gridò uno degli ufficiali. «E' quel maledetto Tesla! Andate da lui, presto», ordinò a un gruppo di uomini, «e fermatelo. Usate la forza, se necessario, ma impeditegli di andare avanti. Distruggerà la città!»

Gli ufficiali si precipitarono verso il palazzo all'angolo della via. Un gran numero di persone uscì in strada, affrettandosi fuori dalle abitazioni e dalle fabbriche, credendo che un terremoto fosse all'origine di ciò che infrangeva i vetri, faceva esplodere i condotti, spostava i mobili e produceva quelle strane vibrazioni.

Senza aspettare l'arrivo dell'ascensore i poliziotti si affrettarono sulle scale e, salendo, notarono che l'immobile vibrava ancora di più della sede della polizia. Sentivano la minaccia di un terribile pericolo, temevano che l'immobile intero sarebbe crollato, e non furono certo rassicurati dal rumore di vetri rotti e dagli strani scricchiolii e grida provenienti dai muri e dai piani di sopra.

Sarebbero riusciti a raggiungere in tempo il laboratorio di Tesla e a fermarlo? O al contrario, il palazzo sarebbe crollato sulle loro teste seppellendo sotto le macerie tutti coloro che vi si trovavano, insieme agli altri palazzi del quartiere? Forse stava facendo vibrare tutta la terra in quel modo! Quel pazzo stava forse distruggendo il mondo? In passato, era già stato distrutto dalle onde. Questa volta sarebbe forse stata opera di quell'agente del diavolo che chiamavano elettricità?

Nell'istante stesso in cui i poliziotti penetrarono nel laboratorio di Tesla per cercare non si sa bene cosa, le vibrazioni cessarono e assistettero ad uno spettacolo alquanto strano. Arrivarono giusto in tempo per vedere la grande sagoma emaciata dell'inventore brandire una pesante mazza e ridurre in briciole un piccolo arnese di ferro montato sul pilastro nel mezzo della sala. Il caos lasciò posto ad un pesante e profondo silenzio.

Tesla fu il primo a spezzare il silenzio. Posò la mazza contro il pilastro e si voltò, alto, magro e sprovvisto di mantello, verso i poliziotti. Dava prova in ogni circostanza di una grande padronanza di sé stesso, di una presenza imponente, e quest'impressione non era certo data dalle sue spalle slanciate ma sembrava piuttosto provenire dal suo sguardo. Inchinandosi educatamente si rivolse ai poliziotti, troppo affannati per parlare, e sicuramente troppo impressionati dall'esperienza surreale che avevano appena vissuto per proferire la minima parola.

«Signori,» disse, «sono costernato di dovervi informare che arrivate un po' troppo tardi per assistere al mio esperimento. Ho stimato necessario interromperlo all'improvviso e in modo poco convenzionale nel momento esatto in cui siete entrati. Se ripasserete in serata, attaccherò un altro oscillatore a questa piattaforma e potrete tutti salirvi sopra. Sono convinto che troverete questa esperienza molto interessante e gradevole. Devo ora chiedervi di uscire, ho molto lavoro che mi aspetta. Buona giornata, signori»

George Scherff, il segretario di Tesla, si trovava proprio accanto a lui mentre questi rompeva teatralmente il suo apparecchio per terremoti. Tesla non raccontò mai ciò che accadde dopo quel momento, e il Sig. Scherff dichiarò di non ricordare la risposta dei poliziotti. Per la conclusione della storia, dovrete fare appello alla vostra immaginazione.

Tuttavia, in quel momento, Tesla ebbe un atteggiamento molto sincero. Non aveva la minima idea di cosa stesse accadendo nel resto del quartiere a causa del suo esperimento, ma l'effetto prodotto nel suo laboratorio era stato abbastanza pericoloso da portarlo a interromperlo all'istante. Quando venne a conoscenza dei fatti, restò comunque convinto di aver ragion di credere che il campo delle vibrazioni meccaniche presentava numerose opportunità per la ricerca scientifica.

Non esiste alcun documento riportante altri esperimenti maggiori realizzati sulla vibrazione in quel laboratorio. Forse i servizi municipali e di polizia gli diedero qualche «consiglio» riguardo gli esperimenti di quel tipo.

Le osservazioni di Tesla su quell'esperimento si limitarono a ciò che era avvenuto nel piano in cui si trovava il suo laboratorio, dove però gli effetti erano stati apparentemente molto meno importanti di quanto accaduto all'esterno. L'oscillatore era fermamente fissato ad una colonna portante, sotto la quale si trovavano direttamente altre colonne simili, ad ogni piano e fino alle fondamenta. Le vibrazioni erano trasmesse attraverso le colonne fino al suolo. Quella parte della città era costruita su sabbie profonde, che sprofondavano fino a trenta metri sotterra prima di raggiungere il sostrato. I sismologi sapevano bene che le vibrazioni dei terremoti sono trasmesse dalla sabbia con più grande intensità di quanto non accada con la roccia. Il suolo al di sotto e attorno al palazzo era dunque un eccellente emettitore di vibrazioni meccaniche, le quali si espansero in tutte le direzioni. Potevano avere una portata di un chilometro e mezzo o più. Evidentemente erano molto più potenti vicino alla fonte, e si attenuavano allontanandosi. Tuttavia, anche le vibrazioni di debole intensità, se mantenute, possono produrre effetti straordinariamente importanti quando assorbite da un oggetto con il quale sono in risonanza. Un oggetto lontano in risonanza può essere sottoposto a forti vibrazioni, mentre un oggetto molto più vicino ma non in risonanza ne sarà risparmiato.

Apparentemente fu questa risonanza selettiva a manifestarsi nel corso dell'esperimento di Tesla. Altri palazzi oltre al suo erano entrati in risonanza con il ritmo crescente dell'oscillatore ben prima che il suo palazzo ne fosse affetto. Fu solo dopo che le frequenze più elevate furono raggiunte, e che il caos fosse già iniziato altrove da un certo tempo, che ciò che lo circondava iniziò ad entrare in risonanza.

Quando lo stato di risonanza è raggiunto, gli effetti sono immediati e potenti. Tesla lo capì notando che dei pericolosi effetti di risonanza si manifestavano nel suo palazzo, e seppe che doveva agire senza più attendere. L'oscillatore funzionava ad aria compressa, rifornito da un compressore a motore che iniettava l'aria in un serbatoio in cui veniva accumulata sotto pressione. Anche spegnendo il motore, il serbatoio era sufficientemente riempito d'aria per continuare a far funzionare l'oscillatore per diversi minuti, e durante quel lasso di tempo l'immobile avrebbe potuto essere completamente distrutto e ridotto ad un ammasso di rovine. Le vibrazioni raggiungevano quell'ampiezza pericolosa, non c'era abbastanza tempo per tentare di disconnettere il vibratore dal condotto d'aria o per svuotare il serbatoio dall'aria che conteneva. Tesla non ebbe tempo che per una sola cosa, e fu ciò fece. Afferrò la mazza che si trovava accanto a lui e l'abbatté con forza sull'oscillatore, sperando di interromperne il funzionamento. Vi riuscì al primo colpo.

L'apparecchio era fatto di ghisa ed era molto robusto. Non possedeva alcuna parte delicata che avrebbe potuto rompersi facilmente. Tesla non pubblicò mai una descrizione dello strumento, ma la sua costruzione era principalmente quella di un pistone che andava e veniva all'interno di un cilindro di ghisa. Il solo modo di fermarne il funzionamento era fracassare il cilindro esterno. Fortunatamente fu ciò che accadde al primo colpo.

Quando Tesla si voltò, dopo aver messo a segno quel magnifico colpo, vedendo i poliziotti non capì cosa ci facessero là. Le pericolose vibrazioni si erano manifestate nel suo immobile solo pochi minuti prima, i poliziotti non avrebbero dunque avuto il tempo di prevedere una visita a causa loro, pensò, dovevano quindi essere venuti per un'altra ragione meno importante — e questo fu il motivo per cui chiese loro di ritornare in un momento più opportuno.

Tesla mi raccontò questa storia dopo che gli chiesi la sua opinione su un progetto che avevo suggerito tempo prima a Elmer Sperry Jr., il figlio del celebre inventore di giroscopi. Quando un pesante giroscopio, come quelli che utilizziamo per la stabilizzazione delle navi, è obbligato a ruotare sul suo asse, trasmette una forte spinta discendente verso i supporti sui quali è montato il cardano. Se la batteria di uno di questi giroscopi venisse installata in regioni in cui si manifestano dei violenti sismi, questa trasmetterebbe delle spinte verso il suolo a intervalli regolari e creerebbe delle vibrazioni di risonanza negli strati della terra, cosa che scatenerebbe dei terremoti quando ancora di debole magnitudo, invece di lasciare la pressione accumularsi e raggiungere una magnitudo più grande — il che provocherebbe allora dei terremoti devastanti.

Quest'idea attirava molto Tesla. Durante la nostra discussione, dopo avermi raccontato l'esperimento descritto sopra, affermò anche di aver talmente approfondito il suo studio sulle vibrazioni che avrebbe potuto istituire una nuova scienza della «telegeodinamica», che avrebbe trattato tra le altre cose della trasmissione di potenti impulsioni a punti distanti passando per la terra, per produrre degli effetti di grande portata. Inoltre, poteva impiegare gli stessi principi per sondare degli oggetti lontani. Alla fine degli anni 1930, prima dello scoppio della guerra, dichiarò di essere in grado di applicare quei principi per sondare a distanza dei sottomarini e altri vascelli, anche quando ancorati e con i motori spenti.

Tesla indicò che il suo sistema di telegeodinamica, utilizzando delle vibrazioni meccaniche, avrebbe permesso di determinare la costanza fisica della terra e di localizzare dei giacimenti di minerali ben al di sotto della superficie. Quest'ultima previsione è poi stata realizzata, poiché numerosi giacimenti petroliferi sono stati scoperti grazie allo studio delle vibrazioni riflettute dagli strati sotterranei.

« Gli effetti dell'oscillatore telegeodinamico sono così potenti », disse Tesla esaminando il soggetto negli anni 1930, « che potrei recarmi all'Empire State Building e ridurlo ad un accumulo di detriti in un battito di ciglia. Potrei raggiungere questo risultato con la più grande certezza, e senza la minima difficoltà. Per farlo, utilizzerei un piccolo apparecchio a vibrazioni meccaniche, un motore così piccolo che potreste infilarvelo in tasca. Potrei attaccarlo a una parte qualunque della costruzione, azionarlo, e lasciargli tra i dodici e i tredici minuti per entrare pienamente in risonanza. L'edificio inizierebbe con il vibrare lentamente, poi le vibrazioni diventerebbero talmente intense che l'integralità della struttura entrerebbe in oscillazioni risonanti di così grande ampiezza e potenza che i rivetti delle travi d'acciaio si allenterebbero e cederebbero. Il rivestimento esterno di pietra sarebbe scaraventato lontano, e la struttura d'acciaio crollerebbe da entrambe le parti. Questo necessiterebbe di circa 2.5 cavalli (è possibile che questa cifra fosse 0.25 o 2.5 cavalli. Gli appunti sono antichi e difficili da decifrare; andando di memoria, propenderei per il secondo valore) per far funzionare l'oscillatore in modo da fargli produrre questo effetto ».

Tesla migliorava le sue invenzioni fino a farle diventare degli elementi spettacolari, prima di presentarle al pubblico. Durante quelle presentazioni, il risultato oltrepassava sempre tutte le aspettative. Fu il caso della sua prima dimostrazione pubblica del « senza fili », ma complicò le cose associando un'altra idea all'invenzione della radio: quella del robot.

Nel settembre 1898, nell'ambito della prima Electrical Exhibition annuale, Tesla realizzò la sua dimostrazione nel grande auditorium del Madison Square Garden, che si trovava in quel momento sul lato nord di Madison Square. Aveva fatto costruire un grande serbatoio al centro di un palco, dove depositò una barca a scafo di ferro lunga diversi metri e a forma d'arco, che fece funzionare con un telecomando attraverso il suo sistema senza fili.

Un sottile gambo metallico di qualche metro si ergeva al centro del tetto della barca e serviva da antenna per ricevere l'onda senza fili. Davanti e dietro alla barca si trovavano due piccoli tubi di metallo di circa trenta centimetri di altezza, sormontati da piccole lampade elettriche. L'interno dello scafo conteneva un terminale di ricezione radio e una varietà di meccanismi a motore che eseguivano gli ordini inviati alla barca dalle onde senza fili. Un motore serviva per spingere il motore e un altro per far funzionare il servomeccanismo, o cervello meccanico, che interpretava gli ordini provenienti dal terminale di ricezione senza fili e li traduceva in movimenti meccanici, incluso il dirigere la barca in qualunque direzione, fermarla, avviarla, farla andare in avanti o indietro, o accendere una delle due lampade. La barca poteva quindi realizzare delle manovre molto complesse.

Chiunque assistesse all'esposizione poteva richiedere la prossima manovra della barca e Tesla, premendo su qualche tasto di un manipolatore morse, la faceva reagire. La sua postazione di comando si trovava all'estremità del grande palco.

La dimostrazione fece scalpore e Tesla fu di nuovo l'eroe popolare. Questa storia finì sulla prima pagina dei giornali. Tutti sapevano che quella scoperta era straordinaria, ma pochi comprendevano la portata dell'evento o anche solo l'importanza di questa scoperta essenziale. Le basi sulle quali si fondava l'invenzione erano nascoste dal chiasso della dimostrazione.

La guerra ispanoamericana infuriava. La distruzione della flotta spagnola ad opera della marina americana era il principale soggetto delle discussioni; l'esplosione della nave U.S.S. Maine al porto dell'Havana aveva inoltre scatenato molto risentimento. La dimostrazione di Tesla aveva infiammato l'immaginario collettivo, a causa delle sue possibilità di diventare un'arma nella guerra navale.

Allora studente al City College, poi redattore scientifico per il *New York Times*, Waldemar Kaempffert discusse con Tesla dell'uso della sua invenzione come arma da guerra.

«Pensavo,» disse Kaempffert, «che potreste caricare dei carichi di dinamite su una barca ancora più grande, farla avanzare in immersione, e poi far esplodere la dinamite quando meglio credete. Con la stessa facilità con cui riuscite a fare brillare la luce davanti della barca, sareste allora capace di far esplodere a distanza anche le più grandi corazzate grazie al senza fili». (Edison aveva ideato qualche tempo prima un siluro elettrico alimentato da un cavo che rimaneva connesso al vascello madre)

Tesla era un uomo patriottico, e fiero del suo status di cittadino degli Stati Uniti che aveva ottenuto nel 1889. Aveva offerto la sua invenzione al governo in quanto arma navale, ma, in fondo, era pacifista.

«Non siete di fronte ad un siluro senza fili», aveva ribattuto Tesla, fulminandolo con lo sguardo, «ma voi vedete qui il primo di una razza di robot, degli uomini meccanici che realizzeranno il lavoro laborioso della specie umana».

La «razza dei robot» era un altro dei contributi importanti e originali di Tesla per il benessere dell'umanità. Si trattava di un pezzo del suo progetto colossale per accrescere l'energia umana e migliorare l'efficacia del suo utilizzo. Si raffigurò l'uso dei robot in ambito bellico, ma anche a scopi pacifici. Creò così, partendo da questi principi generali, un'immagine molto precisa del modo in cui la guerra si svolge oggi, con enormi macchine da combattimento: i robot che aveva descritto.

In un articolo del Century Magazine pubblicato nel giugno del 1900, affermò: «Quest'evoluzione attribuirà sempre più importanza ad una macchina o ad un meccanismo azionato da un numero ristretto di individui, in quanto elementi di guerra... L'obiettivo principale dello strumento di guerra sarà quello di fornire la più grande velocità possibile e un flusso energetico massimo. Le perdite umane saranno, così, ridotte...»

Descrivendo gli esperimenti che lo portarono all'invenzione dei robot, o automi, come li chiamava lui, Tesla affermò:

«Attraverso tutti i miei pensieri e le mie azioni ho quotidianamente dimostrato di essere, con mia grande soddisfazione, un automa dotato di capacità di movimento, che non fa che rispondere agli stimoli esterni che affettano gli organi sensoriali, e che pensa e agisce di conseguenza...

«Dopo questi esperimenti era naturale che io concepissi, molto tempo fa, l'idea di costruire un automa che fosse una rappresentazione meccanica di me stesso, e che reagisse alle influenze esterne come io lo faccio, ma, beninteso, in modo molto più primario. Un tale automa avrebbe evidentemente bisogno di una forza motrice, di organi motori e direttivi, così come di uno, o diversi, organi sensibili, adattati in modo da poter essere stimolati da agenti esterni.

«Ho stabilito che questa macchina potrebbe effettuare i suoi movimenti allo stesso modo di un essere vivente, poiché costituita degli stessi elementi essenziali. Possiederebbe una capacità di sviluppo, di propagazione e, soprattutto, lo spirito desideroso di rendere il modello completo. Ma in questo caso lo sviluppo non sarebbe necessario, poiché una macchina può essere fabbricata ad uno stadio adulto, se così si può dire. Quanto alla capacità di propagazione, è un aspetto che possiamo sorvolare, perché nel modello meccanico questo si riferisce semplicemente al processo di fabbricazione.

«Che l'automa sia fatto di carne e ossa o di legno e acciaio ha poca importanza, dal momento che è in grado di svolgere tutte le azioni che gli vengono richieste come un essere intelligente. Per riuscirci, dovrebbe essere dotato di un elemento equivalente alla mente, che influenzerebbe il controllo dei suoi movimenti e il suo funzionamento, obbligandolo ad agire, in tutte le situazioni impreviste che potrebbero presentarglisi, dando prova di conoscenza, raziocinio, giudizio ed esperienza. Ma potrei facilmente incarnarmi in questo elemento trasmettendogli la mia propria intelligenza, il mio proprio intelletto. È in questo modo che la nuova invenzione è evoluta e che questa nuova arte è nata. Propongo di chiamarla «teleautomatica», che significa arte di comandare i movimenti e le manovre degli automi a distanza».

Tesla spiegò che, allo scopo di dare un'identità individuale all'automa, questo sarà dotato di uno specifico controllo elettronico al quale lui solo sarà capace di rispondere quando le onde di quella frequenza fossero inviate a partire da una stazione di controllo di trasmissione. Gli altri automi, quanto a loro, resteranno inerti fino a quando la loro frequenza non sarà trasmessa.

Si trattava dell'invenzione fondamentale di Tesla sul controllo della radio, di cui gli altri inventori persistevano a non immaginare la necessità, ma che Tesla aveva già pubblicamente descritto al pubblico sei anni prima.

Per controllare il suo automa, Tesla non utilizzava solo le onde lunghe (oggi utilizzate nella radiodiffusione, molto diverse dalle onde corte usate da Marconi e da tutti gli altri poiché queste possono essere disturbate dall'ostruzione di un oggetto), ma spiegò comunque l'utilità, grazie al suo sistema di regolazione, dell'attribuire delle frequenze alle stazioni individuali che appaiono oggi sui riquadri dei ricettori radio. Continuò:

«Grazie a questo semplice metodo, la conoscenza, l'esperienza, il giudizio, la mente, se vogliamo, dell'operatore a distanza, si incarnerebbero in questa macchina, che sarebbe allora capace di muoversi e funzionare con raziocinio e intelligenza. Si comporterebbe come una persona con gli occhi bendati, che obbedisce alle direttive che le vengono date.

«Gli automi costruiti fino ad oggi possiedono delle, per così dire, «menti prese in prestito», poiché ognuno corrisponde solo a una parte dell'operatore a distanza che gli trasmette degli ordini intelligenti. Ma questa scienza non è che agli inizi.

«Il mio scopo è di mostrare, per quanto impossibile possa sembrare, che un automa può essere artificiale e presentare una sua «mente propria». Con questo voglio dire che sarebbe capace, indipendentemente dalla presenza di un operatore, di realizzare, in totale autonomia e in risposta alle influenze esterne che stimolano i suoi organi sensibili, un gran numero di azioni diverse, e potrebbe funzionare come se possedesse un'intelligenza.

«Sarebbe in grado di seguire un percorso tracciato, o di obbedire ad ordini dati molto tempo prima. Sarebbe capace di fare la distinzione tra ciò che deve o non deve fare, di fare esperienze o, per dirla in un altro modo, di registrare le impressioni che influenzeranno certamente le sue azioni future. In realtà, ho già ideato un tale progetto.

«Nonostante io abbia elaborato questa invenzione ormai diversi anni fa, e l'abbia già spiegata moltissime volte ai miei visitatori durante le dimostrazioni in laboratorio, è solo molto più tardi, dopo averla perfezionata, che fu conosciuta. Ovvero quando, in modo naturale, divenne il fulcro delle discussioni e dei resoconti sensazionali.

«Ma la maggior parte delle persone non capì il significato reale di questa nuova scienza, e non riconobbe il grande potere del principio soggiacente. Da quel che posso capire in base ai numerosi commenti che apparvero all'epoca, i risultati che avevo ottenuto furono considerati come perfettamente impossibili. Anche le poche persone che erano pronte ad ammettere la fattibilità dell'invenzione, non vi vedevano altro che un siluro telecomandato che avrebbe dovuto essere utilizzato per far esplodere delle armature, e senza alcuna garanzia di riuscita.

«Ma l'arte che ho sviluppato non ambisce solo al cambiamento di direzione di una nave in movimento, ma permetterà il controllo assoluto degli innumerevoli movimenti traslativi e del funzionamento di tutti gli organi interni — indipendentemente dal loro numero — di un automa personalizzato».

In una dichiarazione che non fu mai pubblicata, preparata quindici anni più tardi, Tesla registrò la sua esperienza dello sviluppo degli *automi* e i suoi sforzi infruttuosi per convincere il ministro della Guerra e altri nomi importanti dell'interesse dei suoi apparecchi senza fili.

«L'idea di costruire un automa per confermare la mia teoria mi venne rapidamente in mente, ma non iniziai veramente a consacrarmici prima del 1893, quando cominciai le ricerche sul senza fili. Durante i due o tre anni seguenti costruii un certo numero di meccanismi automatici, azionati a distanza con un comando senza fili che presentai a coloro che vennero a visitare il mio laboratorio.

«Ad ogni modo, nel 1896 ideai una macchina completa capace di realizzare una moltitudine di aioni, ma riuscii a terminare l'opera solo alla fine del 1897. Questo apparecchio fu descritto e illustrato nel mio articolo apparso nel giugno 1900 nel Century Magazine e in altri periodici dell'epoca. Alla sua prima presentazione, a inizio 1898, ebbe molto più successo di qualunque altra delle mie invenzione.

«Nel novembre 1898 un brevetto di base mi fu accordato per questa nuova disciplina, ma solo dopo che il capo esaminatore ebbe compiuto il viaggio fino a New York per verificare i miei risultati, poiché le mie dichiarazioni sembravano inverosimili. Ricordo che, quando più tardi mi recai in visita presso un ufficiale di

Washington in previsione di offrire l'invenzione al governo, questi scoppiò a ridere dopo che gli raccontai quel che avevo realizzato. Nessuno pensava allora che un tale apparecchio avesse la minima possibilità di essere concretizzato.

«Seguendo i consigli dei miei avvocati, dal momento che non avevo ancora assicurato la protezione dei miei metodi e apparecchi per l'individualizzazione indicai in quel brevetto che il controllo era effettuato per mezzo di un circuito unico e di una forma di sonda ben conosciuta. Scelta deplorevole. In realtà, le mie barche erano controllate grazie all'azione combinata di diversi circuiti, e le interferenze di ogni sorta erano escluse. Spesso utilizzavo dei circuiti ricettivi a forma di anello, includendovi dei condensatori, poiché le scariche prodotte dal mio trasmettitore ad alta tensione ionizzavano l'aria della sala, in modo che anche una piccolissima antenna poteva consumare per delle ore l'elettricità che si trovava nell'atmosfera circostante.

«Per darvi una semplice idea, ho scoperto ad esempio che una lampadina di 30 centimetri di diametro, che non conteneva che una minima quantità d'aria, e con un solo terminale sul quale era legato un filo corto, produceva almeno un migliaio di flash successivi prima che l'intera carica dell'aria del laboratorio non venisse neutralizzata. Il ricettore a forma d'anello non era sensibile a questo genere di perturbazioni, ed è curioso constatare l'entusiasmo che suscita attualmente. In verità, raccoglie molta meno energia rispetto alle antenne o a un lungo filo di terra, ma pare che elimini un certo numero di difetti inerenti agli apparecchi senza fili odierni.

«Quando dimostrai la mia invenzione al pubblico i visitatori potevano fare qualunque domanda, più o meno complessa, e l'automa rispondeva a gesti. A quel tempo si credeva che fosse magia, ma invece la spiegazione era molto semplice poiché ero io a fornire le risposte attraverso l'intermediario dell'apparecchio.

«Allo stesso tempo un'altra barca tele-automatica più grande fu costruita. Era controllata da delle fibbie arrotolate più volte e piazzate nello scafo, che era perfettamente stagno e sommergibile. L'apparecchio somigliava alla prima barca, eccezion fatta per certe caratteristiche particolari che introdussi io stesso, come le lampade a incandescenza che presentavano la prova visibile del buon funzionamento della macchina, ma che avevano anche altre utilità.

«Ciononostante, questi automi controllati nel campo visivo dell'operatore non costituivano che la prima tappa, piuttosto rudimentale, dell'evoluzione della scienza dei tele-automi così come l'avevo concepita. Logicamente, il passo seguente era riuscire a controllare i meccanismi automatici al di là dei limiti del campo visivo e molto lontano dal centro di controllo, e da quel momento non ho mai cessato di raccomandare il loro utilizzo come strumenti da guerra al posto delle armi a fuoco. Sembra che ora la loro importanza sia stata riconosciuta, da quel che posso vedere dalle occasionali dichiarazioni contenute nei giornali a proposito di imprese descritte come straordinarie, ma che non offrono alcuna innovazione.

«Mandare un aereo nei cieli, fargli seguire un itinerario approssimativo e realizzare qualche manovra a una distanza di diverse centinaia di chilometri, sarebbe possibile con le centrali senza fili attualmente disponibili, anche se l'esperimento non risulterebbe perfetto. Una macchina di questo tipo potrebbe inoltre essere controllata meccanicamente in diversi modi e sono convinto che sarebbe molto usata in tempo di guerra. Ma, per quanto ne so, non esiste attualmente alcuno strumento che permetterebbe la realizzazione precisa di un tale oggetto. Ho consacrato anni di studi a questo problema, e ho elaborato i mezzi per riuscirci, ma anche per realizzare delle imprese molto più impressionanti.

«Come detto poco fa, quand'ero studente ho ideato una macchina volante molto diversa da quelle che abbiamo oggi. Il principio di base era giusto, ma non poteva essere applicato a causa dell'assenza di una forza motrice abbastanza potente. Nel corsi di questi ultimi anni sono riuscito a risolvere il problema e progetto ora lo sviluppo di macchine volanti prive di stabilizzatori, alettoni, eliche e altri accessori esterni, che saranno in grado di raggiungere grandi velocità e suscettibili di fornire degli ottimi argomenti a favore della pace in un futuro prossimo. Una tale macchina, interamente sostenuta e spinta per reazione, può essere controllata sia in modo meccanico che attraverso energia senza fili. Impiantando delle centrali adatte, sarà possibile inviare in cielo un missile di questo tipo e farlo ricadere esattamente nel luogo desiderato, anche se questo si trovasse a migliaia di chilometri. Ma non ci fermeremo qui».

Tesla descrisse qui, più di cinquant'anni fa, il missile radioguidato (ancora progetto confidenziale della Seconda Guerra Mondiale) e le bombe volanti utilizzate dai tedeschi per attaccare l'Inghilterra. Il dirigibile di tipo razzo è un segreto che Tesla portò probabilmente con sé nella tomba, a meno che non si trovi nei suoi documenti sigillati dal governo al momento della sua morte. Ma questo sembra poco probabile, poiché Tesla, per proteggere i suoi segreti, non metteva mai le sue più grandi invenzioni nero su bianco, ma contava sulla sua memoria quasi infallibile per conservarli.

Concluse con queste poche parole: «Finiremo per produrre dei tele-automi capaci di agire come se possedessero una loro intelligenza propria, e il loro avvento scatenerà una rivolta. Già nel 1989 proposi a dei rappresentanti di una grande società industriale di costruire ed esporre pubblicamente una macchina che, da sola, avrebbe potuto svolgere una gran quantità di operazioni dando prova di una cosa appartenente al giudizio. Ma la mia proposta fu giudicata irrealista per quell'epoca, e non ebbe buon esito».

Durante l'esposizione del 1898 al *Madison Square Garden* che durò una settimana, Tesla presentò al mondo due realizzazioni prodigiose. La presentazione di una sola di loro sarebbe stata ben troppo enorme per poter essere correttamente assimilata dal pubblico in una sola dimostrazione. Ognuna delle idee attenuava la gloria dell'altra.

Quella prima dimostrazione del senza fili, precursore della radio moderna che Tesla portò ad uno stadio di sviluppo incredibile già a quell'epoca, era un progetto così fenomenale che una sola rappresentazione non gli sarebbe bastata. Tra le mani di un consigliere in relazioni pubbliche competente, o di un uomo «di pubblicità», com'erano chiamati a quei tempi, la dimostrazione si sarebbe concentrata solamente sull'aspetto del senza fili, e avrebbe utilizzato una semplice postazione emettitrice-ricevente per trasmettere dei messaggi in morse costituiti da punti e tratti; ma Tesla pensava che assumere un professionista fosse un'idea quantomeno abietta. Con un buon allestimento, la dimostrazione avrebbe provocato abbastanza stupore in un solo spettacolo. In occasione della prossima rappresentazione avrebbe potuto aggiungere una dimostrazione del controllo, che avrebbe mostrato le risposte selettive di ogni bobina di una serie, segnalate dai suoi strani tubi a vuoto. Dimostrare tutti gli aspetti della regolazione tra i circuiti senza fili e le stazioni era ben troppo importante per una sola dimostrazione. Il pubblico non era in grado di assimilare che una sola indicazione delle sue possibilità per volta.

L'idea del robot, o automa, era un concetto nuovo e altrettanto notevole. Gli astuti inventori erano ben coscienti delle possibilità che esso rappresentava, poiché segnava l'inizio dell'era delle tecnologie che avrebbe permesso di risparmiare il lavoro dell'uomo, e la meccanicizzazione dell'industria sulla base di una produzione di massa.

Grazie ai principi sviluppati da Tesla, John Hays Hammond creò un cane elettrico su ruote che lo seguiva come un vero e proprio cucciolo. Funzionava grazie ad un motore, ed era controllato da un fascio luminoso che attraversava le cellule di selenio installare dietro alle lenti utilizzate per gli occhi. Dirigeva anche uno yacht senza alcun equipaggio, che spediva in mare dal porto di Boston e che riportava alla sua banchina con un comando senza fili.

Un aereo senza pilota fu sviluppato verso la fine della Prima Guerra Mondiale.

Decollava dal suolo, volava per un centinaio di chilometri verso un obiettivo selezionato, sganciava le bombe, e ritornava all'aeroporto d'attacco, il tutto attraverso dei controlli senza fili. L'aereo fu elaborato in modo che, attraverso un segnale inviato da una stazione radio distante, poteva innalzarsi in cielo, stabilire la direzione giusta, e volare fino ad una città a diverse centinaia di chilometri di distanza prima di atterrare nel suo aeroporto. Quei robot, dello stesso tipo di quelli di Tesla, furono sviluppati nella fabbrica della Sperry Gyroscope Company, dove Elmer Sperry inventò una folla di incredibili robot meccanici controllati con dei giroscopi, come i piloti automatici per le navi e gli aerei.

Tutti i moderni apparecchi di controllo, dotati di tubi elettronici e di occhi elettrici, che rendono le macchine quasi umane e permettono loro di svolgere azioni con un'attività, affidabilità e precisione sovrumana e a basso costo, sono i discendenti del robot, o automa, di Tesla. Il progresso più recente, personificato, è stato l'uomo meccanico, un mostro umano gigante e in metallo che camminava, parlava, fumava una sigaretta e obbediva agli ordini vocali, presentato in occasione dell'esposizione della *Westinghouse Electric and Manufacturing Company* alla fiera internazionale di New York. I robot sono stati utilizzati anche per far funzionare le centrali idroelettriche e le sottostazioni isolate delle centrali.

Presentando questa sovrabbondanza di scoperte scientifiche nel corso di una sola dimostrazione, Tesla rivelò il superuomo in un nuovo ruolo che gli piaceva enormemente: quello dell'uomo fantastico. Avrebbe sorpreso il mondo con una dimostrazione straordinaria della grandezza delle realizzazioni del superuomo, ma anche della natura prolifera della mente dell'uomo fantastico, capace di ricoprire il mondo di una ricchezza di scoperte scientifiche.

UNDICI

Tesla era pronto a conquistare nuovi mondi. Dopo aver presentato al pubblico le sue scoperte sui segnali senza fili o la trasmissione di informazioni, come la chiamava lui, aveva fretta di dedicarsi al fattore d'energia: il suo progetto di distribuzione mondiale di energia attraverso il senza fili.

Era di nuovo di fronte a problemi finanziari, o meglio, per dirla chiaramente, era rovinato. I 40000 dollari pagati da Adam per comprargli le azioni della Nikola Tesla Company, erano stati spesi integralmente. La compagnia non aveva la minima liquidità a disposizione, ma possedeva dei brevetti che sarebbero valsi diversi milioni se gestiti con più pragmatismo. John Hays Hammond, il famoso ingegnere minerario, donò 10000 dollari per finanziare i lavori dedicati alle dimostrazioni del senza fili e del robot al Madison Square Garden.

Tesla aveva costruito nel suo laboratorio di Houston Street degli oscillatori ancor più grandi e potenti. Quando ne fabbricò uno capace di produrre 4 milioni di volt, oltrepassò l'alta tensione massima che un palazzo di città poteva sopportare. Le scintille si abbattevano sui muri, sul suolo e sul soffitto; aveva bisogno di più spazio. Tesla voleva creare delle bobine più imponenti, sognava di costruire una struttura gigantesca da qualche parte nei grandi spazi rurali. Era convinto che i suoi brevetti depositati sul senza fili si sarebbero presto rivelati utili, e che avrebbe avuto così tutto il denaro necessario alla costruzione del suo laboratorio. Ma era ormai giunto al punto in cui una tale struttura si rivelava già indispensabile per realizzare dei nuovi progressi, ed era senza un soldo. Il suo amico Crawford, dell'azienda di merce secca Simpson and Crawford, gli fece un prestito di 10000 dollari, che gli permise di sopperire ai bisogni più urgenti.

Dopo aver preso conoscenza del progetto di Tesla di realizzare degli esperimenti su grande scala, uno dei suoi grandi ammiratori, Leonard E. Curtis, della Colorado Springs Electric Company, lo invitò a stabilire il suo laboratorio a Colorado Springs, dove avrebbe avuto lo spazio necessario e tutta l'energia elettrica di cui aveva bisogno per realizzare i suoi lavori.

Il colonnello John Jacob Astor, proprietario dell'hotel Waldorf-Astoria, aveva una gran stima per il suo celebre ospite, che trattava da amico e a cui chiedeva sempre le novità sui progressi delle sue ricerche. Quando apprese che tali ricerche erano state interrotte per mancanza di fondi, mise a disposizione di Tesla i 30000 dollari di cui aveva bisogno per approfittare dell'offerta fatta da Curtis, e poter costruire una fabbrica temporaria a Colorado Springs. Nel maggio 1899 Tesla arrivò a Colorado Springs, portando con sé qualche impiegato del suo laboratorio e un ingegnere associato, Fritz Lowenstein.

Mentre Tesla portava avanti i suoi esperimenti sul fulmine naturale e su altri soggetti nel suo laboratorio in montagna, i lavori di costruzione degli apparecchi di trasmissione a forte potenza venivano terminati in fretta. Tesla supervisionava personalmente anche i dettagli più infimi di ogni particella del suo apparecchio. Si avventurava in un campo inesplorato. Nessuno prima di lui era stato pioniere, o aveva acquisito abbastanza esperienza da aiutarlo nell'elaborazione dei suoi esperimenti o nella concezione delle macchine. Era totalmente lasciato a sé stesso, lavorando senza alcun aiuto umano esterno, esplorando un campo di conoscenze che nessuno aveva mai raggiunto prima. In precedenza aveva lasciato il mondo intero senza fiato sviluppando un sistema di trasmissione di energia che utilizzava l'energia di decine di migliaia di volt, e ora lavorava con migliaia di volt e nessuno sapeva ciò che la produzione di quei potenziali estremi poteva generare. Tuttavia, credeva che avrebbe potuto rendere il suo proprio sistema polifasico obsoleto creandone uno migliore.

Circa tre mesi dopo il suo arrivo a Colorado Springs, la costruzione dell'immobile, con le sue forme incredibili, le sue torri e i suoi pilastri, fu terminata, e l'oscillatore gigante con il quale l'esperimento principale sarebbe stato realizzato era pronto a funzionare.

Il terreno montagnoso, selvaggio e accidentato del Colorado, dove Tesla aveva stabilito il suo laboratorio, era un generatore naturale di una grande attività elettrica, capace di produrre delle scariche di fulmini di un'ampiezza e un'intensità ineguagliabili in qualunque altra parte della terra. Dei lampi terribili fluivano dalla terra e dal cielo ad una frequenza spaventosa in occasione di temporali elettrici quasi quotidiani. Tesla fece uno studio molto dettagliato sul fulmine naturale mentre il suo apparecchio, che lo avrebbe imitato, era in costruzione. Imparò moltissimo sulle caratteristiche dei diversi tipi di scarica.

Gli Dei del tuono divennero forse un po' gelosi di quell'individuo che aveva deciso di rubare il loro fulmine, come Prometeo rubò loro il fuoco, e cercarono così di punirlo distruggendo il suo fantastico palazzo. Un lampo, che non cadde direttamente sulla costruzione ma a circa una quindicina di chilometri, fece dei seri danni e per poco non distrusse tutto l'immobile.

La deflagrazione colpì il laboratorio nel momento preciso, al secondo, che Tesla aveva predetto. Fu provocata da un'immensa ondata d'aria proveniente da un tipo particolare di scarica elettrica. Tesla raccontò l'aneddoto in un rapporto non pubblicato. Dichiarò:

«Ho avuto diverse occasioni di verificare quel valore osservando delle esplosioni e delle scariche elettriche. Il caso ideale si presentò da sé a Colorado Springs, nel luglio 1899, mentre svolgevo dei test sulla mia stazione di diffusione di energia, che era all'epoca l'unica centrale senza fili.

«Delle nuvole nere si erano ammassate sopra la montagna Pikes Peak, quando all'improvviso un lampo colpì un punto a soli sedici chilometri da là. Cronometrai immediatamente il lampo, e dopo un rapido calcolo avvisai i miei assistenti che l'immensa ondata sarebbe arrivata in 48.5 secondi. In quel momento preciso, un impatto violento scosse il palazzo, che avrebbe potuto benissimo crollare sulle sue fondamenta se non fosse stato fermamente fissato. Tutte le finestre su uno dei lati, così come una porta, furono demolite e l'interno fu pesantemente danneggiato.

«Confrontando l'energia della scarica elettrica e la sua durata con quella di un esplosione, stimai che la violenta scossa era stata, a quella distanza, più o meno equivalente all'esplosione di dodici tonnellate di dinamite».

La stazione sperimentale che Tesla aveva costruito assomigliava molto ad un fienile quadrangolare di trenta metri di lunghezza. Le sue facciate misuravano circa sette metri di altezza, dalle quali saliva il tetto che si ricongiungeva al suo centro. Al centro del tetto si ergeva una torre di legno a struttura piramidale; la cima della torre si elevava a circa venticinque metri dal suolo. Le estensioni delle travi sotto al tetto inclinato si estendevano verso l'esterno, in direzione del suolo, e fungevano da archi rampanti per rinforzare la struttura della torre. Al centro di quest'ultima si ergeva un'antenna di circa sessanta metri di altezza, sormontata da una sfera di rame di circa un metro di diametro. L'antenna sosteneva un pesante cavo che collegava la sfera all'apparecchio che si trovava all'interno del laboratorio. L'antenna era divisa in diverse parti, di modo che potesse essere smontata e abbassata.

La costruzione era piena di pezzi di apparecchi, di bobine di Tesla di diverse forme e taglie, e di trasformatori di corrente ad alta frequenza. Il dispositivo principale era il suo «trasmettitore di ingrandimento». Si trattava semplicemente di una bobina di Tesla molto grande. Una specie di recinto circolare di ventidue metri di diametro fu costruito nella grande sala principale del fabbricato, e su quest'ultimo si arrotolavano le spire della gigante bobina principale del trasmettitore di ingrandimento. Il dispositivo secondario era una bobina di circa tre metri di diametro, costituita da quasi settantacinque spire di filo arrotolate su una struttura cilindrica di legno. Misurava circa tre metri di altezza ed era fissata al centro della sala, a qualche centimetro al di sotto del suolo. Al centro di questa bobina si trovava la parte inferiore dell'antenna. Il tetto che copriva questa parte della sala poteva scivolare verso l'esterno in due parti, in modo che nessun elemento potesse avvicinarsi all'antenna e al suo cavo conduttore sul terzo inferiore della struttura.

Uno dei primi problemi che Tesla tentò di risolvere iniziando le sue ricerche tra le montagne del Colorado, fu di scoprire se la terra fosse un corpo elettricamente carico o meno. In generale, la natura è sempre pronta a rispondere alle domande su questioni di primordine che gli scienziati fanno durante i loro esperimenti. Tesla non solo ricevette una risposta molto soddisfacente alla sua domanda, ma anche una rivelazione estremamente importante: la scoperta di uno dei segreti del funzionamento della natura, che pone tra le mani dell'uomo un modo di manipolare le forze elettriche su scala terrestre.

Tesla cercava di sapere se la terra fosse elettricamente carica per lo stesso motivo per cui un violinista cerca di sapere se le corde del suo strumento sono allentate e poggiano sul suo ponticello, o se al contrario sono tese e tirate in modo che possano produrre una nota musicale pizzicandole, o ancora un giocatore di calcio che vuole sapere se il suo pallone è ben gonfio o no.

Se la terra non fosse stata carica, avrebbe agito come un enorme lavandino nel quale bisognerebbe riversare un enorme quantità di elettricità per raggiungere uno stato che gli avrebbe permesso di vibrare elettricamente. Una terra non carica avrebbe leggermente complicato i progetti di Tesla. Tuttavia, scoprì rapidamente che la terra era effettivamente carica ad un potenziale estremamente elevato, e che aveva a sua disposizione una sorta di meccanismo che le permetteva di mantenere la propria tensione. Stabilendo ciò, Tesla fece la sua seconda grande scoperta.

Poco tempo dopo il suo ritorno a New York Tesla annunciò per la prima volta la sua scoperta in un notevole articolo del Century pubblicato nel giugno 1900, ma raccontò molto meglio la storia in un articolo dell'*Electrical World and Engineer* del 5 maggio 1904:

« Verso la metà di giugno, quando i preparativi per altri lavori erano in corso, regolai uno dei miei trasformatori ricettori con lo scopo di determinare in un modo nuovo, in maniera sperimentale, il potenziale elettrico del globo e di studiare le sue fluttuazioni periodiche e occasionali. Tutto questo faceva parte di un piano accuratamente elaborato in anticipo.

« Aggiungemmo al circuito secondario un dispositivo estremamente sensibile e di auto-ristorazione che controllava gli strumenti di registrazione, mentre il principale era legato alla terra, e il secondo ad un terminale sopraelevato di capacità regolabile. Le variazioni del potenziale elettrico provocavano dei sovraccarichi elettrici nel circuito principale, che generavano delle correnti annesse che, a loro volta, affettavano il dispositivo sensibile e il registratore proporzionalmente alla loro intensità.

L'esperimento rivelò che la terra era, letteralmente, viva di vibrazioni elettriche, e fui rapidamente assorbito da queste ricerche interessanti. Non avevo trovato da nessun'altra parte un'occasione migliore per realizzare le osservazioni che desideravo.

«Il Colorado è uno stato famoso per i suoi fenomeni naturali in materia di forza elettrica. In quell'atmosfera secca e rarefatta i raggi del sole battono sugli oggetti con un'intensità molto forte. Ho generato del vapore in barili riempiti di soluzione salina concentrata, fino a raggiungere una pressione pericolosa, e la fornace fu in grado di deformare il rivestimento di carta alluminio di alcune delle mie postazioni situate in altitudine. Un trasformatore ad alta tensione sperimentale, che fu per negligenza esposto ai raggi del sole calante, si ritrovò con la maggior parte delle sue componenti isolanti fuse e divenne totalmente inutilizzabile.

«Grazie alla siccità e alla rarefazione dell'aria, l'acqua evapora come in una caldaia, producendo un'abbondanza di elettricità statica. Di conseguenza, le scariche elettriche sono molto frequenti e a volte di una violenza inimmaginabile. Un giorno, ci furono circa 12000 scariche prodotte in due ore, e tutte si trovavano in un raggio certamente inferiore ai 50 chilometri dal laboratorio. La maggior parte somigliava ai dei giganteschi alberi di fuoco con il troco dritto o al contrario. Non vidi mai delle palle di fuoco, ma per compensare questa delusione riuscii più tardi a stabilire il loro processo di formazione e a riprodurle artificialmente.

«Durante l'ultima parte di quello stesso mese notai più volte che i miei strumenti era molto più colpiti dalle scariche che si producevano a distanza maggiore che da quelle più vicine. Questo mi intrigò molto. Qual era la causa? Un certo numero di osservazioni provò che questo non poteva esser dovuto a delle differenze nell'intensità delle scariche individuali, e avevo rapidamente constatato che il fenomeno non risultava neanche da un rapporto variabile tra i periodi dei miei circuiti di ricezione e quelli delle perturbazioni terresti.

«Una notte, mentre rientravo a casa a piedi con il mio assistente, riflettendo su questi esperimenti un'idea mi attraversò la mente. Tale idea mi si era già presentata diversi anni prima, mentre scrivevo un capitolo della mia conferenza al Franklin Institute e alla National Electric Light Association, ma l'avevo scartata, considerandola assurda e impossibile. La scacciavo di nuovo. Tuttavia, il mio istinto si risveglió e in un certo modo sentivo che ero sul punto di compiere una grande scoperta.

«Non dimenticherò mai quel giorno, il 3 luglio (1899), in cui ottenni la prima prova sperimentale determinante di una verità di un'importanza capitale per l'evoluzione dell'umanità.

«Una densa massa di nuvole fortemente cariche si ammassò ad ovest e, al cadere della notte, un violento temporale scoppiò. Dopo aver scatenato una gran parte del suo furore sulle montagne, si allontanò a grande velocità verso le pianure. Degli archi elettrici intensi, ripetuti e continui si producevano ad intervalli regolari. Le mie osservazioni furono allora ampiamente facilitate e divennero più esatte grazie all'esperienza che avevo accumulato. Manipolai rapidamente i miei strumenti e mi trovai pronto. L'apparecchio di registrazione era correttamente regolato; le sue misure divennero sempre più deboli man mano che il temporale si allontanava, fino a sparire completamente.

«Osservai tutto con una grande avidità. Poco tempo dopo, le misure ripresero di nuovo, e si intensificarono sempre di più per poi, una volta raggiunto un massimo, diminuire gradualmente e sparire ancora una volta. Lo stesso processo si ripeté a più riprese e a intervalli regolari fino a quando il temporale, che si spostava ad una velocità quasi costante come dimostrato da semplici calcoli, non si fu allontanato di circa 300 chilometri. Quegli strani fenomeni non cessarono ma, invece, continuarono a manifestarsi con la stessa intensità.

«Delle osservazioni simili furono in seguito registrate dal mio assistente, il Sig. Fritz Lowenstein, e poco tempo dopo diverse grandi occasioni si presentarono da sé, permettendoci di rivelare, con ancor più convinzione e in modo innegabile, la vera natura di quel fantastico fenomeno. Non c'era più alcun dubbio: stavo osservando delle onde stazionarie.

«Il circuito di ricezione trovò successivamente la cresta ed il ventre delle perturbazioni, mano a mano che la loro fonte si allontanava. Per quanto impossibile possa sembrare, questo pianeta, malgrado la sua grande superficie, si comportava come un conduttore di dimensioni limitate. Avevo già preso conoscenza dell'importanza essenziale che questo fatto rappresentava per la trasmissione di energia attraverso il mio sistema.

«Questo significava non solo che inviare dei messaggi telegrafici a qualunque distanza e senza fili era realizzabile, come avevo annunciato molto tempo fa, ma che era anche possibile far comprendere le deboli modulazioni della voce umana alla terra intera, ben più importanti per trasmettere dell'energia, in quantità illimitata ovunque su terra, e praticamente senza alcuna perdita».

Per capire meglio la difficoltà alla quale Tesla si confrontava cercando di determinare se la terra fosse carica, e se fosse possibile farla vibrare elettricamente, potete immaginare la differenza che c'è tra una vasca vuota e una riempita d'acqua. Una terra non carica somiglierebbe ad una vasca vuota, mentre una terra carica, ad una vasca piena d'acqua. È molto facile creare onde in una vasca che contiene dell'acqua: mettendovi la mano dentro ed effettuando un movimento di va e vieni, sulla lunghezza, ritmicamente per qualche secondo, l'acqua si trasforma rapidamente in onda che va e che viene, la cui ampiezza aumenta rapidamente fino a che l'acqua, se continuate a muovere la mano, schizzi fino al soffitto.

La terra può essere comparata ad un recipiente estremamente grande riempito di liquido, con al centro un piccolo pistone che possiamo muovere leggermente su una corta distanza e a un buon ritmo. Le onde si propagheranno fino al bordo del recipiente e saranno rimandate verso il centro, da dove ripartiranno di nuovo verso l'esterno, rinforzate dal movimento del pistone.

La reazione tra le onde in entrata e in uscita, entrambe in risonanza con il mezzo dal quale esse si propagano, provocherà la creazione di onde stazionarie sull'acqua la cui superficie avrà l'aspetto di una sola serie di onde addensate in un punto fisso.

Nell'esperimento di Tesla le scariche elettriche, che svolgevano il ruolo del pistone che provocava le onde, si muovevano rapidamente dal lato est, portando con sé tutta la serie di onde fisse o stazionarie. L'apparecchio delle misure rimaneva fisso, in modo che la serie di onde, con le sue creste e i suoi ventri, lo oltrepassasse provocando il rialzo e l'abbassamento dei potenziali misurati.

L'esperimento provava non solo che la terra era piena di elettricità, ma anche che quest'elettricità poteva essere perturbata per indurre delle vibrazioni ritmiche e produrre una risonanza, provocando degli effetti di considerevole portata. Un eccellente esempio sarebbe quello dei soldati che attraversano un ponte marciando all'unisono, e lo distruggono a causa delle vibrazioni così prodotte.

Tesla realizzò gli effetti impressionanti di potenziali estremamente elevati e ad alta frequenza producendo una risonanza elettrica nei suoi circuiti, regolando l'elettricità. Scoprì in quel momento che era capace di produrre, facilmente, lo stesso effetto sulla terra, come se si trattasse dell'associazione di un unico condensatore e di una bobina, un'unità di risonanza elettrica pura, caricandola e scaricandola ritmicamente grazie alle sue oscillazioni ad alta frequenza e forte potenziale.

Durante quell'esperimento sensazionale, Tesla, il superuomo, diede il meglio di sé. L'audacia della sua impresa infiammava l'immaginazione, e la sua riuscita avrebbe dovuto portargli un riconoscimento eterno.

Le bobine giganti, con le loro serie di condensatori e gli altri apparecchi installati nel laboratorio del Colorado, erano finalmente pronte ad essere utilizzate nell'esperimento su vasta scala. Ogni pezzo dell'attrezzatura fu ispezionato attentamente e provato da Tesla. Finalmente, venne il momento di realizzare il test cruciale dell'esperimento con la più alta tensione mai realizzata. Tesla si aspettava di battere di diverse centinaia di unità i risultati dei suoi vecchi record, e di produrre delle tensioni di decine di migliaia di volte superiori a quelle mai prodotte nelle linee di trasmissione ad alta tensione delle cascate del Niagara.

Era assolutamente convinto che il suo oscillatore avrebbe funzionato. Lo sapeva, ma era anche cosciente del fatto che avrebbe prodotto dei milioni di volt e delle correnti estremamente potenti, e nessuno, nemmeno lui, sapeva come quelle terribili esplosioni di energia avrebbero agito. Sapeva di aver pianificato l'esperimento in modo che i primissimi lampi artificiali mai prodotti partissero dalla cima del pilone di 60 metri di altezza.

Tesla chiese a Kolman Czito, con il quale lavorò per molti anni nei suoi laboratori di New York, di regolare il commutatore grazie al quale la corrente veniva fornita al laboratorio attraverso una linea di trasmissione aerea di tre chilometri, collegata alla centrale elettrica della Colorado Springs Electric Company.

«Quando vi darò il segnale,» indicò Tesla a Czito, «voi attiverete l'interruttore per un secondo, non di più».

L'inventore prese posizione verso la porta del laboratorio, da dove poteva vedere la bobina gigante installata al centro della grande sala che somigliava ad un fienile, ma senza avvicinarsi troppo nel caso che una scintilla smarrita proveniente da uno dei suoi propri lampi rischiasse de bruciarlo. Da dove si trovava, poteva vedere il tetto aperto e la sfera di rame di un metro di diametro che troneggiava sulla cima del pilastro di 60 metri, la cui base era installata al centro della bobina secondaria a forma di gabbia. Un rapido sguardo per ispezionare la situazione prima di dare il segnale: «Ora!»

Czito attivò rapidamente l'interruttore e lo disattivò con altrettanta fretta. In quel breve intervallo, la bobina secondaria si rivestì di un alone di elettricità; dei crepitii potevano udirsi in diversi punti della sala e uno schiocco secco echeggiò sopra la sua testa.

«Perfetto,» disse Tesla, «l'esperimento procede magnificamente bene. Ora proveremo un'altra volta, alla stessa maniera. Ora!»

Czito premette di nuovo sull'interruttore durante un secondo, prima di disattivarlo. Ancora una volta, delle volte di fuoco elettrico scaturirono dalla bobina, delle piccole scintille crepitarono un po' ovunque nel laboratorio e anche lo schiocco secco si fece di nuovo udire in direzione del tetto aperto.

«Questa volta, andrò ad osservare la cima del pilastro dall'esterno. Quando vi darò il segnale, voglio che attiviate l'interruttore e che lo mantenete attivo fino a quando non vi dirò di disattivarlo», ordinò Tesla dirigendosi verso la porta aperta accanto a lui

Una volta fuori, si sistemò in modo da poter vedere la sfera di rame in cima al pilastro che sembrava un ago, e gridò attraverso la porta: «Czito, attiva l'interruttore, ora!»

Czito azionò l'interruttore ancora una volta e indietreggiò, ma mantenne il braccio teso per poter aprire rapidamente le pale del rotore in caso di emergenza. Non era successo niente di particolare durante le rapide attivazioni di contatto, ma ora l'apparecchio aveva la possibilità di salire al massimo della sua potenza, e nessuno sapeva cosa aspettarsi. Sapeva che l'apparecchio avrebbe tratto una fortissima corrente dalla bobina principale, simile ad un «cortocircuito», ed era cosciente del fatto che poteva essere distruttiva se lasciata circolare. Il commutatore avrebbe manifestato un'attività molto interessante se qualcosa fosse saltato. Czito si aspettava l'apparizione di un fulmine folgorante e la conseguente esplosione in caso di cortocircuito solamente uno o due secondi dopo aver attivato l'interruttore. Ma diversi secondi passarono senza il minimo cortocircuito.

Appena l'interruttore fu azionato, lo stesso rumore di crepitio e lo stesso schiocco che aveva udito poco prima sopra la testa riapparvero. Ma ora i rumori si intensificavano sempre di più. Il crepitio della bobina aumentava in un crescendo di schiocchi feroci. Molto al di sopra del tetto, i primi schiocchi irregolari furono accompagnati da un altro ancora più intenso, poi un altro, come la detonazione di un fucile. E quello che seguì fu ancora più rumoroso; si riavvicinarono fino a raggiungere il ritmo di una mitragliatrice. Le detonazioni in altitudine diventavano sempre più forti, ora come il boato di un cannone; le scariche si seguivano rapidamente una dopo l'altra, come se lo stabile fosse bombardato da scariche di fucileria. Il rumore era terrificante e il tuono faceva tremare la costruzione in un modo molto minaccioso.

L'immobile era riempito di una strana luce blu pallida. Le bobine fiammeggiavano in una massa di filamenti ardenti; delle fiamme sprizzavano da tutto ciò che si trovava nel laboratorio, dove regnava l'odore sulfureo dell'ozono e delle emanazioni provenienti dalle scintille, a tal punto da credere che gli inferni si fossero scatenati e rivoltati contro il palazzo.

Tenendosi proprio accanto all'interruttore, Czito poteva sentire e vedere le scintille nascere dalle sue dita, ognuna pizzicandolo come un ago che si conficcava nella pelle. Si chiese se sarebbe riuscito a raggiungere il pulsante e interrompere la corrente che scatenava quell'inferno elettronico: le scintille sarebbero diventate più lunghe e potenti se si fosse avvicinato all'interruttore? Quel boato assordante sarebbe mai finito? Il baccano tonante sopra di lui peggiorava ad ogni minuto. Perché Tesla non si fermava, prima di scuotere tutta la struttura? Avrebbe dovuto spegnere l'interruttore senza attendere il segnale? Forse Tesla era stato colpito, forse era addirittura morto e gli era impossibile dare il segnale per attivare il commutatore!

La dimostrazione sembrò durare almeno un'ora per Czito, mentre in realtà fino a quel punto l'esperimento era iniziato da un solo minuto. Tuttavia, erano successe tantissime cose durante quel breve lasso di tempo.

All'esterno Tesla, che per quell'occasione si era messo una redingote e una bombetta nera, si teneva dritto sul suo metro e novanta, ricordando un po' il pilastro che usciva dalla sua strana struttura che sembrava un fienile. Le suole e i tacchi delle sue scarpe erano ricoperti di uno strato di cauccù di quasi tre centimetri di spessore, che gli servivano da isolante e lo rendevano ancora più alto.

Quando diede a Czito il segnale per far scattare l'interruttore, alzò gli occhi al cielo, verso la sfera in cima al pilastro. Aveva appena iniziato a parlare quando vide una piccola scintilla sfuggire dalla sfera. Era fine e misurava solo circa tre metri di lunghezza. Non ebbe il tempo di gioirne che già una seconda, una terza, poi una quarta scintilla scaturirono, ognuna più lunga, più brillante, e di un blu più intenso della precedente.

«Ah!» esclamò Tesla, che restò a bocca aperta e si lasciò sfuggire un grido. Strinse le mani dalla gioia e le alzò verso il cielo, in direzione della cima del pilastro.

«Più scintille! Più lunghe, molto più lunghe! Cinque, dieci, quindici, venti, venticinque metri. Più brillanti e più blu. Non scintille filiformi ma lingue di fuoco, delle aste di fuoco che si scatenano selvaggiamente nei cieli». Le scintille che scaturivano dalla sfera avevano ora lo stesso spessore del suo braccio.

Tesla quasi non credette ai suoi occhi quando vide dei fulmini perfettamente sviluppati lanciarsi nei cieli, accompagnati da un boato di colpi di tuono. Quei fulmini misuravano ora quasi la metà della lunghezza della costruzione, ovvero più di quaranta metri, e il fragore del tuono si udiva sino a Cripple Creek, a ventiquattro chilometri da lì.

Poi improvvisamente, il silenzio.

Tesla si precipitò all'interno.

«Czito! Czito! Czito! Perché l'avete fatto? Non vi avevo chiesto di far scattare l'interruttore. Riattivatelo, presto!». Czito indicò il commutatore: era ancora attivo. Poi mostrò il voltmetro e l'amperometro sul riquadro. I due aghi indicavano zero.

Tesla capì immediatamente cosa stava succedendo. I cavi in entrata, che approvvigionavano la corrente fino al laboratorio, erano «morti».

«Czito,» disse bruscamente, «chiamate immediatamente la centrale. Non devono intervenire. Mi hanno tolto la corrente.»

La chiamata telefonica fu trasmessa alla centrale. Tesla si impossessò del telefono e urlò:

«Sono Nikola Tesla. Mi avete tolto la corrente! Dovete rimetterla subito! Non dovete in alcun caso interrompermi l'alimentazione!»

«Non l'abbiamo toccata la vostra corrente,» rispose una voce sgarbata dall'altro lato del filo. «Avete creato un cortocircuito sulla nostra linea con i vostri maledetti esperimenti, e avete distrutto la nostra stazione. Avete fatto saltare il nostro generatore che ora è in fiamme. Non abbiamo più corrente da darvi!»

Tesla aveva ideato il suo apparecchio in modo che potesse trasportare le correnti estremamente forti che si aspettava di ricevere dalla linea elettrica. Nonostante i suoi propri attrezzi fossero in grado di supportare l'equivalente di un grosso cortocircuito, aveva sovraccaricato il generatore della centrale della Colorado Springs Electric Company, che tentò coraggiosamente di supportare la carica supplementare; tuttavia, le forti sovratensioni erano ben troppo potenti per la dinamo che non era stata concepita per supportare dei tali sovraccarichi. I suoi fili diventarono sempre più caldi, e alla fine l'isolamento prese fuoco e i fili di rame nelle bobine d'indotto fusero come cera, aprendo allora i circuiti e interrompendo la produzione di elettricità.

La centrale era dotata di un secondo generatore di soccorso, che fu attivato poco tempo dopo. Tesla insisté per ricevere della corrente da quella macchina non appena questa funzionasse, ma la sua richiesta fu rifiutata. In futuro, gli avevano detto, avrebbe ricevuto corrente generata da una dinamo funzionante indipendentemente da quella riservata ai clienti regolari della compagnia. Gli precisarono che la dinamo indipendente sarebbe stata quella che aveva bruciato, e che non ne avrebbe ottenuto niente fino a quando non fosse stata riparata. Tesla propose di occuparsi delle spese per una riparazione speciale in urgenza, se gli avessero lasciato realizzare i lavori. Le dinamo a corrente alternata non avevano segreti per lui. Portando i suoi operai con sé alla centrale iniziò rapidamente i lavori di riparazione e, in meno di una settimana, la dinamo fu di nuovo operativa.

Per produrre terremoti e spettacolari effetti pirotecnici, un lampo ha bisogno solo di un po' meno di cinque centesimi di consumo di elettricità, ad un prezzo di cinque centesimi per kilowatt, un po' meno del prezzo medio per le spese domestiche d'elettricità. Il fulmine è composto da correnti particolarmente potenti, da diverse migliaia di ampere a milioni di volt, ma non dura che qualche milionesimo di secondo. Se costantemente alimentati da questa corrente «a cinque centesimi», allora i lampi potrebbero durare indefinitamente.

Nel suo laboratorio di Colorado Springs Tesla iniettava nella terra un flusso costante di corrente di un valore, in base al prezzo sopracitato, di circa 15 dollari all'ora. In un'ora riusciva a caricare la terra di un'energia elettrica di diverse centinaia di volte maggiore a quella contenuta in un solo lampo. Grazie al fenomeno di risonanza poteva produrre degli effetti elettrici sulla terra oltrepassando ampiamente quelli del fulmine, poiché una volta la risonanza stabilita aveva bisogno solo di fornire un'energia equivalente alle perdite per attrito al fine di mantenere quello stato.

Nel suo articolo del Century Magazine, pubblicato nel giugno 1900, Tesla descrisse il suo lavoro con l'oscillatore gigante, offrendo delle stime prudenti dei suoi risultati. Affermò:

«Per quanto incredibili possano sembrare questi risultati, sono insignificanti se comparati a quelli che possono essere raggiunti da un apparecchio ideato in base a questi stessi principi. Ho prodotto delle scariche elettriche la cui taglia reale, tra le due estremità, supera probabilmente i 30 metri, ma non sarebbe difficile raggiungere delle lunghezze di cento volte maggiori.

«Ho prodotto dei movimenti elettrici ad un ritmo di circa 100000 cavallo-vapore, ma produrne a uno, a cinque, o anche a dieci milioni di cavallo-vapore sarebbe facilmente realizzabile. Durante questi esperimenti gli effetti ottenuti erano notevolmente superiori a tutti quelli prodotti dall'uomo, eppure tali risultati non sono che uno scorcio di ciò che può essere.»

Il metodo impiegato da Tesla per mettere la terra in stato di oscillazione elettrica è l'equivalente elettrico dell'apparecchio meccanico descritto in precedenza: il pistone che saliva e scendeva ritmicamente creando delle onde stazionarie nell'acqua.

Tesla utilizzò un flusso di elettroni che veniva iniettato nella terra e poi pompato ad un ritmo rapido. All'epoca in cui gli esperimenti furono realizzati, l'elettrone non era ancora stato riconosciuto come particella fondamentale dell'elettricità; il termine impiegato era dunque quello di «flusso di elettricità».

Le iniezioni erano effettuate ad una frequenza di 150000 oscillazioni al secondo.

Queste producevano delle pulsazioni elettriche di una lunghezza d'onda di 2000 metri.

Estendendosi al di là di Colorado Springs, le onde in movimento si propagarono in tutte le direzioni in cerchi sempre più importanti, fino a varcare la curva della terra; poi, in cerchi più piccoli e con un'intensità più forte, sono converse verso il punto terrestre diametralmente opposto che si trovava leggermente ad ovest delle due isole francesi Saint-Paul e Nouvelle-Amsterdam, nella zona situata tra gli oceani Indiano e Antartico, a metà strada tra la punta sud dell'Africa ed il sud-ovest australiano. È in quel posto che si situava un formidabile polo sud elettrico, marcato da un'onda di grandissima ampiezza che saliva e scendeva all'unisono con l'apparecchio di Tesla installato al suo polo nord, a Colorado Springs. Scendendo, l'onda rinviava un eco elettrico che produceva lo stesso effetto al suo polo opposto. E proprio nel momento in cui ritornava a Colorado Springs, l'oscillatore si affrettava a formare un'onda che andava a rinforzare quella in entrata, per rinviarla con più potenza all'antipodo e rinnovare la performance.

Se questa manovra non avesse prodotto alcuna perdita, ovvero se la terra fosse un conduttore elettrico perfetto, senza alcuna fonte di resistenza, quel fenomeno di risonanza si sarebbe intensificato fino a diventare una forza distruttrice di proporzioni gigantesche, anche con la fonte di carica elettrica da 300 cavallo-vapore utilizzata da Tesla. Sarebbero state generate delle tensioni di grande ampiezza. Delle particelle cariche di materia sarebbero precipitate verso l'esterno della terra con un'enorme energia, e al termine, anche la materia solida terrestre sarebbe stata colpita e il pianeta intero disintegrato. Tuttavia, è impossibile produrre una risonanza perfetta. Tesla non mancò di sottolineare a che punto questo fatto era opportuno, senza il quale delle piccole quantità di energia potrebbero produrre effetti disastrosi. La resistenza elettrica del pianeta impediva di creare una risonanza perfetta, ma era possibile raggiungere una risonanza pratica in tutta sicurezza compensando in permanenza la quantità di energia persa nella resistenza, cosa che permetterebbe anche di controllare perfettamente la situazione.

Se mettessimo la terra in uno stato di oscillazione elettrica, una fonte di energia sarebbe messa a disposizione su tutta la superficie del globo. Un semplice apparecchio adattato, che conterrebbe gli stessi elementi di un'unità di controllo di una postazione radio ma più grandi (una bobina e un condensatore), con una presa da terra e un gambo metallico alto quanto un cottage, potrebbe allora sfruttare e rendere questa energia utilizzabile. Una tale combinazione assorbirebbe, in qualunque posto sulla superficie terrestre, l'energia emessa dalle onde affluenti e refluenti tra i poli elettrici nord e sud creati dagli oscillatori di Tesla. A parte i semplici tubi elettronici elaborati da Tesla, nessun'altra installazione sarebbe necessaria per l'illuminazione, o per il riscaldamento domestico. (Un mutatore di frequenza sarebbe tuttavia necessario al funzionamento dei motori ordinari. Effettivamente, Tesla mise a punto dei motori senza ferro che funzionavano grazie a delle correnti ad alta frequenza, ma non potevano competere con l'efficacia dei motori a bassa frequenza. Tuttavia, la trasformazione delle frequenze oggi è diventata possibile.)

L'apparecchio che Tesla utilizzò per caricare la terra si basava su un principio molto semplice. Sotto la sua forma più elementare, si trattava di un circuito contenente una grande bobina e un condensatore di ampiezza elettrica adattata per fornirgli la frequenza di oscillazione desiderata, una fonte di corrente elettrica per mettere il circuito sotto tensione, e un elevatore di tensione, anch'esso regolato per aumentare la tensione.

La corrente ricevuta dalla centrale, che si elevava a qualche centinaio di volt, era amplificata fino a più di 30000 volt da un semplice trasformatore piazzato in un armadio di ferro, prima di essere trasferita ad un condensatore. Questo, una volta riempito, si scaricava in una bobina legata ai suoi terminali. Il valore delle tensioni d'impulso, che si scambiavano illimitatamente tra il condensatore e la bobina, dipendeva dalla capacità del condensatore di mantenere la corrente, e la lunghezza, o induttanza, della bobina, attraverso la quale la scarica doveva diffondersi. Un arco elettrico tra i terminali collegati del condensatore e della bobina completava la traiettoria dell'oscillazione libera della corrente ad alta frequenza.

In un circuito oscillante la corrente ha un valore nullo all'inizio di ogni ciclo; in seguito aumenta per raggiungere un valore elevato prima di ricadere a zero alla fine di ogni ciclo. Vale lo stesso anche per la tensione. I due si intensificano fino a raggiungere dei valori elevati nel mezzo di ogni semi-ciclo.

La bobina, dove circola la corrente, è circondata da un campo magnetico prodotto dalla corrente. Con i flussi di correnti elevate, questi campi possono diventare molto importanti e di una forte intensità, in particolare alla metà di ogni semi-ciclo.

La bobina principale, o il circuito di messa sotto tensione dell'oscillatore di Tesla, comportava diverse spire di fili resistenti montati su una recinzione circolare di ventiquattro metri di diametro, ed era installata nella grande sala del suo laboratorio. Nello spazio di questo recinto chiuso, il campo magnetico aumentava di intensità ad ogni semi-ciclo della corrente nella bobina principale. Più i cerchi descritti dalla forza magnetica erano vicini al centro del recinto, e più si concentravano e accumulavano una forte densità energetica in quello spazio.

Al centro di quella zona si trovava un'altra bobina, regolata perfettamente per vibrare elettricamente in risonanza con il crescendo d'energia nel quale era immersa, 300000 volte al secondo. Questa bobina, che misurava circa tre metri di diametro, era composta da quasi un centinaio di spire montate su una sorta di supporto a forma di gabbia di circa tre metri di altezza. Questa, per risonanza, accumulava dei potenziali che potevano raggiungere un valore massimo di più di 100 milioni di volt. Da quell'epoca, nessun altro scienziato è mai riuscito a produrre delle correnti con anche solo un decimo di quel potenziale.

Quando la prima ondata di energia magnetica si abbatté su quella bobina, lo shock produsse una valanga di elettroni discendenti dalla bobina verso la terra, che si trovava elettricamente gonfia e con un potenziale aumentato. La seguente ondata di energia magnetica, di polarità inversa, provocò un maremoto di elettroni dalla terra che si precipitarono ad attraversare la bobina per erigersi fino al suo terminale, ovvero la sfera metallica fissata alla cima del pilastro di sessanta metri di altezza.

Il torrente discendente di elettroni si espandeva su una vastissima area terrestre, mentre il torrente ascendente si concentrava su una piccola sfera di metallo in cima al pilastro, sul quale si sviluppavano dei potenziali estremamente elevati. Gli elettroni sulla sfera si ritrovavano sotto una pressione elettrica esplosiva ed erano costretti a scappare. Perforavano l'aria circostante, creando una piccola apertura attraverso la quale si riversavano dei miliardi di miliardi di elettroni, la cui corsa folle trasformava il loro passaggio in una scia incandescente di diversi metri — in altre parole, producevano un lampo.

Dopo essere riuscito a far oscillare la terra come se si trattasse del pezzo di uno strumento del suo laboratorio, Tesla avrebbe ora testato le applicazioni pratiche del suo metodo unico di trasmissione di energia nel mondo intero. (Descrivendo il modo di trasmissione delle sue correnti attraverso la terra, Tesla affermò che la traiettoria della scarica andava direttamente dalla sua stazione al centro della terra, e continuava in linea retta fino all'antipodo. Anche il reflusso si effettuava allo stesso modo, e la corrente sulla traiettoria longilinea si propagava alla sua velocità normale, ovvero la velocità della luce. Dichiarò che questo flusso produceva una corrente di superficie di accompagnamento, che era a tempo al punto di partenza, e quando si trovava all'antipodo necessitava di velocità più elevate per espandersi alla superficie della terra. Le velocità in superficie sarebbero infinite ad ognuno degli antipodi, per poi diminuire rapidamente fino a raggiungere la regione equatoriale di questo asse, da dove si sarebbero diffuse alla normale velocità delle correnti.)

Le imprese che Tesla realizzò a Colorado Springs resteranno per sempre un mistero. Quei ricordi, impressi nella sua memoria infallibile, si sono spenti con lui. Fritz Lowenstein, un ingegnere elettrico competente che si interessava alle correnti ad alta frequenza, fu il suo assistente a Colorado Springs; tuttavia, Tesla non si confidò mai con lui, né con nessun altro.

Tesla non aveva l'abitudine di redigere dei resoconti dettagliati dei suoi esperimenti, come erano soliti fare gli scienziati e gli ingegneri per i loro test di laboratorio. Era dotato di una memoria notevole, completata dalla sua strana capacità di poter visualizzare di nuovo, e nei minimi dettagli, ogni evento passato. Non aveva bisogno di alcun manuale di riferimento, poiché era in grado di ottenere qualunque formula partendo dai concetti fondamentali; addirittura conosceva a memoria una tavola di logaritmi. È per questo motivo che mancano tracce scritte dei suoi esperimenti, e gli elementi che vennero archiviati hanno generalmente un'importanza solo secondaria.

I dati fondamentali di grande importanza che aveva intenzione di sviluppare più tardi in modo pratico erano conservati negli archivi della sua mente, in attesa del momento in cui sarebbe stato in grado di presentare un modello di lavoro pratico delle invenzioni che si basavano sulle sue scoperte. Non temeva di essere scavalcato da altri scienziati, perché era talmente avanti rispetto ai suoi contemporanei che poteva, in tutta sicurezza, permettersi di prendersi il tempo di elaborare le sue idee.

Era proprio intenzione di Tesla fare dello sviluppo delle sue ricerche il lavoro di un solo uomo. A quel tempo era intimamente convinto che avrebbe vissuto centoquindici anni, e che avrebbe partecipato attivamente a dei lavori sperimentali innovativi almeno fino al suo centesimo compleanno, data in cui avrebbe iniziato seriamente a riflettere sulla redazione della sua biografia e sul rapporto completo dei suoi lavori. Si conformò a questo piano fino all'età di ottant'anni, certo della sua realizzazione definitiva.

A causa di questa deplorevole idea, i dettagli tecnici delle principali scoperte realizzate a Colorado Springs fanno difetto. Tuttavia, unendo le informazioni frammentate pubblicate in un gran numero di opere, pare evidente che Tesla, oltre agli esperimenti realizzati sui movimenti delle sue enormi correnti elettriche, con lo scopo di stabilire un sistema di diffusione nel mondo intero e la creazione di diverse sonde per riuscirci, testò anche il suo sistema di trasmissione di energia ad una distanza di quaranta chilometri dal suo laboratorio, e riuscì ad accendere duecento lampade a incandescenza, di tipo Edison, grazie all'energia elettrica estratta dalla terra mentre il suo oscillatore era in funzione. Ognuna di queste lampade consumava circa cinquanta watt, e dal momento che ne erano state utilizzate duecento per quel test, l'energia consumata si elevava allora a 10000 watt, ovvero circa tredici cavallo-vapore.

La trasmissione senza fili di tredici cavallo-vapore attraverso la terra, su una distanza di quarantuno chilometri, può essere considerata come una dimostrazione sufficiente della fattibilità del progetto ideato da Tesla. Assicurò che il suo metodo di trasmissione d'energia aveva un efficacia di oltre il 95%, così, grazie a un oscillatore di 300 cavallo-vapore, avrebbe sicuramente potuto realizzare più di una dozzina di dimostrazioni ovunque nel mondo allo stesso tempo. Per ciò che riguarda l'ultima affermazione, precisò: «In questo nuovo sistema, in realtà poco importa che la trasmissione venga effettuata a qualche chilometro di distanza o a diverse migliaia. Anzi, non ha proprio alcuna importanza»

Nell'articolo del Century pubblicato nel giugno 1900 affermò: «Anche se non ho ancora realizzato la trasmissione di una grande quantità di energia, ovvero a scala industriale su una lunga distanza, con questo nuovo metodo ho fatto funzionare diversi modelli di centrali in delle condizioni esattamente identiche a quelle delle più grandi centrali elettriche di questo genere, e la viabilità del sistema è perfettamente dimostrata»

Nei suoi ultimi decenni Tesla insisté molto sull'esistenza, la realtà, l'importanza e la disponibilità di numerose scoperte realizzate a Colorado Springs che non sarebbero state diffuse. L'autore esortò due o tre volte Tesla a rivelarle, per ovviare a ogni rischio di cadere nel dimenticatoio; ma siccome l'inventore restò scettico di fronte a questa eventualità, gli si chiese di lasciar fare all'autore qualcosa che avrebbe permesso il loro sviluppo concreto. Tesla espresse con cortesia la sua gratitudine per l'interesse manifestato, ma rimase assolutamente categorico sul fatto che avrebbe gestito lui stesso i suoi affari come voleva, e che si aspettava di ricevere molto rapidamente i fondi che gli avrebbero permesso di sviluppare le sue invenzioni.

Nell'autunno 1899 Tesla ritornò a New York, ancora una volta senza un soldo ma convinto che i suoi sforzi avevano contribuito ampiamente ad arricchire l'umanità con delle scoperte scientifiche importanti. Tuttavia, la nuova dimensione generata dai suoi lavori era ancor più notevole: l'uomo aveva creato un metodo grazie al quale avrebbe potuto controllare il suo enorme pianeta, osservare quel corpo celeste da una prospettiva divina, dove il pianeta diventava il pezzo di una macchina da laboratorio che poteva manipolare come meglio credeva.

Gli scatti che Tesla portò a New York, che illustravano le gigantesche scariche elettriche prodotte dal suo oscillatore, e le storie che raccontò sui suoi esperimenti crearono una grande impressione nel suo cerchio di amici. Fu proprio in quel momento che Robert Underwood Johnson, uno dei redattori del Century Magazine, al quale Tesla aveva spesso reso visita presso il suo domicilio nel lussuoso quartiere di Murray Hill sulla Madison Avenue, chiese all'inventore di redigere un articolo per raccontare le sue imprese.

Quando l'articolo fu scritto, Johnson lo rinviò a Tesla dicendogli che gli aveva procurato un minestrone di fatti filosofici senza sentimento al posto di uno spezzatino palpitante di succosi aneddoti. L'inventore aveva solo marginalmente fatto cenno alle sue recenti imprese incredibili e aveva, invece, dissertato su un sistema filosofico nel quale l'evoluzione dell'umanità poteva essere considerata come un processo puramente meccanico, attivato dalle fonti di energia disponibili. L'articolo fu rinviato tre volte a Tesla, e altrettante volte riscritto, a dispetto del fatto che ogni redazione fosse di altissima qualità letteraria.

L'articolo intitolato «Il problema dell'intensificazione dell'energia umana» fece scalpore. Tra coloro in cui suscitò un grandissimo interesse si trovava J. Pierpont Morgan, un vero e proprio colpo di fortuna per Tesla. Il grande finanziere aveva un piccolo debole per i geni, e Tesla era il perfetto rappresentate di questa specie.

Morgan il finanziere era un uomo celebre, ma Morgan il filantropo era una personalità eccezionale. Sconosciuto al grande pubblico, le sue gesta benefattrici erano tenute segrete con grande cura. Ma non sempre ci riusciva, poiché ci sono necessariamente due parti coinvolte in un atto di beneficenza: il donatore e il ricevente, e a volte la gratitudine di quest'ultimo poteva rapidamente minare la protezione del segreto.

Tesla fu invitato a recarsi da Morgan, e divenne in poco tempo uno dei favoriti della famiglia. La lunga lista delle sue imprese, che ne lasciavano presagire altre ancor più eccezionali per il futuro, la sua personalità gradevole, i grandi valori morali e di comportamento, il suo stile di vita solitario, il suo modo di dedicarsi completamente al lavoro e il suo entusiasmo da bambino erano dei fattori che contribuivano al fatto che venisse ammirato non solo da Morgan, ma anche da coloro che lo conoscevano bene.

Morgan si informò sulla struttura finanziaria di Tesla. A quell'epoca esisteva un numero limitato di grandi gruppi finanziari che giocavano una partita di scacchi a scala planetaria, in cui le pedine erano le risorse economiche mondiali. Le scoperte realizzate da un genio del calibro di Nikola Tesla avrebbero potuto avere un effetto considerevole sul destino di uno o di molti di questi gruppi. Era dunque indispensabile, per un imprenditore di quel campo, conoscere meglio gli impegni dell'inventore. Morgan fu senza dubbio sorpreso e soddisfatto nell'apprendere che

Tesla era un inventore solitario, alla ricerca dei fondi necessari per continuare le sue ricerche.

Morgan era cosciente del valore inestimabile del sistema polifasico a corrente alternata inventato da Tesla. I lavori al Niagara erano stati un'iniziativa di Morgan, e dei piani giganteschi erano in via di elaborazione basandosi sul loro successo già provato. L'uomo che posò le basi scientifiche e tecniche di questa nuova e redditizia epoca industriale basata sull'elettricità era rovinato, e si apprestava a sviluppare una nuova fonte di distribuzione di energia. Aveva sorpassato la minuscola distanza di Edison di un chilometro con un gigante dalla portata di più di mille chilometri, e lavorava ora su un sistema di cui gli esperimenti avevano dimostrato la capacità di distribuire, senza fili, l'energia fino ai confini della terra, il tutto producendo una frazione minima delle perdite generate dal sistema di trasmissione di energia attraverso fili di Edison su una distanza di meno di un chilometro. Era addirittura in grado di inviare della corrente attorno alla terra consumando meno energia che utilizzando il suo proprio sistema di corrente alternata per distribuirne su una distanza di circa centosessanta chilometri. Le implicazioni economiche di questa invenzione confondevano l'immaginazione. Quali sarebbero state le ripercussioni sulla scacchiera su cui giocavano i grandi gruppi finanziari mondiali?

Il nuovo sistema di distribuzione di energia senza fili avrebbe trovato posto nella struttura economica e finanziaria attuale? Avrebbe potuto essere applicato apportando più benefici che danni di grande portata? Se si fosse scelto di svilupparlo, chi sarebbe stato il migliore a controllarlo? Avrebbe potuto essere controllato in modo concreto, quando qualunque luogo della terra sarebbe servito da sfiatatoio ad una riserva illimitata di energia per tutti coloro che avessero voluto attingerne utilizzando un semplice apparecchio? Come percepire i compensi per questo servizio?

Ecco le domande più evidenti che attraversarono immediatamente i pensieri di Morgan riguardo il sistema di energia mondiale di Tesla. Inoltre, quest'ultimo proponeva un sistema di diffusione mondiale di attualità, di svago, di sapere, e di moltissimi altri soggetti interessanti. Morgan capiva molto bene gli aspetti pratici rappresentati da una comunicazione senza fili, in cui una carica poteva trasmettere dei messaggi da un punto a un altro, cosa che faceva parte del sistema sviluppato da Tesla, ma di cui non ne costituiva che un'infima parte in confronto ai sistemi più importanti di distribuzione di energia e di diffusione.

Una mente come quella di Morgan aveva capito che degli spiriti ingegnosi avrebbero potuto elaborare un metodo per mettere quei servizi mondiali su una base redditizia, ma questo nuovissimo progresso di Tesla aveva una dimensione fantastica che contrariava questi spiriti per così dire «pratici», che non avevano l'abitudine di avere idee di prim'ordine. Il nuovo sistema avrebbe potuto rivelarsi più importante del sistema polifasico, che venne negoziato da Westinghouse per la cifra record di 1 milione di dollari. Westinghouse era allora il più grande concorrente del sistema di Edison, che Morgan aveva sostenuto, e in particolare quello della *General Electric Company*, di cui Morgan aveva organizzato il finanziamento. Nonostante Westinghouse avesse ottenuto un monopolio, si trovò il modo di forzarlo a condividerlo attraverso un contratto di licenza con la *General Electric Company*, perché la società di Morgan avesse altrettanta possibilità di poter sfruttare quel ricco mercato.

La storia si stava sicuramente ripetendo con lo stesso inventore, che possedeva ora un sistema di iper-superpotenza per rimpiazzare il suo stesso sistema superpotente. In questo caso, Morgan poteva trovarsi in una situazione che gli avrebbe permesso di impossessarsi del monopolio del potere mondiale.

Il gruppo detentore del monopolio di controllo su un tale sistema avrebbe potuto scegliere di svilupparlo o meno, a suo piacimento. Avrebbe potuto svilupparlo per produrre un beneficio rimpiazzando, o completando, il sistema corretto di distribuzione attraverso cavi, o allora avrebbe potuto metterlo da parte per evitare di perturbare il sistema attuale. Avere il monopolio di quel sistema avrebbe potuto impedire qualunque altro gruppo di impossessarsene e di utilizzarlo come argomento per ottenere delle concessioni da coloro che dominavano le imprese esistenti. Possedere i brevetti di diffusione e di energia mondiale di Tesla poteva rivelarsi un investimento molto proficuo, nonostante il prezzo da pagare per ottenerli fosse stato elevato.

Ma esisteva un'altra dimensione più sottile della situazione. Senza avere il sostegno finanziario necessario, un sistema mondiale come quello che Tesla aveva proposto non avrebbe mai potuto essere concretizzato. Se un gruppo potente aveva l'opportunità di ottenerlo dall'inizio e di ottenerne il monopolio ma non lo faceva, e diventava in seguito evidente che questo era stato fatto apposta, l'effetto prodotto da una tale decisione avrebbe potuto facilmente portare a spaventare qualunque altro gruppo e avrebbe scoraggiato chiunque a voler sostenere il sistema.

Tuttavia, durante i suoi incontri con Tesla Morgan non accennò ad alcun aspetto commerciale o pratico. Il suo interesse era solamente quello di un mecenate che cercava di aiutare un genio ad esprimere i suoi talenti creativi. Fece dei regali a Tesla, ai quali non mise alcuna condizione: l'inventore poteva utilizzare il denaro come meglio credeva. Non esiste alcuna informazione precisa sul montante di quei contributi, ma secondo una fonte affidabile vicina a Tesla la somma che ricevette poco tempo dopo si elevava a 150000 dollari. Si stima che i contributi ulteriori, sparsi su diversi anni, gli apportarono in totale il doppio di quella cifra.

Tesla non nascose il sostegno di Morgan. In un articolo dell'*Electrical World and Engineer* pubblicato il 5 marzo 1904, descrisse i lavori sull'energia senza fili che aveva svolto fino a quel punto e indicò:

«Per una gran parte del lavoro che ho svolto finora sono debitore del Sig. J. Pierpont Morgan, per la nobile generosità di cui ha dato prova, ancor più apprezzata e stimolante dal momento che arrivò in un periodo in cui coloro che avevano promesso di più, si rivelarono essere i più grandi scettici»

Quando Morgan realizzò il suo primo contributo iniziò a circolare la voce che avesse un interesse finanziario nell'affare in cui si era imbarcato Tesla. La situazione che ne risultò si rivelò utile per Tesla, a causa dell'immenso prestigio del finanziere. Tuttavia, qualche tempo dopo, quando Tesla ebbe disperatamente bisogno di soldi e divenne evidente che Morgan non si era impegnato finanziariamente nel progetto e, verosimilmente, non sarebbe venuto in aiuto dell'inventore, la situazione precipitò e diventò incontestabilmente e definitivamente insoddisfacente.

Tuttavia, nel 1900, Tesla aveva 150000 dollari sottomano e un'idea colossale da mettere in atto. Il superuomo rivoluzionario, trasportato da un maremoto di gloria e di popolarità, si mise al lavoro.

VIBRAZIONI INTERNE

DODICI

L'anno 1900 ha segnato per Tesla non solo l'inizio di un nuovo secolo, ma anche l'inizio dell'era della superpotenza e della radiodiffusione. Con l'incoraggiamento da JP Morgan da sostegno, per avere più incentivi che il proprio istinto interiore forniva, e con $ 150 000 in contanti provenienti dalla stessa fonte, Tesla era pronto a lanciarsi in un business gigantesco, la costruzione di un mondo di energia senza fili e una stazione di trasmissione globale.

Il denaro sarebbe stato del tutto insufficiente a finanziare il progetto a compimento, ma questo non lo scoraggiò. Aveva bisogno di un laboratorio, sia per sostituire quello situato Houston Street, diventato totalmente inadatto, e sia per includere il materiale del tipo usato in Colorado Springs, ma progettato per essere utilizzato nel processo effettivo di trasmissione globale. La posizione fu determinata a seguito di un accordo stipulato con James S. Warden, direttore e funzionario della contea di *Suffolk Land Company*, un avvocato e un banchiere occidentale, avendo acquisito quasi 800 ettari terreno in *Shoreham, Suffolk County*, Long Island, a circa sessanta miglia da New York. Questa terra è stata la base di uno sviluppo immobiliare sotto il nome di Wardencliff.

Tesla mirava ad una stazione di trasmissione che avrebbe impiegato migliaia di persone. Finalmente intraprese la creazione di una Città Radio, qualcosa di molto più ambizioso dell'azienda nel Rockefeller Center di New York, nome ancora oggi in uso. Tesla aveva previsto che tutti i canali di lunghezza d'onda siano trasmessi da una singola stazione, un progetto che gli avrebbe dato il monopolio completo delle attività di radiodiffusione. Una occasione d'oro per gli uomini d'affari miopi del suo tempo che hanno perso, non prendendo parte al progetto! Ma a quel tempo, Tesla era il solo a credere alla radiodiffusione moderna. Tutti si vedevano nel senza fili come qualcosa di utile solo per l'invio di comunicazioni telegrafiche tra la nave e la costa e oltre l'oceano.

Tuttavia, il signor Warden vide tutti i tipi di possibilità nei piani di Tesla, e gli offrì un terreno da 81 ettari, di cui 8,1 ettari sono stati cancellati per la sua centrale elettrica, nella speranza che i due mila uomini che sarebbe presto venuti a lavorare presso la stazione, avrebbero costruito delle case in luoghi sparsi per il resto dei 800 ettari di terreno. Tesla accettò.

Stanford White, il celebre designer di molte chiese e altri monumenti architettonici in tutto il paese, era un amico di Tesla. Ha condiviso con il famoso architetto la sua visione di una «bella città» industriale e gli chiese di collaborare alla realizzazione del suo sogno. Mr. White era entusiasta di questa idea e, come prova del suo contributo al lavoro di Tesla, si offrì di prendere in consegna i costi di progettazione della strana torre, di cui l'inventore aveva fatto uno schizzo, e di tutta l'opera architettonica coinvolti nel piano generale della città. Il vero lavoro è stato fatto da WD Crow, di East Orange, New Jersey, uno dei soci di White, che in seguito divenne noto come il progettista di ospedali e altri edifici istituzionali.

Era davvero una magnifica torre, con strane limiti strutturali, che lo stesso signor Crow aveva progettato. Tesla aveva richiesto una torre di circa 47 m di altezza, in modo da sopportare alla sua sommità un elettrodo di rame gigante di 30,5 m di diametro a forma di ciambella gigante con un diametro del tubo di 6,1 m. (E 'stato poi cambiato in un elettrodo emisferico.)

La torre doveva avere un quadro strutturato, costruito quasi interamente in legno, il metallo doveva essere ridotto al minimo e tutte le strutture metalliche usate dovevano essere in rame. Nessun dato tecnico era disponibile sulle strutture in legno dell' altezza e tipo.

La struttura che Tesla richiedeva, aveva una grande quantità di «velatura», o di superficie esposta al vento, concentrata nella parte superiore, creando vincoli da prendere in considerazione in una torre possedente una limitata stabilità. Mr. Crow risolse i problemi tecnici, compito altrettanto difficile nell'integrazione qualità estetiche di un tale edificio.

Una volta che il disegno era completo, si verificò un altro problema. Nessuno dei noti imprenditori potevano essere proposti per intraprendere il compito di erigere la torre. Un cornicciaio abile, associata a *Norcross Bros.*, una grande società contraente in quell'epoca, ha, alla fine, ripreso il contratto, anche se aveva espresso la preoccupazione che le tempeste invernali avrebbero potuto rovesciare la struttura. (Eppure è rimasta in piedi per una dozzina di anni. Quando il governo, per ragioni militari, decise che era necessario rimuovere questo monumento durante la prima guerra mondiale, sono stati necessari pesanti carichi di dinamite per il crollo, e anche lì rimase saldamente ancorato al suolo come un invasore marziana uscito da *La guerra dei mondi* di Wells). La torre è stata completata nel 1902, e con essa, la costruzione di un edificio di mattoni da un'altezza di oltre 29 metri che serviva come residenza della centrale elettrica e del laboratorio. Mentre le strutture erano in costruzione, Tesla percorreva ogni giorno la strada dal Waldorf-Astoria

Hotel fino Wardencliff, arrivando in prossimità della centrale di Shoreham poco dopo le undici del mattino e non partiva prima delle tre e mezzo del pomeriggio. Era sempre accompagnato da un servo, un serbo, che portava un pesante cesto di cibo. Una volta trasferito il laboratorio di Houston Street, pienamente operativo Wardencliff, Tesla affittò il cottage Bailey vicino alla costa di Long Island e vi si stabilì per un anno.

Attrezzature pesanti, le dinamo e i motori che Tesla richiedeva per la sua fabbrica erano di un design insolito, non fabbricato dai produttori, e ha incontrato molti fastidiosi ostacoli nell'ottenere tali materiali. Egli è stato in grado di condurre una serie di esperimenti sulla corrente ad alta frequenza e molti altri nel suo nuovo laboratorio, ma il progetto principale, quello relativo alla creazione della stazione radiodiffusione in tutto il mondo, rallentava. Nel frattempo, un certo numero di vetrai fabbricavano per lui dei tubi per la trasmissione e la ricezione dell'emissioni della radiodiffusione. Tutto ciò è avvenuto una decina di anni prima che De Forest inventasse la forma del tubo per la radio attualmente utilizzato. Tesla si portò con lui, dopo la morte, il segreto dei tubi.

Tesla non sembrava aver paura per nulla delle correnti di alta frequenza di milioni di volt che creava. Aveva, però, il massimo rispetto per la corrente elettrica in tutte le sue forme e mostrava la massima attenzione quando lavorava con il suo dispositivo. Mentre lavorava su circuiti che potevano mettersi « on », lo faceva sempre con una mano in tasca, utilizzando l'altra per gestire i suoi attrezzi. Insisteva sul fatto che tutti i suoi operai facessero lo stesso quando lavoravano su circuiti a corrente alternata a bassa frequenza di 60 cicli, che il potenziale fosse di 50 000 o 110 volt. Questa tecnica riduceva la possibilità che una corrente pericolosa attraversasse il corpo, dove c'era più possibilità che potesse arrivare al cuore.

Nonostante la grande cura che mostrava in tutta la sua opera sperimentale, Tesla aveva scampato la morte in fabbrica a Wardencliff. Stava conducendo degli esperimenti sulle proprietà dei piccoli getti d'acqua di diametro in movimento ad alta velocità e ad altissima pressione, di circa 68.95 kilopascal. Tale alluvione potrebbe essere colpito da un'asta di ferro pesante senza essere disturbato. L'asta rimbalzerebbe come se avesse colpito un altra asta di ferro resistente, una proprietà strana per una sostanza meccanicamente debole come l'acqua. Il cilindro contenente acqua ad alta pressione era in ferro battuto pesante. Tesla, non essendo in grado di ottenere un tappo in ferro forgiato per la superficie superiore, utilizzò un tappo di ghisa pesante, un metallo fragile. Un giorno, mentre aumentava la pressione fino al punto più alto di quanto avesse mai fatto, il cilindro esplose. Il tappo in ghisa si ruppe e un grosso pezzo passò a pochi centimetri dalla sua faccia seguendo una traiettoria verso l'alto prima che passasse attraverso il tetto. Il getto d'acqua ad alta pressione ebbe effetti distruttivi speciali su tutto ciò con cui entrò in contatto, anche i metalli duri e solidi. Tesla non rilevò mai lo scopo o i risultati degli esperimenti ad alta pressione.

L'insistenza di Tesla di voler che il suo laboratorio fosse sempre impeccabilmente pulito aveva quasi causato una tragedia, e tutto a causa di un assistente distratto. Erano stati prese delle disposizioni per l'installazione di un pesante pezzo di macchinario che doveva essere fissato con bulloni al pavimento di calcestruzzo spesso. Dei fori sono stati perforati nel calcestruzzo. Il piano era quello di versare piombo fuso in questi fori e avvitare i bulloni in metallo pesante quando si sarebbe raffreddato. Appena i fori furono perforati, un giovane assistente cominciò a pulire i detriti. Egli non solo spazzò il pietrisco e la polvere, ma ha anche afferrò un mocio e lavò a fondo la zona del pavimento, lasciando, incautamente, parte dell'acqua entrare nei fori. Successivamente asciugò il terreno. Nel frattempo, Tesla e George Scherff, che era il suo segretario finanziario, ma che ha anche assistito Tesla in ogni modo possibile ovunque potesse essere utile, facendo fondere il piombo, che conservano le viti nei fori del pavimento. Scherff prese il primo grande mestolo pieno di piombo dal forno, poi si diresse al laboratorio dove erano stati perforati i fori, seguito subito dopo da Tesla con un altro mestolo.

Scherff si chinò, e proprio quando versò il metallo liquido ancora caldo in uno dei fori, seguì un'esplosione immediatamente. Il piombo fuso fu gettato in aria verso il suo volto in una pioggia di bollente di gocce di metallo liquido. L'acqua che l'assistente aveva usato per pulire il pavimento si era installata nei fori e quando il piombo fuso venne in contatto con esso, si convertì in vapore, e esplose fuori dal foro come una palla proveniente dalla canna di un fucile. I due uomini furono inondati con gocce di metallo caldo e lasciarono cadere i mestoli. Tesla, che era a solo pochi centimetri, fu solamente leggermente ferito; Scherff si bruciò molto il viso e le mani. Delle gocce di metallo entrarono nei suoi occhi e furono così tanto ustionati che si temette per tanto tempo che la sua vista non potesse essere salvata.

Tuttavia, nonostante le possibilità quasi illimitate di incidenti in relazione alla grande varietà di esperienze che Tesla condusse nelle zone inesplorate, utilizzando delle tensioni, delle intensità di corrente, pressioni, velocità e alte temperature, aveva avuto un solo incidente nel corso della sua carriera in cui si ferì. Uno strumento affilato era scivolato, tagliando il palmo e perforando la mano. L'incidente Scherff fu l'unico incidente in cui si ferì un membro del personale, ad eccezione di quella di un giovane assistente che si procurò delle ustioni con raggi X. Era stato probabilmente esposto al raggio delle provette di Tesla. Tesla, che a sua insaputa e quella degli altri, li aveva prodotti prima ancora che Roentgen annunciasse di averli scoperti. Tesla gli diede un altro nome e non studiò pienamente le loro proprietà. Questo è probabilmente il primo esempio noto di ustioni con i raggi X.

Tesla era un lavoratore instancabile, ed era, per lui, difficile capire perché gli altri non erano in grado come lui di svolgere tali imprese di resistenza. Era disposto a pagare eccezionali salari alti per i lavoratori disposti a stare con lui per i lavori più lunghi, ma non ha mai chiesto a chiunque di lavorare al di là della giornata di lavoro richiesta. Una volta, un pezzo di materiale che stava aspettando da tempo arrivò, e Tesla era impaziente di vederlo installato e operativo al più presto possibile. Gli elettricisti lavorarono durante ventiquattro ore, fermandosi solo per mangiare prima di tornare per altre ventiquattro ore. Gli operai terminarono, uno dopo l'altro, scegliendo un posto nell'edificio dove potere dormire. Mentre facevano da otto a dodici ore di sonno, Tesla continuò a lavorare. Quando sono tornarono, Tesla non sembrava affaticato e continuò a lavorare con loro, anche se non dormiva da tre giorni. Gli uomini ebbero accordati in seguito parecchi giorni di congedo per poter riposare; ma Tesla, che sembrava aver fatto nulla nei tre giorni di lavoro, continuò i suoi esperimenti il giorno successivo, realizzando così un totale di ottantaquattro ore senza dormire o riposare.

La fabbrica Wardencliff era principalmente destinato a dimostrare la fase di trasmissione del suo «Sistema Globale»; la stazione di distribuzione di energia doveva essere costruita alle cascate del Niagara.

In quel periodo, Tesla aveva pubblicato un opuscolo sul suo «Sistema Globale» che mostrava i notevoli progressi che aveva programmato nell'arte del senza fili, chiamata adesso radio, mentre altri studiosi cercavano di familiarizzare con dispositivi rudimentali. A quel tempo, però, le sue premesse sembravano irreali. L'opuscolo conteneva la seguente descrizione del sistema e dei suoi obiettivi:

Il sistema mondiale è una combinazione di diverse scoperte originali, realizzati dall'inventore durante la sua lunga ricerca e sperimentazione. Non solo permette la trasmissione senza fili immediata e precisa di qualsiasi tipo di segnale, messaggi o caratteri in tutte le regioni del mondo, ma anche l'interconnessione di telegrafo e telefoni esistenti, e di tutte le altre stazioni di segnale senza che sia necessario modificare le loro attrezzature. Permette, per esempio, ad un abbonato telefonico di chiamare qualsiasi altro utente sulla terra. Non più grande di un orologio, un ricevitore a buon mercato permetterà di ascoltare ovunque, a terra e in mare, un discorso pronunciato, o della musica suonata in un altro luogo, qualunque sia la distanza. Questi esempi vengono dati solo per dare un'idea delle possibilità che può dare questo grande progresso scientifico, che elimina le distanze e rende questo conduttore perfetto che è la terra, può essere usato per conseguire gli innumerevoli obiettivi che l'ingegno umano ha trovato per le sue linee di trasmissione. Uno dei più importanti risultati di tutto questo è che qualsiasi dispositivo con uno o più fili (ovviamente una distanza limitata) opererà anche allo stesso modo, senza conduttori artificiali e con la stessa facilità e precisione, a distanze che non ci sono limiti oltre a quelli imposti dalle dimensioni fisiche della terra. Quindi non solo nuovi campi commerciali potranno essere aperti grazie a questo metodo ideale di trasmissione, ma i vecchi guadagneranno molto terreno.

Il Sistema Globale si basa sull'applicazione delle seguenti scoperte e invenzioni importanti:

Il Trasformatore Tesla. Nella sua produzione di vibrazioni elettriche, questo dispositivo è rivoluzionario quanto la polvere da sparo in tempo di guerra. Con un dispositivo di questo tipo, l'inventore ha riuscito a produrre delle correnti mai generate finora dai mezzi usuali. Ha anche prodotto delle scintille di più di 30 m di lunghezza.

L'amplificatore trasmettitore. Questa è la migliore invenzione di Tesla. È un particolare trasformatore appositamente adattato per stimolare la terra, che è la trasmissione di energia elettrica che il telescopio è in osservazioni astronomiche. Utilizzando questo meraviglioso dispositivo, ha già creato delle manifestazioni elettriche di intensità maggiore di quella di un fulmine e ha creato una corrente sufficiente per accendere oltre duecento lampade ad incandescenza in tutto il mondo.

Il sistema senza fili di Tesla. Questo sistema comprende una serie di miglioramenti ed è l'unico modo conosciuto per trasmettere energia elettrica economicamente a distanza senza fili. Prove e misure meticolosi, in connessione con una stazione sperimentale di grande attività, eretta dall'inventore in Colorado, hanno dimostrato che qualsiasi quantità di energia potrebbe essere inviata in tutto il mondo, se necessario, con un percentuale molto bassa di perdita.

La tecnica di individualizzazione. Questa invenzione di Tesla è quella di messa a punto primitiva, quale lingua raffinata è una lingua non articolata. Esso consente la trasmissione di segnali o messaggi, nel segreto assoluto ed esclusivo, in maniera attiva e passiva, cioè, senza interferenze e senza essere interferito. Ogni segnale è come un individuo con identità unica e non vi è praticamente alcun limite al numero di stazioni o dispositivi che possono operare contemporaneamente senza alcun segno di disturbo.

Le Onde Permanenti Terrestri. Questa meravigliosa scoperta, comunemente spiegata, significa che la Terra è sensibile a delle vibrazioni elettriche di una certa altezza, come un diapason a certe onde sonore. Queste vibrazioni elettriche specifiche, in grado di eccitare potentemente la terra, si prestano a innumerevoli usi di grande importanza dal punto di vista commerciale, e in molti altri aspetti.

La prima centrale di questo Sistema Globale può essere messa in servizio in nove mesi. Con essa, sarà possibile produrre attività elettrica fino a quasi dieci milioni di cavalli. E 'stata progettata per portare il maggior numero di successi tecnici possibili, senza spese eccessive. Tra questi si possono menzionare:

L'interconnessione di scambi o di uffici telegrafici esistenti in tutto il mondo;

L'istituzione di un servizio telegrafico del governo segreto e non può essere interferito;

L'interconnessione di tutte le centrali telefoniche esistenti o uffici in tutto il mondo;

La diffusione universale delle informazioni di carattere generale, telegrafo o telefono, in connessione con la stampa;

L'istaurazione di un Sistema Globale di trasmissione per informazioni ad uso esclusivamente privato;

L'interconnessione e l'esercizio di tutte le stampanti degli archivi del mondo;

L'introduzione di un Sistema Globale di distribuzione di musica ...;

La registrazione universale del tempo da orologi a buon mercato che indicano l'ora con precisione astronomica e non richiedono alcuna manutenzione;

La trasmissione tramite stampante di caratteri, lettere, assegni ... scritto a mano o digitato a macchina;

L'introduzione di un servizio universale per la marina, permettendo ai navigatori di tutte le navi di orientarsi perfettamente senza bussola, per determinare la loro esatta posizione, il tempo e la velocità, evitare collisioni e disastri ...;

L'inaugurazione di un sistema di stampa globale su terra e su mare;

Riproduzione di fotografie in tutto il mondo, e tutti i tipi di disegni o registrazioni.

Così, per oltre quarant'anni Tesla prevedeva di inaugurare tutte le caratteristiche della radio moderna, e diverse strutture che non sono ancora stati sviluppati. Avrebbe continuato per altri venti anni, ad essere l'unico inventore del « senza fili » per aver mostrato un servizio di radio diffusione.

Mentre lavorava sul suo impianto di radiodiffusione a Wardencliff, Tesla sviluppò anche dei piani per stabilire la propria centrale elettrica di potenza mondiale alle cascate del Niagara. Era così sicuro del successo dei suoi sforzi che, in una intervista stampa nel 1903, affermò che avrebbe acceso le lampade della prossima mostra internazionale a Parigi, grazie alla potenza trasmessa in modalità senza fili dalle cascate. Tuttavia, delle circostanze impedirono di mantenere quella promessa. Le difficoltà incontrate ed i suoi piani sono stati delineati in una dichiarazione rilasciata in *Electrical World and Engineer*, il 5 marzo 1904:

«Il primo di questi impianti centrali sarebbe finito se non avessimo incontrato dei ritardi imprevisti che, per fortuna, non hanno nulla a che fare con delle caratteristiche puramente tecniche. Ma questa perdita di tempo, anche se fastidiosa, può, dopo tutto, essere una buona cosa. La migliore concezione di quelle che so di aver adottato, e il trasmettitore emanerà un complesso d'onda, con un'attività totale massimo di 10 milioni di cavalli, di cui solo l'uno per cento di esso è sufficiente per « la cintura del globo ». Questa tale quantità di energia, circa il doppio di quella creata dalle cascate del Niagara, si ottiene utilizzando alcuni trucchi, che rivelerò nel tempo.

«Per gran parte del lavoro che ho fatto fino ad ora, sono grato a Mr. J. Pierpont Morgan per la generosità nobile che ha dimostrato, ancor più benvenuta e stimolante che è arrivata in un momento in cui coloro che hanno promesso il massimo, sono stati i più grandi scettici. Devo anche ringraziare il mio amico Stanford White, per tutto l'aiuto disinteressato e prezioso che ha mostrato. Questo lavoro è ormai a buon punto, e anche se i risultati a volte sono lenti ad arrivare, sono garantiti.

«Nel frattempo, non abbiamo trascurato la trasmissione di energia su scala industriale. La *Canadian Niagara Power Company* mi ha offerto una grande ricompensa, e dopo aver raggiunto il successo nell'interesse dell'arte, mi darà la più grande soddisfazione di rendere la loro concessione il più redditizio, possibile, finanziariamente per loro. In questo primo impianto, il cui disegno mi ha preso un lungo periodo di tempo, ho proposto a distribuire 10 000 cavalli con una tensione di 10 milioni di volt, che ora posso generare e gestire in modo sicuro.

«Questa energia sarà raccolta in tutto il mondo, preferibilmente in piccole quantità, che vanno da una frazione di un cavallo-vapore per alcuni cavalli. Uno degli impieghi principali sarà l'illuminazione delle case isolate. Illuminare una casa con dei tubi vuoti azionati da correnti ad alta frequenza richiede pochissima energia, e in ogni caso un terminale situato leggermente al di sopra del tetto sarà sufficiente. Un'altra applicazione utile è la guida di orologi e dispositivi simili. Questi orologi sono estremamente semplici, richiedono alcuna manutenzione e indicano il tempo in secondi. L'idea di fare capire al mondo l'orario americano è affascinante e molto probabilmente da diventare popolare. Ci sono innumerevoli dispositivi di tutti i tipi, che ora utilizziamo o che può essere adottato, e facendoli funzionare in questo modo, potrei essere in grado di fornire un grande vantaggio per il mondo con una fabbrica non superiore 10.000 cavalli.

L'introduzione di questo sistema darà la possibilità di inventare e fabbricare tali occasioni che non sono mai stati presentati prima.

« Conoscendo l'importanza vitale di questo primo tentativo e il suo effetto sullo sviluppo futuro, procederò lentamente e con attenzione. L'esperienza mi ha insegnato a non assegnare un termine per le aziende il cui consumo non dipende interamente dalle mie capacità e sforzi. Ma sono fiducioso che queste grandi realizzazioni non sono lontani e so che una volta che questo lavoro iniziale è fatto, seguiranno con certezza matematica.

Quando la grande verità verrà accidentalmente rivelata e confermata sperimentalmente , sarà pienamente riconosciuto che, questo pianeta, in tutta la sua spaventosa immensità, sarà la corrente elettrica praticamente nulla di più di una piccola sfera di metallo, e che in virtù di questo fatto molte possibilità, ognuna colpendo l'immaginazione e di conseguenze incalcolabili, saranno assolutamente completate; quando il primo impianto sarà aperto, e vi verrà mostrato la capacità di trasmettere un messaggio telegrafico, segreto quasi quanto un pensiero e quasi senza nessun rischio di interferenze, su una qualsiasi distanza, per trasmettere il suono della voce umana, con tutte le sue intonazioni e inflessioni, fedelmente e istantaneamente riprodotti in qualsiasi punto del mondo, di trasmettere l'energia prodotta da una cascata per fornire luce, calore o per trazione di una forza motrice ovunque sulla terra o in mare o in aria— l'umanità sarà come un formicaio con un bastone disturbato. Vedete l'agitazione che si crea! »

L'impianto alle cascate del Niagara non è mai stato costruito; e ben presto, l'impianto di Wardencliff incontrò difficoltà, non solo per raggiungere l'equipaggiamento desiderato, ma anche per il finanziamento.

La più grande mancanza di Tesla è che non è riuscito a inventare, per così dire, un dispositivo per la produzione di quantità illimitate di denaro, il denaro di cui aveva bisogno per sviluppare le sue altre invenzioni. Come abbiamo visto, egli singolarmente privo di carattere, non ha permesso di ottenere ritorni finanziari direttamente dalle sue invenzioni. Un individuo con le sue abilità avrebbe potuto vincere milioni su un certo numero di piccole invenzioni. Se si fosse disturbato, per esempio, di ricevere royalties annuali di venti o più diversi tipi di dispositivi, tra cui molti produttori utilizzando la sua bobina Tesla se ne era servito per le cure mediche, avrebbe avuto ampiamente reddito sufficiente a finanziare il suo Sistema Globale Senza Fili.

La sua mente, però, era troppo occupata con affascinanti problemi scientifici. Tesla aveva, a volte, quasi venti operai altamente qualificati che hanno sempre lavorato nel suo laboratorio, per sviluppare le invenzioni elettriche che ha continuato a produrre a un ritmo rapido. Delle guardie armate erano posizionate in tutto il laboratorio per evitare che qualcuno spiasse le sue invenzioni. Il suo libro paga era pesante e il saldo bancario pericolosamente basso, ma era così immerso nel suo lavoro sperimentale, che continuava a rimandare il compito di fare uno sforzo per riparare le proprie finanze. Presto, si ritroverà essere chiamato in giudizio dai creditori perché non riusciva a effettuare i pagamenti. Fu costretto a chiudere il laboratorio di Wardencliff nel 1905.

La magnifica torre davanti il laboratorio non fu mai completato. L'elettrodo di rame a forma di ciambella non fu mai costruita perché Tesla aveva cambiato idea e decise di avere invece un emisfero di rame di 30,5 m di diametro e 15,2 m di altezza, costruito in cima alla torre a forma di cono di 47 m. Lo scheletro strutturale destinato per mantenere le piastre emisferiche fu costruito, ma la piastra di rame non è mai stata applicata. Le dinamo di 300 cavolli-vapore e l'unità per far operare la stazione radio sono stati lasciati intatti, ma alla fine sono stati rimossi dalla società di ingegneria che li aveva installati e non erano stati pagati.

Tesla aprì un ufficio al 165° Broadway, a New York, dove per un po' ha cercato di trovare il modo per rilanciare il progetto. Thomas Fortune Ryan, il famoso finanziario e H. O. Havemeyer, il più grande raffinatore di zucchero, lo hanno aiutato grazie a dei contributi di 10.000 e 5 000 dollari ciascuno. Invece di usarli per aprire un altro laboratorio, Tesla li usò per pagare i debiti del proprio Sistema Globale Senza Fili, ormai andato. Diede ogni centesimo che doveva a ciascun creditore.

Quando divenne chiaro che Tesla era in difficoltà finanziarie, molti di coloro che avevano supposto che Morgan era finanziariamente coinvolto in qualità di investitore nel progetto, rimasero delusi. Quando indagini specifiche rivelarono che il più grande uomo finanziario non aveva alcun interesse nella società, si diffuse la voce che Morgan aveva ritirato il suo sostegno. Poiché nessun motivo di tale azione fu svelata, la voce crebbe fino a portare la storia che il sistema Tesla era impraticabile. In breve, si scoprì che Morgan continuò a dare contributi generosi personali di Tesla, quasi fino alla sua morte. Per un breve periodo, il figlio fece lo stesso, ma in misura minore.

Tesla non fece alcuno sforzo per smentire le crescenti voci.

Se Tesla avesse tollerato un responsabile vendite, e aveva posto lo sviluppo dei suoi brevetti nelle mani di un uomo d'affari, avrebbe potuto stabilire nel 1896 una vantaggioso servizio senza fili nave-terra e probabilmente anche un servizio transoceanico; quest'ultimo gli avrebbe dato un monopolio in questo settore. Fu invitato a installare una rete senza fili su una nave, in modo da riflettere l'andamento delle barche da regata internazionali per Lloyds of London nel 1896. Ha rifiutato l'offerta, redditizia, per il fatto che egli non avrebbe dimostrato il suo sistema ad un pubblico se no globale, altrimenti si rischiava di essere confusi con gli sforzi amatoriali di altri sperimentatori. Se avesse accettato l'offerta, avrebbe potuto anche molto ben soddisfare le esigenze senza alcuna difficoltà tecnica, avrebbe certamente trovato i suoi interessi deviati, in una certa misura, verso un settore business redditizio che avrebbe potuto portare cambiamenti significativi e positivi nella seconda metà della sua vita.

Tesla, tuttavia, non poteva essere disturbato con progetti minori, anche se erano redditizi. Il superuomo, l'uomo meraviglioso, aveva troppo potere su di lui. L'uomo che aveva fornito l'energia elettrica alle industrie, l'uomo che aveva entusiasmato il mondo intero, non poteva contenere il ruolo minore di diffondere dei messaggi per conto di altri. Avrebbe funzionato nella sua qualità di leader o di nulla; sarebbe stato un Giove, mai un Mercurio.

George Scherff, che Tesla aveva assunto come contabile e segretario quando ha aperto il suo laboratorio a Houston Street, era una persona pratica. Riuscì, per quanto possibile, di mantenere l'inventore svelato nelle sue relazioni con il mondo delle imprese. Più conosceva Tesla, più lo apprezzava. Maggiore era il rispetto che gli spirava il genio di Tesla e le sue capacità di inventore, più Scherff prendeva conoscenza del fatto che questo genio non aveva alcun senso degli affari.

Scherff era comprensibilmente afflitto da una situazione in cui una società spendesse soldi continuamente senza mai incassarne. Egli ha cercato di proteggere il più possibile i 40 000 dollari che Adams aveva investito nella società Tesla, e che era servito per coprire più di tre anni di intensa attività. Scherff voleva che Tesla sviluppasse dei piani per guadagnare del reddito dalle sue invenzioni. Ogni nuovo sviluppo che Tesla produceva, era studiato da Scherff e diventava la base di un piano per la produzione e la vendita di una macchina. Tesla categoricamente respingeva tutti i suggerimenti. « Queste sono cose di minore importanza », rispondeva. « Non ho voglia di perdere tempo con questo. »

Anche quando gli si faceva notare che molti produttori utilizzavano le sue bobine, che se ne vendevano parecchie e guadagnavano un sacco di soldi, non è stato sufficiente a suscitare un interesse per entrare in questo settore redditizio, ne di permettere Scherff di organizzare un sistema secondario che poteva condurre senza interferire con la sua ricerca. Non poteva nemmeno citare in giudizio delle cause per proteggere la sua invenzione e cercare quello che i produttori pagavano le royalties. Tuttavia, ammise: «Se i produttori mi pagassero venticinque centesimi per ogni bobina venduta, sarei un uomo ricco.»

Quando i *Lloyd of London* gli chiesero di installare un dispositivo senza fili su una nave per spiegare le barche a vela da competizione internazionale 1896, con il suo nuovo sistema senza fili, e gli offrirono una ricompensa generosa, Scherff insistì che l'offerta fosse accettata. Esortava Tesla ad abbandonare temporaneamente gli altri suoi lavori e utilizzare la pubblicità che avrebbe ricevuto da questa impresa come un modo per lanciare una società commerciale permettendo di trasmettere messaggi radio tra la nave e la costa e attraverso l'oceano, sottolineando che il denaro servirebbe sia alla fabbricazione dell'apparecchio e sia alla trasmissione di messaggi. La società, Scherff suggeriva, poteva essere gestita dagli amministratori per la produzione di reddito e Tesla poteva tornare a realizzare invenzioni e avere sempre abbastanza soldi per pagare il costo della sua ricerca.

Oggi Scherff può guardare indietro, seduto sulla veranda di casa sua a Westchester, e essere consapevole che, anche dopo cinquant'anni, il suo piano era ben progettato. Aveva la *Radio Corporation of America*, i suoi principali impianti di produzione, il suo sistema di comunicazione in tutto il mondo, il suo formidabile sistema capitale e utili come prova di quello che affermava.

Tesla rispose, alla proposta, come al solito, «Mr. Scherff, si tratta di una cosa poco importante. Non voglio perdere tempo con questo. Aspetti di vedere le magnifiche invenzioni a cui sto lavorando, allora si che faremo dei milioni.»

I milioni di Tesla non sono mai arrivati. Scherff rimase con lui fino a quando il laboratorio Wardencliff chiuse, a causa della mancanza di soldi, ciò che aveva cercato di evitare. Successivamente, Scherff stabilì un collegamento redditizio con l'*Union Sulphur Co.*, ma continuò, senza essere pagato, ad offrire a Tesla un giorno alla settimana del suo tempo e mantenere le sue relazioni d'affari il più semplice possibile. Tesla stava attento a pagare ogni persona che avesse fatto un servizio per lui, ma questo fu compensato dalla possibilità che aveva di emettere fatture, senza aspettare di vedere se avesse i soldi per pagarli. Il denaro era un fardello che sembrava sempre trascinarsi e ostacolare le sue attività di ricerca, qualcosa di troppo ordinario per meritare il tempo e l'attenzione che dovrebbe accordare per le cose più importanti.

Scherff, taciturno e professionale, non poteva parlare degli affari di Tesla. Se fosse stato, invece, un filosofo loquace, poteva sorridere sulle debolezze della natura umana, e gli strani scherzi che il destino può giocare sulle persone, come su Tesla, che, sulla base di un singola invenzione, avrebbe potuto diventare una *Radio Corporation of America* individuale, ma non riuscì, e perse l'opportunità di fare altrettanto sugli altri duecento invenzioni, una sola di essa poteva produrre una fortuna. Inoltre, si ricorda anche di alcune occasioni negli ultimi decenni, dove era necessario concedere piccoli prestiti al grande Tesla per consentirgli di soddisfare le esigenze di necessità personali. Scherff ma si rifiutò di rispondere a qualsiasi domanda o discussioni su questi incidenti.

TREDICI

Quando il progetto di Sistema Globale Senza Fili fallì, Tesla si orientò a un progetto a cui aveva pensato per parecchio tempo quando sviluppò il suo sistema di corrente alternata polifase: sviluppare un motore rotativo che sarebbe di anticipo sui motori a vapore già esistenti, che il suo sistema di corrente alternata lo era sul sistema di corrente continua, e che potrebbe essere utilizzato per azionare le dinamo.

Tutti i motori a vapore utilizzati nelle centrali elettriche del tempo erano di tipo alternativo; sostanzialmente identici a quelli sviluppati da Newcomer e Watt, ma più grandi, meglio costruiti e più efficiente nel suo funzionamento.

Il motore Tesla era di natura diversa. Questa era una turbina a vapore in cui, iniettata tra una serie di dischi, ha prodotto un moto di rotazione ad alta velocità del cilindro su cui sono montati tali dischi. Il vapore immesso nel bordo esterno del disco, segue un percorso a spirale di una dozzina o più, prima di lasciare il motore in prossimità dell'albero centrale.

Quando Tesla confidò ad un amico nel 1902 che stava lavorando su un progetto di un motore, affermando che stava producendo un piccolo motore, semplice e potente ma che sarebbe stato una «centrale elettrica condensato in un cappello». Il primo modello, realizzato intorno al 1906, mantenne quella promessa. Era abbastanza piccolo da stare nella parte curva di una bombetta, largo poco più di 15 centimetri, e sviluppava una trentina di cavalli. Le prestazioni che produceva energia di questo piccolo motore superava notevolmente quello di tutti i tipi di motore in uso in quel momento. Il motore pesava poco meno di 4 kg. Il suo rendimento era quindi 7,5 cavalli. Il rotore pesava solo 680 grammi, e la sua leggerezza e l'elevata efficienza energetica ha dato a Tesla l'idea dello slogan che ha usato sulla sua carta intestata e sulle buste: «Venti cavalli per libbra.»

Non c'era nulla di nuovo, naturalmente, nell'idea di base di ottenere dei movimenti circolari direttamente da un flusso di fluido in movimento. I mulini a vento e le ruote idrauliche, apparecchiatura vecchi quanto la storia, raggiunsero successore. Heron, autore di Alessandria, circa 200 a.C.., descrisse, ma non inventò, la prima turbina. Si trattava di una sfera metallica cava montato su un asse, e dotata di due tubi uscenti della sfera e tangente alla sua superficie. Riscaldandosi, l'acqua posta nella sfera del dispositivo situata sopra il fuoco creava del vapore. Fuoriuscendo dai tubi, il vapore causò una rotazione del dispositivo.

Lo sviluppo geniale e originale dell'idea di Tesla della turbina probabilmente prende origine da questa divertente esperienza, ma che si è conclusa con un fallimento, realizzato da un bambino. Aveva cercato di costruire un motore a vuoto e osservare il cilindro di legno girare un po', guidato da perdite d'aria nella camera a vuoto. Pochi anni dopo, quando adolescente, fuggì in montagna per evitare il servizio militare, sfiorò l'idea di trasportare la posta attraverso l'oceano grazie ad un tubo subacqueo, attraverso il quale una sfera cava doveva essere trasportata da un flusso di acqua in movimento rapido, scoprendo, poi, che l'attrito dell' acqua sulle pareti del tubo rendeva l'idea impraticabile. L'attrito rallenta la velocità tale da richiedere una quantità eccessiva di energia per spostare l'acqua per la velocità e la pressione desiderata. Viceversa, se l'acqua si muoveva a questa velocità, l'attrito causato cercherebbe di trascinare il tubo esterno con esso.

È questo attrito che Tesla utilizzava adesso nella sua turbina. Un getto di vapore che si crea ad alta velocità tra i dischi, con una breve distanza che li separa, fu rallentata dall' attrito. Ma i dischi capaci di rotazione, si muovono con velocità crescente, fino a quando non sono quasi equivalenti alla velocità del vapore. Oltre al fattore di attrito, vi è una particolare attrazione tra il gas e la superficie metallica; permettendo al vapore in movimento di afferrare i dischi di metallo in modo più efficiente e di allenarli nella sua corsa ad alta velocità. Il primo modello che Tesla ha inventato nel 1906, aveva dodici dischi di 12,7 cm di diametro. Funzionavano comprimendo l'aria invece del vapore, e raggiungendo una velocità di 20 000 giri al minuto. Tesla intendeva usare l'olio come combustibile, bruciarlo in un ugello e sfruttare l'enorme aumento di volume, con la trasformazione di un liquido in gas combustibile altamente rilassato, per ruotare il rotore . Questo eliminerebbe l'uso di caldaie della produzione di vapore e darebbe un'efficacie aumento proporzionale al processo diretto.

Se Tesla avesse continuato a sviluppare la sua turbina nel 1889, quando tornò dalla fabbrica Westinghouse, la turbina sarebbe stata probabilmente alla fine sviluppata per sostituire i motori alternativi lenti, grandi e pesanti allora in uso. I quindici anni, tuttavia, dedicati allo sviluppo di corrente ad alto potenziale e alta frequenza ha causato un ritardo, che ha permesso ai progettisti altre idee di turbine per far progredire il loro lavoro a tal punto , da far passare Tesla per un ritardatario. Nel frattempo, le turbine furono create, ed erano mulini a vento, in pratica, in una scatola. Costituiti da rotori con secchielli e palette intorno alla circonferenza colpita dal getto di vapore entrante. Non avevano la semplicità della turbina Tesla; ma nel frattempo che Tesla presentasse il suo modello, gli altri erano già ben consolidati nel processo di sviluppo.

Il primo piccolo motore Tesla fu costruito nel 1906 da Giulio C. Czito, che lavorava presso Astoria, Long Island, in un atelier della fabbrica in cui si fabbricavano i modelli dell'inventore. Costruì anche i modelli della turbina degli anni 1911 e 1925, così come molti altri dispositivi in cui Tesla ha lavorato fino al 1929. Il padre del signor Czito fu membro del personale di Tesla nei laboratori di Houston Street 1892-1899, così come a Colorado Springs.

La descrizione del Sig Czito primo modello è la seguente:

«Il rotore costituito da una pila di dischi molto sottili di 15,2 cm di diametro, alpacca. I dischi erano 0,8 mm di spessore e sono stati separati da distanziali dello stesso metallo e dello stesso spessore, ma di diametro molto piccolo e tagliati a forma di croce con una sezione centrale circolare. Le braccia tese servono per supportare i dischi.

«Vi erano otto unità e il bordo della pila era di solo 1,3 cm di diametro. Sono stati montati sul centro di un'asta di circa il 15,2 cm di lunghezza. Questo era quasi 2,5 cm di diametro nel mezzo ed è stata affilata all'estremità, di misura inferiore a 1,3 cm. Il rotore è stato posto in un contenitore in quattro parti assemblate tra loro mediante bulloni.

«La camera circolare in cui il rotore ruota, era perfettamente lavorata per lasciare uno spazio di 0,4 mm tra l'involucro e la faccia del rotore. Mr. Tesla desiderava una regolazione che toccasse quasi la faccia del rotore e la carcassa quando quest'ultimo giri. Un ampio spazio è stato necessario perché il rotore raggiungessero velocità estremamente elevate, in media, di 35 000 giri al minuto. A questa velocità, la forza centrifuga generata dal movimento di rotazione è tale che attiri sensibilmente il metallo dei dischi rotanti. Il loro diametro, ruotando a velocità massima, era dello 0,8 mm più grande di quando rimanevano immobili.»

Un modello più grande è stato costruito da Tesla nel 1910. Aveva dischi di 30,5 centimetri di diametro. Con una velocità di 10.000 giri al minuto, sviluppava 100 cavalli, indicando una notevolmente maggiore efficienza rispetto al primo modello. Creava più di tre volte più potenza alla metà della velocità.

Durante l'anno successivo, nel 1911, furono fatti ulteriori miglioramenti. La dimensione del disco fu ridotta ad un diametro di 24,8 cm, la velocità operativa fu ridotta del dieci percento o 9000 giri al minuto, e la potenza di uscita aumentò del dieci per cento, o 110 cavalli!

Dopo questa prova, Tesla rilasciò una dichiarazione in cui affermava:

«Ho sviluppato una potenza di 110 cavalli con dischi di 24,8 cm di diametro per uno spessore di circa 5,1 cm. In buone condizioni, la performance potrebbe arrivare fino a 1000 cavalli di potenza. In realtà, non c'è praticamente alcun limite alla prestazioni meccaniche di una tale macchina. Questo motore funziona con gas, come il solito tipo di motore a combustione utilizzati nelle automobili e aerei. Ciò funzionerà anche meglio con il vapore. I test eseguiti hanno dimostrato che la forza di rotazione è maggiore con il gas del vapore.»

Entusiasmato dal successo dei modelli a turbina più piccoli, che funzionavano comprimendo l'aria, e ad una più limitata dalla combustione diretta di benzina, Tesla ha progettato e costruito un doppia unità, più grande, che aveva intenzione di testare con il vapore alla stazione di Waterside, la principale centrale elettrica della Società Edison di New York.

Era inizialmente una stazione progettata per operare sul sistema di corrente continua sviluppato da Edison, ma che operava attualmente interamente sul sistema alternato di corrente polifase di Tesla.

Adesso, Tesla si trovava certamente in territorio nemico, invadeva il santuario di Edison per mettere alla prova un nuovo tipo di turbina che, sperava, avrebbe sostituito i modelli in uso. Il fatto che avesse il sostegno di Morgan, e che la Edison Company era un «impresa Morgan» non ha avuto alcun effetto sulla faida tra Edison e Tesla.

Questa situazione non si è risolta con il modo in cui Tesla ha proseguito i suoi test. Tesla voleva evitare, a tutti i costi, il sole; vale a dire che preferiva lavorare di notte piuttosto che il giorno. Era dopo il tramonto, che le centrali elettriche registravano, non per scelta, ma per necessità, le più importanti richieste di energia. Il carico durante il giorno era relativamente leggero, ma al buio, le dinamo cominciavano a crollare sotto il peso crescente delle richieste. I servizi dei lavoratori della stazioni Waterside erano a disposizione di Tesla per l'esecuzione della sua turbina e per test da eseguire su di essa, con la speranza che il lavoro sarebbe stato fatto durante il giorno, quando le attività degli operai erano più facili.

Tesla, tuttavia, raramente si presentava prima delle cinque del pomeriggio, o anche più tardi, e fece orecchie da mercante alle richieste dei lavoratori quando gli chiesero di arrivare un po' prima. Insistette sul fatto che alcuni lavoratori rimanessero a lavorare con lui dopo la loro giornata lavorativa e facessero degli straordinari. Non cercò di mantenere un atteggiamento conciliante nei confronti del personale tecnico o dei dirigenti dell'azienda. Questi atteggiamenti erano, ovviamente, reciproci.

La turbina costruita da Tesla per questo test di diametro del rotore di 45,7 cm, è stato fatto ruotare ad una velocità di 9000 giri al minuto. Sviluppava 200 cavalli. Le dimensioni complessive del motore erano: lunghezza 91,4 cm, larghezza 61 cm e alta 61 cm. Pesava 181,4 kg.

Due turbine di questo tipo sono stati costruiti e installati in linea su un unico basamento. Gli alberi delle due turbine erano collegate da una barra di torsione. Il vapore veniva fornita ai due motori, in modo che, se fossero liberi di girare, lo facessero in direzioni opposte. La potenza sviluppata era misurata mediante la barra di torsione collegata ai due alberi contrapposti.

Nel corso di un test formale, al quale aveva invitato molti ospiti, Tesla fece una dichiarazione in cui tra l'altro disse:

«Va notato che, sebbene l'impianto sperimentale sviluppa 200 cavalli con 56.7 kg al condotto di alimentazione e di scarico libero, poteva mostrare una resa di 300 cavalli a piena pressione del sistema di alimentazione. Se la turbina era composta e lo scarico conducesse ad una unità di bassa pressione che trasporta circa tre volte il numero di dischi nell'elemento ad alta pressione, con una connessione ad un condensatore offrendo 72,4 a 73,7 cm vuoti, i risultati ottenuti in questa macchina ad alta pressione indicherebbero che l'unità composita darebbe un rendimento del 600 cavalli, con un piccolo aumento di dimensione. Questa stima è stata molto conservativa.

«I test hanno dimostrato che quando la turbina ruota a 9000 giri al minuto sotto una pressione di ingresso di 861,8 kilopascal e con uno scarico libero, viene sviluppata una potenza frenante di 200 cavalli. In queste condizioni, il consumo massimo è di 38 libbre di vapore all'ora per cavallo saturo, che è un rendimento molto elevato considerando che la perdita di calore, misurata con termometri, è di solo 137.150 joule e che la trasformazione di energia avviene su una sola fase. Dato che sono disponibili tre volte il numero di unità di calore in un moderno impianto con il surriscaldamento e il vuoto, l'uso di queste strutture comporta un consumo di meno di 12 libbre per cavallo all'ora in queste turbine, atto a raccogliere eventuali abbassamenti di temperatura.

«In determinate condizioni, elevati rendimenti termici sono stati ottenuti, dimostrando che in grandi macchine basate su questo principio, il consumo di vapore sarà molto più basso e dovrebbe avvicinarsi al minimo teorico, con conseguente turbina, quasi privo di attrito, trasmettendo quasi tutta l'energia espansiva del vapore all'albero.»

Bisogna tenere presente che tutte le turbine che Tesla costruì e testò erano motori esaminate a monofase, con circa un terzo dell'energia del vapore. In pratica, dovevano essere installati con una seconda fase che utilizzava l'energia residua e aumentava la potenza di uscita di circa due o tre volte. (Entrambi i tipi di turbine di uso comune, hanno ciascuno una dozzina di fase e all'interno di un singolo scafo).

Alcuni del campo elettrico di Edison che osservarono i test coppia-tampone e non capivano apparentemente che in questo tipo di test, entrambi i rotori rimanessero stazionari, le loro pressioni opposte messe in atto da una lotta feroce misurata dalla coppia, fecero circolare la storia che la turbina era un completo fallimento, che questa turbina non era praticabile se la sua efficacia fosse stata moltiplicata per mille. Sono storie come queste che hanno contribuito al fatto che Tesla fosse visto come un visionario mancante di spirito pratico. Tuttavia, la turbina Tesla usata come una singola fase e operando come un piccolo produttore di energia, nella forma in cui esso è stato sperimentato, era attesa da oltre venti anni. Un tipo di turbina che fu installata nel corso degli anni nella stazione Waterside. Si tratta di un piccolo motore, comprendente le pale del rotore e conosciuto sotto il nome di « topping-turbina » inserita nel tubo del vapore tra caldaia e le turbine ordinari. Il valore della pressione aumentata è fornita, e la testa della turbina tocca la « crema » di questo vapore e scarica il vapore che dirige le altre turbine normalmente.

A quel tempo, la *General Electric Company* era nel processo di sviluppo della turbina Curtis, e la Westinghouse Eletric end Manufacturing Company, la turbina Parsons. Nessuna delle due società mostrò il minimo interesse per la dimostrazione di Tesla.

Per continuare lo sviluppo della sua turbina su una scala più ampia avrebbe avuto bisogno di una grossa somma di denaro, e Tesla non ne possedeva nemmeno la metà.

Alla fine è riuscito a interessare le società *Allis-Chalmers Manufacturing* di Milwaukee, costruttori di motori alternativi, di turbine e altri macchinari pesanti. Tuttavia, il solito Tesla, dimostrò, durante i negoziati, una tale mancanza di diplomazia e comprensione della natura umana tale, che sarebbe stato meglio che lui non prendesse alcuna disposizione relativa al funzionamento della turbina.

Tesla, che era egli stesso un ingegnere, ignorò gli ingegneri facenti parte del personale aziendale di *Allis-Chalmers* e andò a parlare direttamente con il presidente. Mentre stavano preparando una relazione tecnica sulla proposta, andò al consiglio di amministrazione e « vendette » il corpo del suo progetto prima che gli ingegneri avessero la possibilità di essere ascoltati. Tre turbine furono costruite. Due di esse avevano venti dischi del 45,7 cm di diametro e sono state testate con vapore ad una pressione di 36 kg. Si sono, rispettivamente, sviluppati a tassi di 12 000 e 10 000 giri al minuto, 200 cavalli. Fu esattamente la stessa potenza che aveva raggiunto il modello Tesla del 1911, che aveva dei dischi della metà di questo diametro e operante a 9000 giri sotto una pressione di 56 kg. Ci siamo poi attaccati ad un motore molto più grande. Questo include cinque dischi di 1,5 m di diametro, progettato per funzionare a 3600 giri al minuto, ed è stato valutato con una capacità di 500 kilowatt, o circa 675 cavalli.

Hans Dahlstrand, ingegnere-consulente del Dipartimento di turbine a vapore, disse inoltre:

«Abbiamo anche costruito una turbina a vapore da 500 kilowatt per operare a 3.600 giri. Il rotore della turbina è composta da quindici dischi di 1,5 m di diametro e 3,175 mm di spessore. I dischi erano disposti con circa 3,175 millimetri l'uno dall'altro. La macchina è stata testata collegandola ad un generatore. L'efficienza meccanica massima ottenuta con questa unità era di circa 38 per cento in esecuzione con una pressione di vapore assoluta di circa 36 kg, contro una pressione assoluta di circa 1 kg e surriscaldamento di 37,8 gradi Celsius all'arrivo.

«Quando la pressione del vapore è stata aumentata aldi sopra di quella data, l'efficienza meccanica cedette. Pertanto, la progettazione di queste turbine era di natura tale che, per la massima efficacia ad alta pressione, sarebbe stato necessario avere più di una turbina in serie.

«L'efficacia delle unità della piccola turbina si confronta con l'efficienza ottenuta sulle piccole turbine ad impulso funzionante a delle velocità a cui possono essere collegati direttamente alle pompe e altre macchine. È quindi evidente che per ottenere la stessa efficienza, la piccola unità devono operare da 10 000 a 12 000 giri al minuto, e sarebbe stato necessario prevedere dispositivi di abbattimento tra la turbina a vapore e il gruppo condotto».

Inoltre, in termini di costi di produzione, la progettazione della turbina Tesla non poteva competere con i tipi più piccoli di unità d'impulso. La questione si pone anche nel sapere se i dischi del rotore, a causa della loro leggerezza e dell'alta tensione, sarebbero durati un certo periodo operativo o in continuo.

Le osservazioni, sopra fatte, valgono anche per la grande turbina che operano a 3600 giri. Quando questa unità è stata smontata, si constatò che i dischi erano stati ampiamente deformati. Il parere era che questi dischi sarebbero, in ultima analisi, riusciti se l'apparecchio sarebbe stato utilizzato per un certo tempo.

La turbina a gas non è mai stata costruita, per il semplice motivo che la società non è riuscita ad ottenere sufficienti informazioni tecniche da Mr. Tesla, che non mostrò nemmeno un abbozzo di quello che aveva in mente.

Tesla sembrava aver abbandonato i test in questa fase. A Milwaukee, tuttavia, non c'era nessun George Westinghouse per salvare la situazione. Più tardi, negli anni venti, l'autore chiese a Tesla perché avesse terminato il suo lavoro con l'azienda Allis-Chalmers. Rispose: «Non volevano costruire le turbine come avrei voluto», senza ulteriori spiegazioni.

La società *Allis-Chalmers* in seguito divenne il produttore pioniere di un altro tipo di turbina a gas, ed lo fu per molti anni, tale che il successo fu assicurato.

Mentre il rapporto di Dahlstrand potrebbe sembrare criticare severamente la turbina di Tesla, e rivelare le debolezze fondamentali che non troviamo in altre turbine, non era questo il caso. Il rapporto è, generalmente, una fedele presentazione dei risultati. La descrizione dei punti deboli apparenti offre semplicemente, da un altro punto di vista, i fatti che Tesla stesso indicò circa a proposito della turbina nella sua prima prova; vale a dire che, quando viene utilizzato come un motore in una singola fase, consuma circa un terzo dell'energia del vapore, e che per utilizzare il resto, deve essere collegato ad una seconda turbina.

Il riferimento ad una forza centrifuga di 31 750 kg, risultato della grande velocità del rotore e danneggiando i dischi, si riferisce ad una comune esperienza con tutti i tipi di turbine. Questo appariva chiaramente in un opuscolo sul «The Story of the Turbine (La storia della turbina)», pubblicato lo scorso anno dalla *General Electric Company*, in cui si dice:

«Ha dovuto [la turbina] aspettare fino a quando gli ingegneri e gli scienziati furono in grado di sviluppare materiali resistenti a tali pressioni e velocità. Per esempio, una singola lama in una turbina moderna si muove a 600 miglia all'ora, possedendo una forza centrifuga di 40 820 kg cercando di rimuoverlo dal suo attaccamento alla ruota al pozzo e l'albero ...

«In questo calore infernale, i pozzi ad alta pressione situati ad una estremità della turbina diventano roventi, mentre un po 'più avanti, grandi pozzi, nelle fasi finali, in esecuzione 600 miglia ore attraverso una tempesta di pioggia calda, così veloce che le gocce di vapore condensate tagliano come lame di rasoio.»

Dahlstrand riferì che a causa della vibrazione, delle difficoltà sorsero nella turbina Tesla, rendendo necessario il fatto di rafforzare i dischi. Il fatto che questo problema sia comune a tutte le turbine è anche indicato nel libretto di *General Electric*, in cui si afferma:

«Le vibrazioni fessuravano i pozzi, le ruote e distruggevano le turbine, a volte in poche ore e a volte dopo anni di funzionamento. Queste vibrazioni sono causate dalle enormi quantità di energia provenienti da macchine relativamente piccole, e in certi casi, fino a 400 cavalli di un pozzo che non pesava più di cinquecento grammi o un chilo ...»

La turbina ha quattro problemi principali: alte temperature, alte pressioni, alte velocità e le vibrazioni interne. E la soluzione a ciascuno di essi si trova nell'ingegneria, la ricerca e l'abilità nella produzione.

Questi problemi devono ancora essere risolti, anche con i produttori che costruiscono le turbine da quarant'anni. Il fatto che sono state incontrate questi problemi nella turbina Tesla, e successivamente segnalati, non è l'ennesima critica dell'invenzione di Tesla nelle prime fasi del suo sviluppo.

In quest'ultimo anno, o negli ultimi due anni, ci sono state voci negli ambienti di ingegneria che indicano un rinnovato interesse per la turbina di Tesla e la possibilità che i produttori dei modelli di Curtis e Parsons potrebbero estendere le loro linee per includere il modello Tesla, in modo che esso sia utilizzato in combinazione con l'altro. Lo sviluppo di nuove leghe, che possono ormai quasi essere fatte su ordinazione con le qualità desiderate di stabilità meccanica in condizioni di alta temperatura e alta pressione, è in gran parte responsabile per la piega che hanno preso gli eventi.

È possibile che se la turbina Tesla è stata costruita con due o più fasi, dando così il completo campo operativo della turbina Curtis o della turbina Parsons, ed è stato costruito con le stesse tecniche e gli sviluppi metallurgici moderni, come quello che è stato profuso sulle due turbine, la maggiore semplicità della turbina di Tesla avrebbe permesso di mostrare una maggiore efficienza operativa e materiali da costruzione di risparmio.

QUARTORDICI

L'onore più alto che il mondo può dare i suoi scienziati è il premio Nobel, fondata da Alfred B. Nobel, scienziato svedese diventato ricco con l'invenzione della dinamite. Cinque premi vengono assegnati ogni anno, e ciascuno ha un costo di circa 40 000 dollari in tempi normali.

Nel 1912, un annuncio fatto in Svezia dichiarò che Nikola Tesla e Thomas A. Edison erano stati scelti per condividere, nel 1912, il premio per la fisica. Tuttavia, questo non accade. Contrariamente, il premio andò a Gustav Dalen, uno scienziato svedese.

Non è mai stato noto in dettaglio cosa realmente accadde. Non vi è nessuna corrispondenza su questo argomento. Fu affermato che Tesla rifiutò di accettare il premio. A quel tempo, Tesla aveva un disperato bisogno di denaro e 20 000 dollari, che avrebbero rappresentato la sua quota del prezzo condiviso, avrebbero aiutato a continuare il suo lavoro. Ma altri fattori hanno avuto un'influenza molto maggiore.

Tesla stabilì una chiara distinzione tra l'inventore di dispositivi utili e scopritore di nuovi principi. Lo scopritore di nuovi principi, aveva dichiarato in una conversazione con l'autore, è un pioniere che apre nuovi campi del sapere, in cui migliaia di inventori si riuniscono per rendere le applicazioni commerciali delle informazioni appena rivelate. Tesla ha detto che era uno scopritore e Edison un inventore, e credeva che mettendo i due nella stessa categoria avrebbe completamente distrutto l'intero significato del valore relativo dei due progetti.

E 'molto probabile che Tesla è stato anche influenzato dal fatto che tre anni prima, il premio Nobel per la fisica era stato assegnato a Marconi, un fatto che lo aveva profondamente deluso. Vedere il premio assegnato prima a Marconi, prima di essergli proposto di condividerlo con Edison, fu un eccessivo deprezzamento del valore relativo del suo lavoro nel mondo tale che Tesla non poteva sopportarlo senza ribellarsi.

Tesla fu il primo, e probabilmente l'unico scienziato a rifiutare questo famoso premio.

Allo stesso modo, una delle più alte onorificenze nel mondo di ingegneria è di ricevere la medaglia Edison, fondata da amici di Thomas A. Edison, i cui nomi non sono stati resi noti, e assegnato ogni anno dall'*American Institute of Electrical Engineers* in occasione della conferenza annuale, come premio per l'eccezionale contributo alle arti elettriche e della scienza. In generale, i destinatari sono molto contenti di ricevere questo premio; ma nel 1917, quando la commissione votò per consegnare la medaglia a Tesla, una situazione del tutto diversa si sviluppò.

B. A. Behrend era il presidente della Medaglia di Edison. Behrend fu uno dei primi ingegneri elettrici a capire l'enorme importanza delle scoperte di Tesla sulla corrente alternata e la loro importanza per tutte le aree del settore elettrico. Alcuni ingegneri di rilievo sono stati in grado in un primo momento di capire la complessità delle nuove procedure di corrente alternata che fanno delle scoperte di Tesla una importate pratica immediata; ma è Behrend che ha sviluppato una semplice e bella tecnica matematica nota come «grafico a torta», che ha risolto i problemi di progettazione delle macchine a corrente alternata con gran facilità, e anche capito i fenomeni complessi che si verificano all'interno di questi dispositivi. Ha pubblicato numerosi articoli sul tema in riviste tecniche e scrisse il trattato punto di riferimento in materia, *Il motore a induzione*. Behrend ricevette fama e fortuna. Fu riconosciuto come uno degli ingegneri elettrici eccezionali, e successivamente è stato nominato vice presidente della *American Institute of Electrical Engineers*. Il suo lavoro era così importante per il commercio che è stato considerato un probabile vincitore della medaglia Edison.

Behrend aveva iniziato la pubblicazione di articoli sulla sua scoperta del grafico a torta nel 1896, ma non incontrò Tesla prima 1901, quando gli chiese un particolare tipo di motore destinato per la sua costruzione di impianti a Wardencliff, Long Island, per l'attuazione del suo sistema Senza Fili Globale. Il compito di progettare questo motore è stato assegnato al dipartimento di ingegneria di una società di produzione in cui Behrend era in carica. Dopo che Tesla e Behrend fecero conoscenza, una profonda amicizia si sviluppò tra i due uomini. Behrend fu uno dei pochi a capire perfettamente il lavoro di Tesla; e l'inventore, solo in assenza di persone le cui menti erano sul suo stesso livello, apprezzò molto l'amicizia di Behrend.

Behrend credendo pertanto di onorare Tesla, di tutta la considerazione che aveva, riuscendo ad assegnargli la Medaglia di Edison; ed era molto felice di dare la buona notizia all'inventore. Questa notizia, però, non rendeva Tesla felice. Non voleva la medaglia Edison, non la voleva ricevere!

Behrend, molto sorpreso dell'affronto di Tesla, gli chiese di spiegare i motivi che aveva causato questa decisione.

«Lasciamo perdere tutta questa vicenda, signor Behrend. Apprezzo la vostra disponibilità e la vostra amicizia, ma io voglio che andate alla commissione e chiedetegli di fare una nuova selezione per scegliere un altro destinatario. Sono quasi trent'anni che ho annunciato il mio campo magnetico rotante e il mio sistema a corrente alternata all'Istituto. Non avevo bisogno dei suoi onori ma qualcun altro potrebbe beneficiarne.»

Sarebbe stato impossibile per Behrend negare che durante questo lungo periodo, l'Istituto aveva infatti mancato di onorare l'uomo le cui scoperte erano responsabili dell'incremento dei posti di lavoro, probabilmente occupati da più di tre quarti dei membri dell'Istituto, mentre gli onori erano stati assegnati a molti altri il cui lavoro era stato di minore importanza. Nonostante questo, Behrend, con il privilegio di amicizia, insisteva per avere ulteriori spiegazioni.

«Lei propone,» rispose Tesla, «di onorarmi con una medaglia che potrei appuntare sul cappotto prima di spendere un'ora a mostrarmi davanti ai membri e gli ospiti del vostro Istituto. Mi accorderete una qualche parvenza di onore, decorerete il mio corpo lasciando il mio spirito e i suoi prodotti creativi appassire, per non essere riusciti a ottenere il riconoscimento, loro che hanno fornito il fondamento su cui si crea la maggior parte del vostro Istituto. E quando si realizzerebbe la pantomima vuoto del senso che rappresenta l'onorare Tesla, non starete onorando Tesla ma Edison, che ha condiviso la gloria immeritata di ogni destinatario passato di questa medaglia.»

Tuttavia, dopo diverse visite, Behrend infine convinse Tesla ad accettare la medaglia.

L'usanza esige che il destinatario della medaglia pronunci un discorso formale. In più occasioni, un quarto di secolo prima, quando Tesla è stato invitato a parlare presso l'Istituto, aveva un grande laboratorio e aveva investito del tempo sforzo, pensiero e denaro nella preparazione delle sue conferenze. Per questi ultimi, tuttavia, non ha ricevuto nessun onore. Adesso, non aveva ne sufficienti risorse finanziarie ne laboratorio, anche se la sua mente più matura era colma di idee e invenzioni non ancora nati, di quanto mai fosse stata prima. Non era tenuto a presentare una conferenza con dimostrazione. In questo caso, tuttavia, Tesla era una vittima del suo rendimento passato; restava la speranza che sarebbe venuto fuori dall'oblio comparativo che lo aveva avvolto per oltre un decennio, e ritornare come un grande mago, portando al mondo alcuni nuovi regali meravigliosi d'invenzione.

Tesla ha partecipato ad alcune riunioni della convenzione. Behrend, che non era sicuro di quello che la medaglia poteva fare, rimase al suo fianco dopo la sessione del pomeriggio e lo portò fino al St. Regis Hotel, dove Tesla viveva, dove tutti e due hanno indossato il loro abbigliamento formale per le cerimonie serali.

Il primo evento in programma della serata era una cena privata al Club degli Ingegneri, da parte dell'Istituto per la medaglia, in cui quest'ultimo era l'ospite d'onore con la partecipazione da parte dei destinatari ultimi della medaglia Edison e che i membri del comitato e direttori dell'Istituto. Si trattava di una cena di gala che era una concentrazione inusuale dei più grandi talenti del mondo di ingegneria elettrica. Potevamo dare fiducia a Tesla per fornire d'intelligenza per un evento del genere. Tuttavia, mentre la sua conversazione brillante aggiungeva allegria al gruppo, lui era chiaramente a disagio.

Il Club degli Ingegneri, sul lato sud della 40th Street, tra la Quinta e la Sesta Avenue, di fronte Bryant Park, un terzo dei quali è occupato dall'edificio classico che è la *New York Public Library*, costruita lungo la Quinta Avenue, tra la 40th strada e 42 °. La *United Engineering Societies Building*, una struttura imponente sul lato nord della 39th Street, si presenta quasi spalla a spalla con il Club degli Ingegneri. Facendo qualche passo in un vicolo, era possibile passare da un edificio all'altro.

Dopo cena al Club degli Ingegneri, il brillante gruppo, presente alla cena della medaglia, attraversò il vialetto prima di entrare nell'ingresso affollato del *Engineering Societies Building*, che brulica di innumerevoli attività associate a una convenzione. Il gruppo entrò negli ascensori, che li portò alla grande sala riunioni al quinto piano, dove la consegna delle medaglie si sarebbe tenuta.

La stanza era piena di persone provenienti in gran parte dalle cene formali, che si erano tenute necessarie nell'ambito del programma della convenzione. La hall e la galleria erano riempiti alla loro massima capacità. Il ronzio di conversazione animata diminuì quando le personalità di spicco del mondo della energia elettrica, vestiti in cravatta bianca, salirono sul palco. Dovevano stare come delle «opere di cera» durante le cerimonie e partecipare alla presentazione delle medaglie.

Mentre stavano tornando ai posti che avevamo attribuito, la scena era pronta per le cerimonie di apertura. Ma l'apertura non avvenne per come era previsto. La costernazione si gonfiò nel gruppo quando scoprirono che la sedia riservata al partecipante principale della manifestazione era vuota.

Tesla era sparito!

Cercarono nel lato della stanza che porta al palco e ai vestiboli, nessuna traccia. I membri del Comitato scivolarono via dalla stanza, sui loro passi, attraversarono il corridoio e ritornarono alla sala da pranzo del club. Un uomo grande come Tesla non poteva essere nascosto in un qualsiasi gruppo, ma non c'era traccia di lui nei due edifici.

Il ritardo creato nella apertura della riunione era fastidioso, ma le cerimonie non poteva iniziare senza Tesla. Che fine aveva fatto?

Sembrava quasi impossibile che una figura imponente come quella di Tesla, altezza esagerata dai contorni semplificati della sua cravatta bianca, e nella guardia quasi riverenziale di quasi una ventina di eccezionali menti, può scomparire senza che nessuno di loro abbia notato la sua partenza.

Behrend tornò velocemente in sala conferenze, nella speranza che Tesla li avesse preceduti, ma non era il caso. I bagni dei due edifici furono perquisiti, non era in nessuno di essi. Nessuno aveva un'idea per spiegare la sua scomparsa.

Nessuno, tranne Behrend, che conosceva l'avversione di Tesla ad accettare la medaglia Edison. Ma anche lui non aveva alcuna idea di quello che fosse successo al famoso inventore. Si ricordò di aver notato le passeggiate ombrose di Bryant Park di fronte al Club quando Tesla e lui erano scesi dal taxi la sera prima, e si chiese se Tesla non si fosse rifugiato a meditare in silenzio prima della cerimonia. Così, si precipitò fuori dal club.

Quando Behrend arrivò a Bryant Park, l'ultimo debole barlume del crepuscolo era visibile in alto nel cielo; ma nel parco, le ombre della notte si riunirono, e di qua e di là si sentiva il debole cinguettio degli uccelli. Improvvisamente il fatto di sentire il cinguettio degli uccelli, ricordò a Behrend la scena che aveva osservato nell'appartamento di Tesla all'hotel St. Regis. Nella stanza che Tesla aveva adempito a sala di lettura e studio c'era una scrivania a forma di cilindro, sopra il quale vi erano quattro cesti ordinatamente circolari. Dei piccioni furono ammassati in due di essi. Prima di lasciare l'appartamento, Tesla andò alla finestra, lasciate aperte in permanenza, fischiò piano, e altri due piccioni sono entrati rapidamente nella stanza. Poco prima di partire per la cena, Tesla nutrì i piccioni. Una volta fatto ciò, fece scivolare un sacchetto di carta pieno di qualcosa in tasca. Behrend non aveva realizzato significato di quel gesto, fino a quando sentì cinguettio degli uccelli nel parco.

Behrend si precipitò il più rapidamente possibile fuori del parco, lungo 40th Street verso la *Fifth Avenue*, prima di salire i gradini fino alla piazza della Biblioteca. Lo spettacolo che si gli presentava lo rendevano ancora più sorpreso di ciò i suoi occhi mostravano. C'era l'uomo che era scomparso. Behrend si era ricordato che Tesla regolarmente visitava la Biblioteca, la Cattedrale di San Patrizio, e in altri luoghi per nutrire i piccioni.

Nel centro di un grande cerchio e sottile formato da osservatori, c'era la figura imponente di Tesla. La sua testa era incoronata con due piccioni, le spalle e le braccia adorne di un'altra dozzina, il loro corpo bianco o blu pallido, che fornisce un netto contrasto con il suo costume e i suoi capelli neri, anche nella penombra. Su ciascuna delle sue mani tese vi era un altro uccello, mentre apparentemente centinaia di altri creavano un tappeto vivente sul pavimento di fronte a lui, saltellando e beccando mangime per uccelli che aveva disperso.

La prima idea di Behrend fu di correre verso di lui, cacciare gli uccelli, catturare l'uomo che era scomparso e riportarlo alla sala conferenze. Qualcosa lo frenò nei suoi intenti. Tale scatto sembrava quasi sacrilego.

Mentre esitava, Tesla lo vide e lentamente, mosse la posizione di una delle sue mani per alzare un dito in segno di avvertimento. Tuttavia, in questo modo si avvicinava lentamente Behrend, e mentre lui era a pochi passi di distanza, alcuni uccelli volarono dalla spalla di Tesla per andarsi a riposare su quelle di Behrend. Rilevando una situazione preoccupante, tuttavia, tutti gli uccelli si posarono sul terreno.

Supplicando Tesla di non deluderlo ne di metterlo in imbarazzo davanti a coloro che lo attendevano nel corso della riunione, Behrend convinse l'inventore a tornare alla sala conferenze. Ma quello che non sapeva era che i piccioni erano più importanti per Tesla della Medaglia di Edison; e pochissime persone avrebbero potuto sospettato che il grande segreto della vita di Tesla, la manifestazione esterna era quello di nutrire fedelmente i suoi amici pennuti. Per Behrend, era solo un altro evento, e in questo caso molto imbarazzante, della non conformità del genio. Ci torneremo più avanti.

Dopo essere ritornato nella stanza, Behrend prese il presidente da parte e gli spiegò rapidamente che Tesla era momentaneamente malato, ma le sue condizioni erano ormai abbastanza soddisfacente. L'apertura della riunione fu ritardata di circa venti minuti.

Nel suo discorso di presentazione, Behrend sottolineò che, per una straordinaria coincidenza, era esattamente ventinove anni, un giorno e un ora circa, che Nikola Tesla aveva presentato la sua descrizione originale del suo sistema polifase a corrente alternata. Poi aggiunse:

«Mai, dalla comparsa di « Recherches expérimentales sur l'électricité », di Faraday, una grande verità sperimentale è stata formulate nel modo più semplice e chiaro come questa descrizione della grande scoperta di Mr. Tesla sulla produzione e uso di correnti polifase alternate. Non ha lasciato niente da fare per coloro che lo hanno seguito. Il suo rapporto conteneva lo scheletro stesso della teoria matematica.

«Tre anni dopo, nel 1891, gli ingegneri svizzeri hanno dato la prima grande dimostrazione della trasmissione di potenza a 30 000 volt di Lauffen a Francoforte con il sistema di Mr. Tesla. Pochi anni dopo, questa è stata seguita dallo sviluppo della *Cataract Construction Company*, sotto la presidenza del nostro membro, il signor Edward D. Adams, e con l'aiuto degli ingegneri della Società Westinghouse. E' interessante ricordare, qui stasera, che nel fornire supporto al signor Adams,

Lord Kelvin ha raccomandato l'uso di corrente continua per lo sviluppo delle energie delle cascate del Niagara e la sua trasmissione a Buffalo.

«L'apprezzamento atteso o addirittura l'elenco dei risultati dell'invenzione di Mr. Tesla non è né pratico né desiderabile in questo momento. C'è un tempo per tutte le cose. Basti dire che se dovessimo cogliere ed eliminare dal nostro mondo industriale i risultati dei lavori di Mr. Tesla, le ruote del settore smetterebbero di girare, i nostri treni e auto elettriche si fermerebbero, le nostre città sarebbero al buio e i nostri impianti cadrebbero in disuso. In effetti, questo lavoro è così importante che è diventato la catena e la trama del settore ... Il suo nome segna un'epoca nel progresso della scienza elettrica. Attraverso questo lavoro, una rivoluzione è emersa nelle arti elettriche.

«Abbiamo chiesto Mr. Tesla di accettare questa medaglia. Non lo abbiamo fatto per il divertimento di conferire una distinzione, o per perpetuare un nome. Fino a quando gli uomini sono coinvolti nel nostro settore, il suo lavoro sarà incorporato nel pensiero comune della nostra arte, e il nome di Tesla non rischierà più di essere dimenticato, come quello di Faraday o Edison.

«Questo Istituto non conferisce questa medaglia come prova che il lavoro di Mr. Tesla ha una sua sanzione ufficiale. Il suo lavoro non ha bisogno di questo tipo di sanzione.

«No, signor Tesla, si prega di accettare questa medaglia come simbolo della nostra gratitudine per un nuovo pensiero creativo, l'impulso crescente, paragonabile alla rivoluzione che avete dato alla nostra arte e alla nostra scienza. Avete vissuto per vedere il lavoro del vostro genio implementato. Cosa potrebbe desiderare un uomo di più? Ciò richiede una parafrasi delle linee che Pope ha scritto su Newton:

«La natura e le leggi della Natura si nascondono nella notte:
Dio disse Tesla sia!, E la luce fu»

Non c'è traccia del discorso di ringraziamento ti Tesla. Non aveva preparato un discorso ufficiale. Aveva intenzione di dare una breve risposta, invece, fu coinvolto nella narrazione aneddotica e di uno sguardo verso il futuro della scienza elettrica, che, per mancanza di versione scritta, divenne molto lungo.

E 'improbabile che qualcuno tra il pubblico o sul palco, abbia colto il significato delle parole di Behrend quando disse, «Abbiamo chiesto Mr. Tesla di accettare questa medaglia». Ancor meno probabile che i membri dell'Istituto avessero anche solo la minima idea della portata o l'importanza del contributo di Tesla per la loro scienza. Le sue principali invenzioni erano state annunciate trent'anni prima. La maggior parte degli ingegneri apparteneva alla generazione più giovane che aveva imparato nei libri di testo in cui avevano quasi omesso di citare il lavoro di Tesla.

QUINDICI

L'annuncio da parte di Tesla nei suoi ultimi anni che attirò maggiormente l'attenzione riguardava la scoperta di ciò che sarebbe, a breve ma non in modo accurato, stato chiamato il «raggio della morte». Delle precedenti relazioni pervenuti dall'Europa parlavano dell'invenzione dei «raggi della morte», fasci di radiazioni che possono prendere fuoco al minimo tocco, sciogliere il corpo in acciaio dei serbatoi e far smettere di funzionare le macchine delle navi. Ma tutte le informazioni erano fornite come parte di un gioco diplomatico strategico.

Il preludio all'annuncio di Tesla del «raggio della morte» rimonta a pochi anni prima, quando affermò che aveva fatto la scoperta di una nuova forma di produzione di energia che, se applicata, avrebbe sollevato le più grandi unità turbina-generatore esistenti per degli aborti. Annunciò questo nelle interviste con la stampa nel 1933. Rivelò, anche che stava lavorando ad un nuovo tipo di generatore in grado di produrre radiazioni di tutti i tipi e di più grande intensità. Fece degli annunci simili anche l'anno successivo.

Entrambi gli annunci avevano diritto a ricevere la massima attenzione, anche se non supportate da prove sperimentali, e non rilevarono alcun dettaglio tecnico.

Quando Tesla parlò in qualità di scienziato, si opponeva alle guerre morali, economiche e a tutte le ragioni pratiche e teoriche. Ma, come la maggior parte degli scienziati, quando smetteva di pensare come tale e lasciava che le sue emozioni regolassero il suo pensiero, trovava dell'eccezioni per le quali riteneva che alcune guerre e situazioni erano giustificabili. Come scienziato, era riluttante nel vedere le scoperte della scienza applicata agli obiettivi dei decisori di guerra, ma quando la fase emotiva della sua natura prese il sopravvento, era pronto a mettere il suo genio al lavoro in modo da concepire misure che impedissero le guerre, fornendo dei dispositivi di protezione.

Questo atteggiamento è illustrato nella seguente dichiarazione, dichiarazione che aveva preparato negli anni venti, ma mai pubblicato:

«Attualmente, molte delle menti più capaci stanno cercando di sviluppare modi ingegnosi per evitare il ripetersi del terribile conflitto che si è concluso solo in teoria, di cui avevo predetto correttamente la durata e le grandi domande in un articolo pubblicato nel *Sun*, il 20 dicembre 1914. La Lega non è una cura, ma, secondo il parere di un certo numero di uomini competenti, può invece portare a risultati esattamente opposti. È particolarmente deplorevole che una politica punitiva è stata adottata per impostare le condizioni di pace perché, in pochi anni, sarà possibile per le nazioni di combattere senza eserciti, navi o armi da fuoco, ma con armi più terribili dall'azione distruttiva e dalla portata che no conosce praticamente limiti. Qualsiasi città a qualsiasi distanza, indipendentemente dal nemico, può essere distrutto da essa, e nulla al mondo può evitarlo di fare. Se vogliamo evitare un disastro imminente e uno stato di cose che possono rendere questo mondo un inferno vivente, dobbiamo spingere lo sviluppo di macchine volanti e trasmissione di energia senza fili senza perdite di tempo e con tutta la potenza e le risorse della nazione.»

Tesla vide delle possibilità preventiva nella sua nuova invenzione che esprimono le caratteristiche del «raggio della morte», progettata molti anni dopo la dichiarazione di cui sopra fu stata scritta. Vide fornire una tenda di protezione che qualsiasi paese, per quanto piccolo potesse essere, poteva usare come difesa contro l'invasione. Mentre potrebbe essere utilizzata come arma di difesa, tuttavia, nulla potrebbe impedire ai militari usarla come arma di attacco.

Tesla non ha mai dato alcuna indicazione circa i principi di funzionamento del velivolo.

In ogni caso, ci sono indicazioni che Tesla stesse lavorando su un sistema di alimentazione a corrente continua con alto potenziale di generazione e trasmissione di energia elettrica su lunghe distanze. L'alta tensione ad alta frequenza può essere trasmessa più efficientemente della corrente alternata. Non c'era modo pratico per la produzione di corrente continua ad alta tensione. Ecco perché il sistema di corrente alternata polifase di Tesla fu adottato per il nostro attuale sistema di superpotenza nazionale, poiché ha reso possibile l'utilizzo di alte tensioni. Ma nonostante la sua efficacia, ha causato alcune perdite che avrebbero potuto essere eliminate se le correnti continue di tensione sufficientemente alte potevano essere ottenute. Un tale sistema sostituirebbe il sistema di aria condizionata, ma non soppiantarla.

La corrente continua, forse, con un potenziale di diversi milioni di volt, viene utilizzata per trasmettere energia su lunghe distanze, possibilmente attraverso il continente, fornendo una sorta di sistema di trasmissione espressa per cui il sistema di corrente alternata già esistenti sarebbero tenuti per la distribuzione locale. Oltre al sistema di trasmissione a corrente continua, Tesla sembra aver sviluppato un generatore di corrente continua ad alta tensione e un nuovo tipo di motore a corrente continua che funzionerebbe senza interruttore.

Le invenzioni cominciarono a diffondersi nello spirito di Tesla come l'acqua in un serbatoio, all'interno della quale non vi è alcuna uscita.

Mentre sviluppava il suo sistema di corrente alternata nel dominio della distribuzione di energia attraverso il sistema senza fili ad alta frequenza e alto potenziale, che aveva dimostrato in Colorado Springs, sembrava aver portato il suo sistema di corrente continua in avanti e averlo collegato al suo sistema di distribuzione senza fili di corrente alternata, in modo che possano essere utilizzati entrambi in un sistema ad incastro. Non essendo stato applicato, lo sviluppò ulteriormente e elaborò un piano per farlo funzionare con quello che sembra essere un sistema di fasce di trasmissioni senza fili di energia, che potrebbe richiedere l'uso di un flusso di particelle, usate nei ciclotrone disintegratori degli atomi.

Nel corso del tempo, dalla fine degli anni Venti e alla fine degli anni trenta, le allusioni che Tesla faceva sul suo lavoro diventarono più complesse, e così ambigui che suscitarono più scetticismo rispetto a prima. Non volle rivelare la natura delle sue scoperte fino a quando non ottenesse i brevetti, e non avrebbe richiesto brevetto prima di aver costruito modelli di lavoro reali. Purtroppo, non poteva realizzarli perché non aveva soldi. Fu per molti anni Samuel Insull, il magnate dei servizi pubblici, a versare frequentemente e generosi contributi al lavoro di Tesla. Furono generalmente utilizzati per pagare i debiti in sospeso, e non erano abbastanza significativi per permettergli di impegnarsi in ricerche di laboratorio.

Tesla, tuttavia, non mostrò mai alcun segno apparente di amarezza per la situazione. Invece, appariva sempre nel ruolo dell'ottimista convinto, mantenendo sempre uno spirito di speranza che gli avrebbe permesso di ottenere da solo, il denaro di cui aveva bisogno per completare i suoi progetti sviluppati. Tutto ciò è dichiarato in una lettera che ha scritto a B. A. Behrend, che lo aveva spinto ad accettare la medaglia Edison e a cui faceva probabilmente più fiducia di chiunque altro:

«Io lavoro duro sulle mie scoperte, di cui vi ho già parlato, e da cui spero ottenere una somma a otto cifre (senza contare i centesimi, ovviamente), che mi permetterebbe di costruire questa centrale elettrica senza fili a mie spese. Io non oso dirvi cosa farò con questa altra invenzione, per la quale sono appositamente venuto a vedervi. Lo dico in tutta sincerità»

L'invenzione, di cui non osava parlare era probabilmente il suo sistema di generazione di corrente continua e di trasmissione.

In un'intervista nel 1933, disse che il suo generatore elettrico era uno di quelli più semplici, solo una grande massa di acciaio, rame e alluminio comprendente una parte fissa ed una parte rotante, assemblate in modo speciale. Intendeva, disse, produrre energia elettrica e di trasmetterla su lunghe distanze grazie al suo sistema di alternanza; ma il sistema a corrente continua potrebbe anche essere utilizzato, se le difficoltà fino a qui insormontabili dell'isolamento della linea di trasmissione potevano essere superati.

Un anno dopo, aveva sviluppato il piano di trasmissione dei fasci; e fece una dichiarazione ambigua su essi, dichiarazione che fu riportata dalla stampa come la nuova notizia di un «raggio della morte», in quanto la descrizione sembrava inserirsi bene nello stesso stampo di quelle dichiarazioni da scandalo e incredibilmente proveniente dall'Europa pochi anni prima. Uno scrittore del *New York World-Telegram* chiamò il piano di Tesla «nebulosa». Ciò indusse una risposta di Tesla (24 luglio 1934), in cui sono apparsi i seguenti paragrafi:

«Un rapporto di Washington nel *World Telgram* del 13 Luglio 1934 ha, anche, suscitato il mio interesse. Ha rivelato che gli scienziati dubitano sugli effetti del «raggio della morte». Sono pienamente d'accordo con questi scettici, sono probabilmente anche più pessimista in questo senso di chiunque altro, perché parlo per esperienza.

«I raggi dell' energia richiesti non possono essere prodotti, e, di nuovo, la loro intensità diminuisce con il quadrato della distanza. Non è tanto l'agente che uso che ci permetterà di trasmettere ad un punto lontano, più energia di quanto sia possibile con qualsiasi altro tipo di raggi.

«Siamo tutti fallibili, ma mentre io esamino la questione alla luce della mia conoscenza teorica e sperimentale attuale, sono convinto che do al mondo qualcosa che va ben al di là dei sogni più sfrenati degli inventori di tutti i tempi»

Questa è la prima dichiarazione scritta da Tesla in cui cita il suo «raggio». Tuttavia, come ho già indicato, avevo avuto alcuna dichiarazioni confidate da lui, intorno all'anno precedente, sui risultati che sperava di raggiungere con la sua nuova scoperta, di cui manteneva la natura segreta. Tre anni dopo, nel 1937, Tesla mi permise di scrivere una storia per il *New York Herald Tribune* sulla sua nuova scoperta di potenza e del raggio. Sottolineai l'utilità della scoperta per fornire energia alle navi che dovevano attraversare l'oceano, eliminando la necessità di trasportare i rifornimenti di carburante, invece di usarlo come arma di difesa o di attacco.

In questa occasione, provai a farmi rivelare alcuni dettagli tecnici, ma riuscì a eludere ogni domanda e non rilevò alcuna informazione al di là della dichiarazione che l'impianto di trasmissione sulla riva era uno degli impianti che sarebbe stato in grado di costruire a un costo di circa 2 milioni di dollari. L'energia sarebbe stata trasmessa da un raggio o un fascio trasversale di sezione molto più piccole, un cento millesimo di centimetro di diametro. Agli altri giornali che copiarono la mia storia, disse che la cifra era un milionesimo di centimetro quadrato.

Più tardi, scrissi un rapporto un po' critico del suo piano e cercai di farlo parlare, esaminando le proprietà della radiazione elettromagnetica in tutte le parti dello spettro. Visto che non trovai nessuno che aveva le caratteristiche necessarie per rendere il suo raggio praticabile, rividi ugualmente tutte le proprietà delle particelle note della materia, prima di dichiarare che tutto questo non sarebbe servito il suo scopo, ad eccezione della particella non elettrificate, i neutroni. Non diede alcuna risposta a seguito di questo articolo.

Alla sua cena di compleanno nel 1938, presso l'Hotel New Yorker, Tesla descrisse brevemente il suo progetto di trasmissione senza fili di potenza e il raggio della morte, aggiungendo poco a quanto che già aveva detto. Nell'ultima parte del suo discorso, disse che aveva sviluppato un metodo di comunicazione interplanetario, con la quale egli sarebbe stato in grado di trasmettere non solo i segnali di comunicazione a bassa potenza, ma anche energia che coinvolgessero migliaia di cavalli.

In questa occasione, gli chiesi se volesse essere specifico circa gli effetti prodotti, e se sarebbero stati visibili dalla terra. Ad esempio, avrebbero potuto avere un effetto sulla luna talmente grande da essere visto da un astronomo guardando la luna attraverso un potente telescopio? A ciò, rispose che sarebbe stato in grado di produrre un punto luminoso nella regione oscura della faccia crescente della luna nuova che brillerà così tanto quanto una stella luminosa, tale da poter essere vista senza l'ausilio di un telescopio.

Sembra probabile che Tesla propose di utilizzare per questo scopo il fascio che descrisse come il suo potente «raggio della morte» senza fili. La limitazione degli effetti distruttivi dei fasci, che ha visualizzato fino a duecentomila, era dovuto al fatto che il fascio ha un percorso lineare. Tesla affermò che la curvatura della terra fissava un limite alla distanza operativa, in modo che la distanza operativa di duecento miglia donasse una indicazione della più grande altezza praticata da una torre da cui il fascio potrebbe essere diretto. Prevedeva di utilizzare il potenziale di circa 50 milioni di volt nel suo sistema, ma non è chiaro se si trattasse di corrente continua o alternata.

L'unica dichiarazione scritta da Tesla su questo argomento si trova nel manoscritto della conferenza che è consegnato, in contumacia, qualche mese più tardi presso l'*Institute Immigrant Welfare* in risposta alla sua citazione onoraria. All'interno di esso era incluso il paragrafo seguente:

«Andiamo ad un altro argomento: ho dedicato molto del mio tempo durante l'anno passato a sviluppare un nuovo apparato piccolo e compatto, grazie al quale l'energia, in quantità considerevoli, ora può attraversare lo spazio interstellare a qualsiasi distanza senza la minima dispersione. Ho pensato di parlare con il mio amico, George E. Hale, il grande astronomo ed esperto solare, circa il possibile utilizzo di questa invenzione, con le sue ricerche. Nel frattempo, però, ci si aspetta da me che faccia una precisa descrizione del dispositivo con i dati e calcoli per l'Institut de France e rivendico il premio Pierre Guzman di 100.000 franchi come mezzo di comunicazione con altri mondi, perfettamente convinto che mi sarà concesso. Il denaro, naturalmente, è una considerazione banale, ma per il grande onore storico di essere il primo ad aver raggiunto questo miracolo, sarei quasi pronto a dare la vita.»

UNA PROPRIA CONCEZIONE DI SUPERUOMO

SEDICI

Tra il 1892 e il 1894, mentre era impegnato con i suoi esperimenti di corrente ad alta frequenza e alto potenziale, Nikola Tesla trovò ancora del tempo per interessarsi intensamente ad un altro problema, un'altra domanda, e un'altra energia , da cui nasceva ciò che egli considerava un nuovo principio fisico. Lo svilupperà fino ad una fase in cui avrebbe potuto offrire una nuova teoria dinamica della gravità.

Anche se gran parte del suo ragionamento fu guidato da questo principio, è solo verso la fine della sua vita che decise di comunicarla. Tuttavia, delle rivelazioni come questi sottolineavano ciò che era ovvio: Nikola Tesla riteneva che la sua teoria era totalmente incompatibile con la teoria della relatività, come con la teoria moderna basata sulla struttura dell'atomo e trasformazione reciproca della materia e dell' energia. Nikola Tesla rinnegava la validità dei lavori realizzati da Einstein in questione e, fino a due o tre anni prima della sua morte, continuò a disprezzare l'idea che sarebbe stato possibile ottenere energia dalla materia.

Questi antagonismi erano abbastanza deplorevoli perché Nikola Tesla si trovò in conflitto con la fisica sperimentale moderna. E non aveva assolutamente alcun luogo di essere visto che Nikola Tesla sarebbe indubbiamente rimasto fedele al suo principio interpretando in tale modo che non fosse in conflitto con le teorie moderne. Si potrebbe certamente attribuire questo antagonismo a dei motivi psicologici, piuttosto che incongruenze scientifiche.

L'unica affermazione che Nikola Tesla fece circa i suoi principi e della sua teoria si trova nella dichiarazione che aveva intenzione di fare nel corso della conferenza presso l'Istituto Immigrant Welfare (12 maggio 1938). Ecco cosa disse:

« Dopo due anni consecutivi [1893 e 1894] di intensa ricerca ho avuto la possibilità di fare due passi avanti. Il primo è una teoria dinamica di gravità che ho sviluppato in ogni dettaglio e ho intenzione di condividere al più presto. Spiega bene le origini di quella forza, così come i movimenti dei corpi celesti sotto la sua influenza, che metterà fine alle speculazioni e fraintendimenti infondati, come la curvatura spaziale ...

« I movimenti dei corpi, come possiamo osservare possono essere giustificati solo dalla presenza di un campo di forze, la cui teoria eliminerebbe l'idea di curvatura spaziale. Tutte le informazioni su questo argomento sono inutili e destinati a scomparire. È lo stesso vale per tutti i tentativi di spiegare i meccanismi dell'universo senza riconoscere l'esistenza dell'etere e il suo ruolo essenziale nella manifestazione dei fenomeni.

«La mia seconda scoperta è una verità fisica della massima importanza. Avendo studiato approfonditamente l'intero patrimonio scientifico in più di sei lingue senza trovare la minima traccia di congetture su di esso, penso di essere all'origine della scoperta di questa verità, che può essere espresso con la seguente dichiarazione: L'energia della materia proviene dall'ambiente.

«Ne avevo accennato durante il mio 79° compleanno, e d'allora, il suo significato e la sua importanza mi sembrano ancora più evidente. Questa verità vale bene anche matematicamente alle molecole e agli atomi come principali corpi celesti, a tutte le materie nell'universo, qualunque sia la sua fase di esistenza, dalla sua formazione alla sua disintegrazione.»

Nikola Tesla aveva un'opinione fissa sul tema della relatività e delle teorie moderne. Se avesse pubblicato il suo principio-teoria della gravità, all'inizio del secolo, avrebbe, senza dubbio, ricevuto molta più attenzione che una generale accettazione, anche se era difficile fare un'ipotesi ragionevole senza conoscere i suoi postulati. La sua pubblicazione avrebbe potuto influenzato il ragionamento di Einstein. Il campo di forza menzionato da Nikola Tesla, che è un elemento indispensabile per spiegare i movimenti dei pianeti, sarebbe potuto essere suo contributo ad eliminare la necessità dell'esistenza dell'etere ciò che la teoria di Einstein fece. Entrambe le teorie potevano raggiungersi, ciò avrebbe sicuramente portato uno sviluppo armonioso delle riflessioni dei due geni.

In quest'ultimo caso, Nikola Tesla avrebbe potuto benissimo avanzare il suo ragionamento per riscontrare una coerenza tra la sua teoria, in cui la materia contiene solo l'energia che riceve dal suo ambiente, e l'opinione moderna in cui tutta la materia è fatta energia e la cui trasformazione è reciproca, perché quando il materiale viene convertita in energia, l'energia ritorna nell'ambiente in cui si formano le sue particelle.

Il comportamento di Nikola Tesla sembra essere causato da una frustrazione che avrebbe potuto evitare se avesse subito pubblicato la sua teoria. Se fosse stato il caso, il suo intelletto e la sua straordinaria capacità di risolvere i problemi avrebbero potuto essere utilizzati per risolvere i problemi di fisica atomica, e Nikola Tesla avrebbe a sua volta beneficiato enormemente dell'applicazione delle nuove conoscenze nel campo di cui era sovrano.

La capacità di Nikola Tesla per generare correnti di tensioni molte elevate sarebbe stata molto utile a «rompere l'atomo.» Altri scienziati, ancora oggi, faticavano a generare correnti a 5.000.000 volt di potenziale, mentre quarant'anni prima, Nikola Tesla stava già producendo un potenziale di 135 milioni di volt.

Poiché il principio stabilito da Nikola Tesla era in contrasto con la rappresentazione dell'atomo, costituito da un piccolo nucleo complesso circondato da elettroni in orbita (incoerenza che proveniva dall'"inventore che dalla Natura), sviluppò un antagonismo contro tutti progressi scientifici che usarono una diversa rappresentazione dell'atomo sferica di moda nel 1880. Per lui, un atomo rotto era simile ad una palla da biliardo distrutta.

Tuttavia, Nikola Tesla riconobbe l'esistenza dell'elettrone. Lo considerava come una sorta di sub-atomo, un quarto stato della materia, come descritto da Sir William Crookes, che era all'origine della sua scoperta. Nikola Tesla lo visualizzava come elemento legato all'atomo e non come uno dei suoi componenti. La carica elettrica che portava era molto diversa da quella dell'elettrone. Per lui, l'elettricità era un liquido in cui la mitigazione della materia era più elevata, e che aveva proprietà proprie molto specifiche e indipendente dalla materia. La carica dell'elettrone provenivano da uno strato superficiale di elettricità che lo copriva, poteva avere diversi strati e tante cariche che potevano essere dissipati. Queste affermazioni erano simili a quelli che aveva pubblicato una cinquantina di anni prima.

Tuttavia, secondo la teoria moderna, la natura elettrica dell'elettrone, descritta come sua carica, è una caratteristica intrinseca della natura dell'energia cristallizzato in un punto, e che permette pertanto l'esistenza dell'elettrone. Questa è una delle particelle, o unità di energia, che costituiscono l'atomo.

Nelle discussioni su articoli scritti da scienziati nel campo della fisica atomica, Nikola Tesla protestava contro il fatto che le loro teorie non erano insostenibile e che le loro accuse erano infondate. Il suo disaccordo era maggiore in particolare per quanto riguarda i risultati delle sperimentazioni riportati dell'emissione di energia degli atomi.

«La potenza atomica è un mito», diceva spesso. Ha scritto diverse dichiarazioni in cui affermava di aver rotto, grazie alle sue correnti di diversi milioni di volt, miliardi di atomi rotti innumerevoli volte, e che questa operazione non era accompagnata da emissione di energia.

E 'successo che mi facevo severamente rimproverare da Nikola Tesla per non aver pubblicato le sue dichiarazioni. Gli risposi: «Non li ho rivelato per proteggere la vostra reputazione. Legate una troppa importanza alla regolarità. Non è necessario rimanere fedele alle teorie che ha emesso in gioventù, e sono convinto che, in fondo, si dispone di teorie che sono in accordo con i progressi scientifici in altri settori, ma perché vi siete opposti e criticato alcune teorie moderne, vi sentite in dovere di rimanere sulla vostra posizione e di criticarle tutte. Sono convinto che il ragionamento è stato applicato durante lo sviluppo del raggio della morte era simile a quello nella teoria moderna della struttura dell'atomo e della natura della materia e dell'energia.»

Allora Nikola Tesla mi fece capire molto chiaramente che aveva un parere molto deciso delle persone che cercano di pensare per lui. Questa discussione avvenne nel 1935, e non ho avuto più notizie per parecchi mesi. Tuttavia, notai che nelle sue interviste successive, che era diventato molto meno categorico sulle teorie moderne. E pochi anni dopo, annunciò che aveva l'intenzione di costruire un dispositivo che fosse in grado di testare effettivamente la struttura dell'atomo avanzato dalla teoria moderna, e sperava che i suoi nuovi sistemi e fasci di energia avrebbero rilasciato l'energia atomica con maggior successo rispetto a qualsiasi altro dispositivo utilizzati dai fisici.

Dopo aver finalmente riconosciuto l'idea che l'uomo sarebbe stato in grado di rompere, trasformare, creare o distruggere atomi e controllare grandi quantità di energia, ha effuso a lungo sull'argomento. Estese il controllo dell'uomo sugli atomi e l'energia su scala cosmica, in grado di plasmare l'universo secondo la sua volontà. Dichiarò in un articolo non pubblicato, dal titolo «La più grande conquista dell'uomo»:

«L'essere pienamente sviluppato, l'Uomo, è abitato da un misterioso desiderio, enigmatico e irresistibile: imitare la natura, per creare, per esplorare le meraviglie che percepisce. Spinto da questo desiderio, cerca, scopre e inventa, progetta e costruisce, copre la stella su cui è nato con monumenti di bellezza, grandezza e meraviglia. Viaggia al centro della terra per rivelare i suoi tesori nascosti e liberare le energie titaniche e metterle al lavoro. Si avventura in abissi oscuri di oceani e distese azzurre celesti. Esplora gli angoli più profondi della struttura molecolare e rivela infinitamente mondi lontani. Addomestica la scintilla feroce e devastante di Prometeo, le forze titaniche delle cascate, del vento e delle maree, e li mette al suo servizio. Egli doma il fulmine di Giove e distrugge il tempo e lo spazio. Anche il Sole diventa uno schiavo lavoratore soggetto ai suoi ordini. La sua forza e la sua potenza sono tali che i cieli sono strappati, e tutta la terra trema al solo suono della sua voce.

«Cosa riserva il futuro per questo strano essere, nato da un soffio, in un corpo effimero ma pertanto immortale dai suoi poteri divini e formidabili? Che magia diffonderà sul mondo, alla fine? Quale sarà il suo più grande trionfo, il suo picco?

« Da molto tempo, si è reso conto che tutta la materia è creata da una sostanza di base, o un finezza inconcepibile, che ha riempito lo spazio: Akasha o l'etere luminoso, attraverso il quale si manifesta il Prana, il soffio della vita e la forza creativa dietro l'esistenza ciclica e infinita di tutte le cose e tutti i fenomeni. La sostanza di base, realizzato in piccole volute ad una velocità straordinaria, si trasforma in materia prima, poi la forza diminuisce, il movimento si arresta e la materia scompare, tornando al suo stato di sostanza elementare.

« L'uomo è in grado di controllare il processo il grandioso, il più intimidatorio che esiste in natura? Può usare la sua energia illimitata e appropriandosi tutte le loro funzioni, vederli comandare attraverso la pura forza della sua volontà?

« Se fosse stato capace, avrebbe tenuto poteri quasi infiniti e soprannaturali. Con un semplice ordine, che richiederebbe il minimo sforzo da parte sua, vecchi mondi sarebbero scomparsi e quelli nuovi di propria progettazione, prendere forma. Poteva organizzare, consolidare, preservare le forme immateriali della sua immaginazione, le brevi immagini intraviste nei suoi sogni. Potrebbe esprimere in qualsiasi scala tutte le concezioni della sua mente in forma concreta e immortale. Potrebbe cambiare la dimensione di questo pianeta, controllare le sue stagioni, portarla sul percorso della sua scelta e viaggiare nelle profondità dell'universo. Potrebbe causare la collisione dei pianeti e produrre i suoi soli e le sue stelle, il suo calore e la luce. Si potrebbe creare la vita e svilupparla nelle sue infinite forme.

« Creare e distruggere la sostanza materiale, la forza di raccogliere nelle forme dettate dai suoi desideri, ecco quale sarebbe la manifestazione ultima del potere dello spirito umano, il suo trionfo assoluto sul mondo fisico, la sua altezza, che avrebbe posto al pari del suo Creatore, gli permetterebbe di compiere il suo destino ultimo.»

Nikola Tesla, allora ottantenne, era ancora la prova di un complesso superuomo, ma ancora più evidente che in gioventù. I suoi sogni, che erano inizialmente basate su una visione terrena, si allargano e si scaglionano nel tempo fino a comprendere l'intero universo.

Tuttavia, anche su scala cosmica, Nikola Tesla continuò ad esprimersi in termini di materia ed energia. Ragione per cui le due entità erano sufficienti a spiegare tutti i fenomeni osservati, una posizione che si opponeva alla scoperta di eventuali nuove organizzazioni.

Antiche civiltà non avevano il concetto di elettricità e magnetismo, le manifestazioni a controllate di questi due gradi della stessa entità di forza genererebbe una nuova civiltà e una nuova visione culturale della vita e permetterebbe di ampliare il campo di orizzonti della vita umana. Nulla ci impedisce di gioire per la scoperta di nuove forze differenti come l'elettricità che si differenzia dai venti e dalle onde dell'oceano. Se si considera come accettabile le spiegazione insufficiente di fenomeni vitali, che sottoscriviamo all' estensioni eccessive di forze già noti, allora, ci chiudiamo a qualsiasi possibilità di scoprire forze sconosciute e nuove conoscenze. Questo è il limite che aveva imposto la scienza nel corso dell'ultimo trimestre del secolo scorso, su cui Nikola Tesla ha basato la sua filosofia e che fu complicato rivederlo negli ultimi anni della sua vita.

I compartimenti cerebrali della memoria della maggior parte degli individui agiscono come sistemi di archiviazione, è una discarica ideale per tutti gli elementi in entrata, ma trovare un ricordo registrato non è un compito facile. Le capacità di memorizzazione Nikola Tesla erano straordinarie. In una sola lettura veloce, memorizzava tutte le informazioni che vi erano scritte, poteva sempre far affidamento ad una memorizzazione fotografica della lettura del documento e quindi essere in grado di studiarlo ogni volta che voleva. Per Nikola Tesla, l'apprendimento era un processo molto diverso da quello di una persona comune. Non aveva bisogno di biblioteche di riferimento, poteva mentalmente vedere qualsiasi pagina di qualsiasi libro che aveva letto, qualsiasi formula, equazione o elemento di una tabella di logaritmi, e l'informazione appariva davanti ai suoi occhi. Poteva recitare a memoria quantità di libri, e gli faceva risparmiare grande tempo nella sua ricerca.

Questa capacità di visualizzazione strana era certamente straordinaria ma del tutto naturale e sicuramente risultato di una specificità strutturale del cervello, che collega direttamente l'emisfero visivo a quello della memoria, dotandolo di un nuovo senso molto conveniente.

Il cervello umano ha due emisferi, destro e sinistro, che formano a sua volta, un cervello stesso. Entrambe le metà lavorano in armonia nel suo complesso. Il cervello è costituito da diversi strati paralleli collegati tra loro da fibre nervose complesse, come un filo che collega ogni strato di una cipolla. Lo strato esterno sembra essere direttamente collegato alla nostra coscienza. La superficie è suddivisa in diverse aree specializzate. Una banda, che si estende attraverso la parte trasversale di ciascun emisfero, tra le orecchie e sulla parte superiore del cervello, è riservata ai sensi ed è qui che vi è la zona propria di ogni facoltà sensoriali: vista, udito, gusto e olfatto. Proprio accanto a questa banda vi è la regioni motrice e delle attività muscolari di varie parti del corpo. Il lobo occipitale nella parte posteriore del cervello sembra abiti la memoria, mentre il lobo frontale è associato alle funzioni più nobili della cognizione, ed è una delle parti meno conosciute del cervello.

Durante il normale processo di visione, gli occhi riflettono un immagine dell'oggetto osservato sulla retina, una schermata nella parte posteriore del bulbo oculare. La retina è alimentato da migliaia di terminazioni nervose agglomerati come un mazzo di asparagi. Le loro estremità essendo sensibile, quando la luce colpisce uno di loro, trasmettono un segnale attraverso il nervo ottico al cervello che lo registra come una risposta visiva nei settori della visione di ciascun emisfero cerebrale . Così, l'atto di vedere in se stesso, è compiuto dal cervello, e non dagli occhi. Quando un oggetto viene visto dal cervello, un ricordo di quella esperienza visiva è trasmesso dalle regioni cerebrali della visione fino al centro della memoria che si trova nella parte posteriore del cervello, e tutte le altre aree sensoriali inviano ricordi simili. Normalmente, questo è un processo a senso unico, gli stimoli vanno verso la memoria, ma niente scorre nella direzione opposta. Se questo non fosse il caso, allora le nostre regioni sensoriali sarebbero costantemente in cerca di rimaneggiamento di eventi passati, le miscelazione con le nuove esperienze in arrivo, che metterebbero una sfortunata confusione.

L'area di memoria riservata contiene un archivio completo di tutte le esperienze sensoriali che abbiamo vissuto. Quando pensiamo, usiamo un meccanismo (ancora poco chiaro) per collegare i fatti memorizzati nell'area di memoria per produrre combinazioni o delle relazioni utili, o, in altre parole, per generare idee. La memoria sembra funzionare a livello inconscio, ma ci sembra in grado di attivare le fibre nervose che raggiungono il livello desiderato nel posto giusto per il collegamento con la memoria a livello conscio. Con questo, si può fare appello ai ricordi, ma sono molto diversi da quella vera e propria esperienza della visione con la quale la memoria è stata costruita.

Contrariamente, se durante la reminiscenza, le fibre nervose che collegano la regione del cervello della visione con quella della memoria è stata attivata, allora saremmo in grado di vedere l'oggetto che ha creato un ricordo che cerchiamo di ricordare nel modo più chiaro quando viene avviato il processo di visione.

La produzione di pensiero creativo sembra essere la combinazione di un insieme di due o più memorie sensoriali per formare una miscela di tutte le nuove caratteristiche che non erano parte dei componenti di base. Se la stessa connessione del nervo, che abbiamo visto in precedenza, è stato effettuato in entrambe le direzioni con l'area di visione, potremmo vedere la nuova creazione, come se si trattasse di un oggetto reale che osserviamo con i nostri occhi anche se il cervello limiterebbe l'insieme di questo processo.

Questo è il processo ipotetico che si sviluppava nel cervello di Nikola Tesla e che gli dava una forza di lavoro creativo maggiore di quella dei comuni mortali. Era una nuova invenzione di Madre Natura di cui Nikola Tesla era stato la cavia?

Anche Nikola Tesla non capì mai il processo neurologico o fisiologico alla base di questa sua strana capacità. Per lui, la capacità di vedere davanti a lui gli oggetti risultanti dei suoi pensieri creativi era un'esperienza molto reale. Pensava che l'immagine di ciò che vedeva era inviato lungo i nervi ottici dal cervello agli occhi, e che questo si rifletteva sulla retina, dunque sarebbe stato in grado di vedere di tutto grazie a un metodo adatto, o un amplificatore, come quelli utilizzati in televisione, proiettandoli su uno schermo. Ne fece anche la proposta. (Il difetto evidente nel suo ragionamento si basava sul fatto che credeva realizzare questa visione sovrannaturale con gli occhi, mentre il processo si limitava al cervello. L'automazione dei centri di memoria si fermavano ai centri della visione invece di salire, come pensava, al nervo ottico fino alla retina.)

Nikola Tesla ha descritto la sua esperienza di questa strana capacità in una intervista con il signor K. Wisehart, pubblicato sotto il nome di «Lasciate che vostra immaginazione lavori per voi» nella rivista americana nel mese di aprile 1921. Egli ha detto:

«Quando ero un bambino, ho sofferto di una strana malattia, ho visto le immagini che apparivano con lampi accecanti. Quando sentivo una parola, l'immagine dell'oggetto designato mi appariva così chiaramente che non riuscivo a capire se quello che stavo vedendo era reale o no... Anche se allungavo la mano per toccarlo e l attraversavo, l'immagine continuava ancora a galleggiare nell'aria.

«Per sbarazzarsi di queste apparizioni che mi affliggevano, cercavo di fissare i miei pensieri in un luogo tranquillo e silenzioso che avevo visto. Questo mi ha sollevato per un po', ma dopo due o tre volte, la soluzione divenne meno efficace. Ho cominciato allora a fare viaggi mentali al di là del piccolo mondo della mia conoscenza. Giorno e notte, mi sono avventurato nella mia immaginazione, ho visto posti nuovi, paesi, e ogni volta provavo a rendere queste immagini molto chiare e distinte nella mia mente. Ho immaginato di vivere in paesi che non ho mai visitato, mi facevo amici immaginari, a cui tenevo particolarmente e che sembravano reali come lei e me.

«L'ho fatto fino ai miei diciassette anni, in cui i miei pensieri erano interessati seriamente alle invenzioni. Poi ho avuto il piacere di scoprire che ero in grado di visualizzarli con grande facilità. Non avevo bisogno ne di modello ne di schema, ne di condurre esperimenti. Potevo rappresentarmeli tutti nella mia mente ...

«Grazie a questa capacità di visualizzazione, che avevo imparato in gioventù per sbarazzarmi di quelle immagini fastidiose, avevo sviluppato quello che pensavo fosse un nuovo metodo per implementare le idee e progetti creativi. Un metodo che può essere molto utile per qualsiasi uomo con fantasia, che sia un inventore, un uomo d'affari o un artista.

«Alcune persone, quando hanno una macchina da creare o un'attività da realizzare, si precipita senza una preparazione adeguata, e concentrandosi subito sui dettagli, piuttosto che vedere l'idea principale. Possono ottenere dei risultati, ma a scapito della qualità.

«Ecco, in estrema sintesi, il mio metodo: quando sento il bisogno di inventare qualcosa in particolare, mi capita di tenere questa idea in mente per diversi mesi o addirittura anni. Quando voglio, mi avventuro nella mia immaginazione e penso ai problemi senza cercare di concentrami sulle loro domande. Si tratta di un periodo di incubazione.

«Poi segue un vero e proprio periodo di concentrazione. Seleziono con attenzione le possibili soluzioni ai problemi. Rifletto, e focalizzo la mia mente lentamente su un'area limitata di ricerca. Quando penso intenzionalmente ai problemi nella loro specificità, sento a volte che mi avvicino alla soluzione. E ciò che è sorprendente è che quando sento questa sensazione, so che ho risolto i problemi e raggiungo i miei obiettivi.

«Questo sentimento è anche prova di quelli già risolti. Sono giunto alla conclusione che, in questa fase, la vera soluzione risiede inconsapevolmente nella mia mente, anche se ho bisogno di molto più tempo per prenderne coscienza.

«Prima di abbozzare, l'idea si sviluppa mentalmente nella sua interezza. Cambio la costruzione, faccio dei miglioramenti, e faccio funzionare il dispositivo nella mia mente. Senza nemmeno aver disegnato degli schizzi dell'idea, sono in grado di trasmettere ai miei operatori le misure di ogni elemento, che si riuniranno perfettamente una volta completati, come se in realtà li avessi disegnati. Che io faccia funzionare la mia macchina nella mia mente o nel mio laboratorio è lo stesso per me.

«Le invenzioni che ho concepito in questo modo hanno sempre funzionato. Senza alcuna eccezione, per trent'anni. Il mio primo motore elettrico, il tubo elettronico di luce senza fili, il mio motore a turbina e molti altri dispositivi sono stati sviluppati esattamente così.»

E 'stato nel marzo 1893, quando ha annunciato la scoperta della radio durante la sua famosa conferenza al convegno della *National Electric Light Assocation* a St. Louis, che Nikola Tesla fece alcune dichiarazioni affermando che pensava che le sue visualizzazioni mentali risultassero delle immagine inviate alle sue retine dal suo cervello. Ciò non aveva alcun nesso con l'oggetto della conferenza, ma il fatto che fu espresso dimostrò che le sue esperienze con questa strana capacità aveva avuto una grande influenza sul suo pensiero creativo. Egli dichiarò:

«Come dimostrato dalla teoria dell'attività oculare, possiamo stabilire che per ogni impressione esterna, vale a dire, ogni immagine riflessa sulla retina, le terminazioni del nervo ottico, che sono coinvolti nella trasmissione delle impressioni nella mente, devono essere sottoposti ad una certa pressione o in uno stato di vibrazione. Non è impossibile che, quando l'immagine viene evocata dalla forza del pensiero, un riflesso specifico, a prescindere dalla intensità, agiscono su alcune terminazioni dei nervi ottici, e di conseguenza sulla retina. L'uomo potrà mai, attraverso una elevata sensibilità ottica o altro, analizzare accuratamente la condizione della retina quando è disturbata dal pensiero o un riflesso? Se così fosse, leggere i pensieri precisi di una persona come se fosse un libro aperto sarebbe molto più facile che ottenere con altri problemi nel campo della scienza fisica positiva, dunque molti, se non la maggior parte, gli scienziati, credono assolutamente nella loro risoluzione.

«Helmholtz ha mostrato che i fondi oculari sono stati essi stessi la luce, e può osservare nel buio più totale, i movimenti delle sue braccia illuminati dai suoi stessi occhi. Questo è uno dei più notevoli esperimenti mai condotti nella storia della scienza, e poche persone sarebbero in grado di ripeterlo in modo soddisfacente, poiché è probabile che la luminosità degli occhi è direttamente correlata una attività cerebrale insolita e di grande capacità immaginativa. Possiamo parlare di fluorescenza dell'attività cerebrale, se si desidera.

«Un altro fatto importante su questo argomento, che molti di voi ne hanno sicuramente sentito parlare da quando è stato menzionato nelle espressioni popolari, ma non mi ricordo di aver trovato un resoconto dettagliato dei risultati dell'osservazione, è che quando un'idea o un'immagine inaspettata è presentato per l'intelletto, una dolorosa luce si verifica negli occhi, anche in pieno giorno.»

Quaranta anni dopo, Nikola Tesla valutava sempre la possibilità di prendere una documentazione fotografica dei suoi pensieri. Egli ha rivelato in un'intervista che se le sue teorie erano corrette (che i pensieri sono registrate sulla retina) sarebbe possibile fotografare ciò che appare sullo schermo inferiore dell'occhio e proiettarne un ingrandimento.

Il ragionamento di Nikola Tesla per la sua straordinaria capacità di visualizzare e la capacità di trovare l'immagine corrispondente sulla retina non aveva nulla d'illogico. C'era una probabilità molto bassa che, in un caso estremo, un arco riflesso fosse prolungato dal cervello alla retina, ma era improbabile. Se fosse stata una persona in grado di confidarsi con gli altri per i suoi esperimenti, avrebbe potuto effettuare semplici test in un laboratorio di oculista e ottenere alcune prove sperimentali per mettere in questioni o convalidare le sue teorie, in ciò che concerne le immagini di pensieri fotografiche.

Intorno al 1920, Nikola Tesla preparò, anche se non li pubblicò mai, una dichiarazione su ciò che considerava come «una fantastica scoperta». Ciò includeva i fattori che ha definito «cosmico», ma presentava ugualmente delle situazioni che i seguaci del vudù di Haiti, così come altre comunità umane carenti di brillantezza intellettuale, perfettamente comprensibili. Come Nikola Tesla, una delle persone più civili poteva essere in grado di sviluppare questo concetto, allora era probabile che le idee e le esperienze di altri individui o gruppi poco acculturati erano coerenti con esso.

Tuttavia, questa scoperta hanno comportato una situazione in cui il controller senz'anima «materia ed energia» (a cui Nikola Tesla regolava lo stato dell'essere umano) era in grado di giudicare i valori etici e, come sovrano su un tribunale di legge, potrebbe imporre sanzioni per violazione della legge.

Ecco la descrizione che Nikola Tesla ha fatto della sua «scoperta fantastica»:

«Anche se non riesco ad ottenere prove a sostegno delle affermazioni di psicologi e spiritualisti, ho dimostrato con mia grande soddisfazione, l'automazione della vita, e non solo attraverso le osservazioni continue di azioni individuali, ma molto più conclusiva, con alcune generalizzazioni. Questi rappresentano una scoperta che considero come l'apice della società umana e su cui si concentreranno brevemente.

«Ho avuto i primi sospetti di questa incredibile verità, quando ero ancora un ragazzo, ma per diversi anni mi spiegavo quello che notavo come semplici coincidenze. Vale a dire, ogni volta che, o qualcuno che era appassionato, o una causa a cui mi ritrovavo, trovavo feriti in qualche modo, più comunemente nel modo più ingiusto da altre persone, sentivo uno strano e indescrivibile dolore che ho chiamato «cosmico», in mancanza di un termine migliore. Poi, poco dopo, i responsabili soffrivano ancora di questi disagi. Avendo notato più volte ciò, mi sono affidato a diversi amici che hanno avuto l'opportunità di convincersi della verità della teoria ho rilasciato gradualmente e può essere formulato come segue:

«I nostri corpi sono costruiti nello stesso modo e sono esposti alle stesse influenze. Quello che segue reazioni simili e attività generali su cui si basano, tra gli altri, i nostri costumi e le nostre leggi. Siamo automi interamente controllati dalle forze del supporto, scossi come tappi di sughero che galleggiano sulle acque, ma confondiamo gli impulsi derivanti esterni con il libero arbitrio.

«I movimenti e altre azioni che compiamo sono sempre fatti con lo scopo di sopravvivere, e anche se ci sembra del tutto indipendenti l'uno dall'altro, sono collegati da legami invisibili. Finché il corpo è in perfette condizioni, risponde con precisione agli agenti che hanno causato, ma quando una persona soffre di un disturbo, la forza del suo istinto di sopravvivenza è compromessa.

«Naturalmente, ognuno capisce che se si diventa sordi, la nostra vista si indebolisce, ci facciamo del male a noi stessi, le nostre possibilità di continuare la nostra esistenza sarebbe inferiore. Ma questo è anche vero, e sicuramente molto di più per alcune anomalie cerebrali che privano più o meno da questa qualità essenziale e le fonti si precipitano alla distruzione.

«Un essere molto sensibile e percettivo, con tutti i meccanismi più sofisticati sono intatti, e che agisce con precisione nel rispetto delle mutate condizioni ambientali, è dotato di un senso meccanico superiore, che gli permette di evitare il pericolo troppo sottile per essere visto direttamente. A contatto con gli altri i cui organi di controllo sono estremamente difettosi, il senso si manifesta e l'essere soffre di questo doloro «cosmico».

«Questa verità è il risultato di centinaia di esempi, e invito gli altri studenti della natura umana ad interessarsi ad esso, convinto che attraverso uno sforzo combinato e sistematico, si raggiungeranno dei risultati d'importanza capitale per il mondo.»

Il rifiuto di Nikola Tesla a rivelare le sue esperienze intime non aveva alcun dubbio privato il mondo di storie molto interessanti. E 'stato senza dubbio un individuo anormale, e di un genere che viveva ciò che noi chiamiamo «esperienze psichiche.» Egli ha negato categoricamente di aver mai avuto esperienze di questo tipo, tuttavia, ha riferito gli eventi che erano chiaramente del dominio psichico. Sembrava temere che, se avesse confessato di aver vissuto esperienze psichicha, o che annunciasse delle teorie in cui un altro elemento che la materia e l'energia intervenisse nella vita, lo avremmo considerato, sbagliando, come un seguace dello spiritismo.

Ogni volta che lo interrogavamo sulla sua filosofia di vita, discorreva sulla teoria che il corpo umano è una macchina di carne e sangue che reagiscono a forze esterne.

Una notte a New York, mentre Nikola Tesla e l'autore erano seduti nella hall dell'Hotel *Governor Clinton*, l'inventore presentò la sua teoria della macchina corporea. Si trattava di una tipica filosofia materialistica di epoca vittoriana. «Noi siamo, disse, composti solo da quelle cose che si identificano in provetta e pesato sulle scale. Le nostre proprietà sono solo quegli atomi ricevuti che compongono il nostro corpo. La nostra esperienza, che chiamiamo vita, è una miscela complessa di reazioni tra gli atomi che ci compongono e le forze esterne del nostro ambiente.»

Tale filosofia aveva il merito di avere una presentazione semplice e concisa, e facilmente si prestava ad essere avanzata con un positivismo che si adattava a chi la emetteva, e trasformava il suo atteggiamento in un dogmatismo dove una opinione chiaramente espressa è stata spesso male interpretato, e sostituita, come elementi di fatto.

«Non credo ad una parola della vostra teoria, risposi alla sua presentazione, e grazie a Dio, sono convinto che non ci crediate neanche voi. La prova migliore che sfida la sua teoria è che Nikola Tesla esiste. Secondo la vostra teoria, Nikola Tesla non potrebbe esistere. Ha una mente creativa e supera tutti gli uomini per le sue imprese. Se la teoria fosse corretta, allora saremmo tutti geni come Nikola Tesla, o saremmo tutti degli esseri di compromissione mentale abitante di queste macchine di carne e sangue che descrivete, reagiremmo tutti allo stesso modo alle forze regolari, inanimati e non creatrice dall'esterno.

— Ma noi siamo macchine di carne, contraddice Nikola Tesla, ed essendo io una macchina molto più reattivo rispetto agli altri, vedo le impressioni che gli altri non vedono, e posso sia capire e sia interpretare queste impressioni. Sono semplicemente un controller più sofisticato degli altri, insistette.

— Questa differenza, che vi separa dagli altri, Dr. Tesla, confuta la sua teoria perfettamente, dal mio punto di vista, ribattei, la vostra sensibilità sarebbe un puro caso accidentale. Considerando questo casualità rispetto a tutti gli individui, ci eleveremo almeno una volta, e forse più spesso, ad un livello di genio che avete manifestato durante la vostra vita. Anche con colpi sporadici di genio, ogni individuo sarebbe ancora considerato un genio. Il genio non si verifica, anche a intermittenza, in ognuno di noi, questo perchè la vostra teoria della macchina corporea mi sembra insostenibile. Se voi foste veramente onesto con me, mi racconteresete le vostre numerose esperienze, le strane esperienze che non si potevate spiegare, che non concordano con la teoria, e dunque avete paura di parlare per paura di essere frainteso o forse ridicolizzato. Ma non considerò queste esperienze bizzarre e oltre ogni immaginazione, e un giorno, vi fiderete e che me le ricontatterete.»

Come ogni volta che lo contraddicevo, non rividi Nikola Tesla per un certo periodo dopo quella sera. A tempo debito, però, ho avuto molte conversazioni telefoniche con lui. Le nostre discussioni sembravano fare un cambiamento nel suo atteggiamento nei miei riguardi, e quando l'ho vidi la volta successiva, mi disse: «Signor O'Neill, siete la persona che mi capisce meglio nel mondo». La ragione per cui dico questo è quello di mostrare la verità della mia convinzione che ci fosse un altro Nikola Tesla, sepolto in questo essere artificiale, il superuomo, che stava cercando di trasmettere in pubblico come il suo vero essere.

A quel tempo, non ero a conoscenza del «fantastica scoperta» di Nikola Tesla, o alcune delle sue esperienze, che ho conosciuto più tardi. Se lo avessi saputo, le nostre discussioni sarebbero state più accurate.

DICIASSETTE

Anche se Nikola Tesla non credeva assolutamente ai fenomeni psichici, come accennato nel capitolo precedente, tuttavia, visse diverse esperienze del genere, in cui negava o denigrava la realtà. Tali paradossi erano comuni con lui, qualunque fosse il soggetto.

Ad esempio, Nikola Tesla rispingeva completamente l'idea della telepatia come un livello di fenomeni psichici, ma era convinto che lo spirito fosse in grado di comunicare direttamente con il pensiero. Quando un giornalista gli chiese circa le sue convinzioni sulla telepatia, nei primi anni novanta, Nikola Tesla rispose: «Ciò che spesso viene considerata una prova dell'esistenza della telepatia sembrano essere semplici coincidenze. Ma l'osservazione e lo studio della mente umana è qualcosa che mi interessa e mi sorprende». Poi, aggiunse il seguente paradosso: «Supponiamo che io decida di ucciderti. Potete saperlo subito. Non è una cosa incredibile? Come lo sa la mente?»

Semplificando al massimo ciò che è stato detto durante l'intervista, questo è quello che è venuto fuori di nuovo: La telepatia psichica non è una realtà, ma la trasmissione di pensieri tra due menti è un fenomeno incredibile, che merita uno studio scientifico.

Il paradosso si è basata sul fatto che, all'epoca in cui Nikola Tesla aveva parlato, tutti i fenomeni psichici erano attribuiti all'intervento degli spiriti o alle anime dei morti. Una tale teoria non aveva alcun posto nella filosofia di Nikola Tesla, perché non credeva all'immortalità e credeva di poter spiegare tutti i fenomeni in termini di materia ed energia, mentre lo spirito esisteva al di là di queste due categorie. Tuttavia, il pensiero era, secondo le teorie di Nikola Tesla, qualcosa come il risultato di una interazione tra materia ed energia nel cervello, un processo che sicuramente produceva onde nell'etere, non c'erano ragione per queste onde, inviati da uno spirito, non potevano essere ricevute da un altro, e così realizzare un trasferimento di pensieri.

Tuttavia, Nikola Tesla non ha affrontato i temi che circondano le esperienze psichiche fuori della sua cerchia di amici e parenti. Ma, una volta, certamente salvò la vita di tre dei suoi amici attraverso una premonizione, e raccontò l'accaduto al nipote, Sava N. Kosanovich, che, in tal modo, riportò la storia:

«Nikola Tesla mi disse che aveva avuto delle premonizioni, che spiegava con ragioni meccaniche. Disse che era un ricevitore sensibile alle interferenze. Sosteneva che ogni uomo è come un automa, che reagisce alle impressioni esterne.

«Mi raccontò della volta in cui aveva organizzato una grande festa, qui a New York, con alcuni dei suoi amici che avevano programmato di andare a Philadelphia con il treno. Aveva sentito fortemente il bisogno di impedire ai suoi amici di partire come previsto e tenerli per forza in modo che perdessero il loro treno. Lo stesso treno che ebbe un incidente e in cui ci furono molte vittime. E 'successo negli anni '90.

«Quando sua sorella Angelina si ammalò, inviò un telegramma che diceva: «Ho avuto una visione in cui ho visto Angelina salire e scomparire, ho la sensazione che qualcosa non va».

Nikola Tesla si è raccontato in un manoscritto in cui non fu pubblicato una storia incredibile di due eventi soprannaturali. Questo documento citava una situazione in cui, a causa di superlavoro, il suo strano fenomeno di visualizzazione scomparse, o morì, e nacque di nuovo. Rinascendo, il fenomeno crebbe rapidamente ripetendo delle visualizzazione degli eventi che hanno avuto luogo nella sua infanzia e ricostruendoli, in seguito, degli eventi più recenti fino a tornare al momento presente e si concludevano con una visualizzazione di un evento che non si era ancora verificato.

Nikola Tesla raccontò l'esperienza come segue:

«Racconterò un'esperienza straordinaria che potrebbe interessare gli studenti di psicologia. Ho prodotto un fenomeno impressionante grazie ai miei trasmettitori di terra, e cerco di determinare la sua reale importanza sul suo rapporto con le correnti che sono state diffuse in tutto il paese. Questo sembrava essere un'impresa destinata al fallimento, e per più di un anno ho lavorato senza sosta, invano. Ero così assorto in questo studio approfondito che ho dimenticato tutto, anche il mio stato di salute che si stava deteriorando. Infine, quando ero sul punto di cadere a pezzi, la natura attivò l'istinto di sopravvivenza e sono caduto in un sonno profondo.

«Riprendendo conoscenza, mi resi conto con sgomento che non ero in grado di visualizzare i ricordi della mia vita, ad eccezione di quelli della mia infanzia, i primi ricordi di cui ero a conoscenza. Stranamente, questi ricordi passavano davanti ai miei occhi con una precisione incredibile e mi concessero una vera tregua. Notte dopo notte, quando andavo a letto, pensavo a questi ricordi e vedevo più e più elementi della mia esistenza precedente. Mia madre era sempre il protagonista nella lunga scena di cui ero uno spettatore, e sono stato a poco a poco abitato da un intenso bisogno di rivederla.

«Questo sentimento divenne talmente forte che decisi di abbandonare il mio lavoro e soddisfare il mio bisogno. Ma era troppo difficile allontanarmi dal laboratorio, e diversi mesi passarono durante i quali sono stato in grado di rivivere tutte le impressioni del mio passato fino alla primavera 1892.

«Nella foto successiva che è emersa dalle profondità del mio subconscio, mi sono visto presso l'Hotel de la Paix a Parigi, mi risvegliai da uno di quei sonni profondi che avevo dopo uno sforzo cerebrale prolungato. Immaginate il dolore e l'angoscia che mi invase quando ho preso improvvisamente coscienza che avevo ricevuto in questo momento un comunicato che annunciava la terribile notizia che mia madre stesse morendo.

«Quello che è stato molto sorprendente è che durante questo periodo in cui la mia memoria è stata cancellata in parte, ero perfettamente consapevole di tutto ciò che apparteneva alla mia ricerca. Potrei ricordare i minimi dettagli e le osservazioni più banali dei miei esperimenti e anche recitare pagine di testo e formule matematiche complesse.»

Si trattava di una previsione di eventi che hanno avuto luogo poco dopo la sua conferenza a Parigi, descritto in un capitolo precedente, dove era andato a casa in fretta, giusto in tempo per vedere sua madre prima di morire.

Il secondo incidente era anche in connessione con la morte di sua madre, lo raccontò in un altro contesto, nello stesso manoscritto. Dichiarò:

«Per molti anni ho cercato di risolvere l'enigma della morte e ho guardato avidamente alcun segno spirituale. Ma di tutta la mia vita, ho vissuto un'esperienza che sembrava, per un attimo, soprannaturale. E 'stata la morte di mia madre.

«Sono stato sopraffatto da una sofferenza e un'attenzione continua, che mi ha portato una notte in un edificio a due isolati da casa nostra. Mentre giacevo inerme, ho pensato che se mia madre sarebbe morta mentre ero lontano da suo capezzale, mi avrebbe certamente fatto un segno.

«Due o tre mesi dopo, ero a Londra con il mio amico Sir William Crookes, adesso andato, affrontammo il tema della spiritualità e fui influenzato dai suoi pensieri. Come di consueto, non avrei attenzionato degli altri uomini, ma ero sensibile agli argomenti, perché è grazie al suo eccellente lavoro sulla materia radiante, che avevo letto da studente, che abbracciavo il mondo dell'elettricità.

«Ho stimato che le condizioni erano molto favorevoli per le osservazioni della vita dopo la morte, dal momento che mia madre era un genio che aveva ottime capacità intuitive. Per tutta la notte ogni fibra del mio cervello era in attesa di un segno, ma non successe niente, fino a quando mi addormentai mentre iniziava ad albeggiare. E 'stato in quel momento che ho visto una nuvola portare delle figure angeliche di estrema bellezza, una di loro mi guardò con amore e gradualmente prese i tratti di mia madre. L'apparizione lentamente galleggiò attraverso la stanza e scomparve, così fui svegliato da un canto di dolcezza indescrivibile di molte voci. Una certezza che non può essere espressa a parole, mi invase, che mia madre era morta. Ed era vero.

«Sono stato in grado di far fronte alle dimensioni gigantesche di questa dolorosa notizia, in quanto sono stato il primo a riceverla, così ho scritto in una lettera a Sir William Crookes, mentre ancora abitato da queste impressioni e in uno stato indebolito.

«Quando mi sono ripreso, ho cercato a lungo i motivi esterni per questo strano evento, e con mio grande sollievo, li ho trovati dopo diversi mesi senza successo. Ho visto una foto di un famoso artista, che ha rappresentato allegoricamente una delle stagioni, sotto forma di una nube, circondato da un gruppo di angeli che sembrava galleggiare nell'aria, e che mi toccò profondamente. Era esattamente la stessa scena che mi era apparsa in sogno, fatta eccezione per la somiglianza con mia madre. La musica veniva dal coro della chiesa non lontano dalla quale cantava per la Messa del mattino di Pasqua. Tutto era perfettamente spiegato da fatti scientifici.»

Ma questa spiegazione «scientifica» Nikola Tesla stabiliva non aveva, ovviamente, nulla di scientifico. Ignorava tre fatti fondamentali: in primo luogo, che aveva vissuto quello che aveva considerato all'epoca come una esperienza soprannaturale che aveva invaso una certezza indescrivibile. In secondo luogo, che questa esperienza gli aveva rivelato la morte di sua madre, e che ne aveva preso conoscenza in questo modo. E in terzo luogo, che l'evento ha avuto luogo nel momento esatto della sua morte. Il meccanismo che ha prodotto questo fenomeno si servì dei ricordi immagazzinati nella mente di Nikola Tesla (come l'immagine, per esempio) per comunicare informazioni comprensibile, anche se simbolica. Inoltre, a pochi mesi dopo ebbe una premonizione che fu il culmine di un fenomeno esteso in relazione con la madre.

Il fatto che Nikola Tesla stava cercando di spiegare «scientificamente» tutto ciò che aveva appello al psiche o al spirituale, e che si era soddisfatto di spiegazione insufficiente, ha indicato un conflitto interno che ha cercato di conciliare il superuomo molto materialista di «materia ed energia», che era diventato, con la sua individualità di fondo che era dotato di una grande capacità di intuizione spirituale e profonda della vita, che represse.

Uno dei pranzi più strani che Nikola Tesla organizzò, fu quello che preparò per Fritzie Zivic, un pugile professionista. Si svolse nel 1940 in una delle sale da pranzo private dell'Hotel New Yorker. Fritzie Zivic aveva un combattimento in programma al *Madison Square Garden* durante il campionato dei pesi welter e il pranzo avvenne a mezzogiorno, il giorno del combattimento.

Fritzie aveva cinque fratelli che erano tutti dei pugilati o lottatori professionisti. Vivevano a Pittsburgh, dove il padre gestiva un bar. Erano tutti nati a Pittsburgh, ma i loro genitori erano originari dalla Jugoslavia, i fratelli ridussero il loro cognome slavo difficile da pronunciare in Zivic per il loro lavoro.

Nikola Tesla invitò a pranzo i sei fratelli. Gli altri ospiti erano William L. Laurence, un giornalista scientifico del *New York Times*, e l'autore di questo libro.

La tavola riuniva tre diversi tipi di persone. I sei fratelli combattenti avevano tutti un fisico esemplare. Avevano un'altezza media, ma i loro corpi potenti e massicci, i loro pettorali sviluppati e le spalle larghe li ridimensionavano. Tutti avevano gli occhi azzurri, pelle bianca e dai tratti curati, erano vestiti in un abito nero con colletto bianco tradizionale. La comparsa di due giornalisti creava un forte contrasto con i pugili, e Nikola Tesla contrastava nettamente con tutti. Laurence, con la sua capigliatura nero corvino pettinata all'indietro, sembrava un musicista.

Nikola Tesla era seduto ad un'estremità del tavolo. Alla sua destra vi era Frtizie, che aveva accanto a sé tre dei suoi fratelli. Di fronte, Mr. Laurence e altri due fratelli. L'autore era seduto all'altra estremità del tavolo.

Questa volta, Nikola Tesla non aveva preparato una delle suoi famosi piatti a base di anatra, aveva altri piani in mente. Quando i suoi ospiti si sedettero, Nikola Tesla si alzò. Fritzie, con la sua grande silhouette muscolosa, sembrava minuscolo accanto. Nikola Tesla indossava un abito stretto dal taglio dritto, nero e lucido, che lo rendevano ancora più magro del solito. Aveva perso un sacco di peso l'anno precedente, evidenziando i tratti affilati del suo viso apparsi con l'età. Il suo volto, austero, era, ora, coronato con dei capelli radi brizzolati. Le sue lunghe mani sottili, dalle forme delicate, si agitavano verso il pugile professionista seduto accanto, che sorrideva alla strana silhouette che l'ho dominava.

« Vi ho ordinato una ottima bistecca spessa cinque centimetri, sarete pieni di energia stasera per vincere il campionato ...»

Il pugile, entrambe le mani alzate, cercò di interrompere il scienziato che gesticolava.

« No, protestò Fritzie, mi sto allenando e non posso mangiare bistecche oggi.

— Ascoltatemi ». Disse Nikola Tesla con forza agitando le braccia e gesticolando in modo che sembrava una cheerleader in una partita di calcio. « Vi dirò io come allenarvi. E io dico che dovete mangiare bistecche. Vi ordinerò una bistecca al sangue spessa di cinque centimetri e potrete...»

I cinque fratelli di Fritzie si aggiunsero alla mischia per protestare.

«Oggi, non può mangiare bistecche. Perderà la lotta, Dr. Tesla» dissero in coro.

— No, non perderà la lotta, ribatté Nikola Tesla, pensate agli eroi della nostra poesia serba. Dei uomini potenti e grandi guerrieri. Anche voi dovete lottare per la gloria della Serbia, e per questo, è necessario un buon bistecca al sangue!»

Nikola Tesla era ormai in delirio, agitava le mani e batteva le mani come se fosse in prima fila in una lotta emozionante. Fritzie ei suoi fratelli pugili non capivano la sua eccitazione. Rimasero abbastanza indifferenti. Fritzie gli rispose:

«Vincerò, Dr. Tesla. Vincerò per la gloria della Jugoslavia e quando l'arbitro proclamerà il verdetto del combattimento e parlerò al microfono, dirò che mi sono anche combattuto per Dr. Tesla. Ma nessuna bistecca per oggi, il dottor Tesla, per favore.

— Va bene Fritzie, mangiate quello che volete, accettò Nikola Tesla, ma i vostri fratelli avranno le loro bistecche.

— No, Dr. Tesla, obiettò il più grande, se Fritzie non può mangiare la bistecca, noi nemmeno. Mangeremo come lui.»

Fritzie ordinò uova strapazzate su pane tostato con pancetta e un bicchiere di latte. I cinque fratelli ordinarono la stessa cosa, ed entrambi i giornalisti l'imitarono.

Nikola Tesla rise di buon cuore. «Allora oggi, combatterete con questo nello stomaco», disse scoppiando dalle risate.

Per lui, lo scienziato di 83 anni assetato di sangue ordinò «un piatto di latte caldo», da cui avrebbe potuto prendere un sacco di energia durante il pasto che consigliava Fritzie di «dare tutto» rivolto verso il suo avversario e di « metterlo KO al primo turno.»

Fu una cena strana. Anche se la maggior parte degli ospiti erano pugili, con i loro volti severi e i loro corpi possenti, lo scienziato, magro, dal viso spigoloso e quasi emaciato, dagli occhi infossati e i capelli fini argentati, dominava facilmente la scena. Tutti erano rilassati, nonostante l'anticipazione sentita dai fratelli per il prossimo combattimento di Fritzie e l'entusiasmo di Nikola Tesla. Eppure, anche se tutti erano rilassati, vi era una specie di strana tensione che ha univa questo incontro unico. Quando l'ho capii, osservai con interesse gli sviluppi della situazione. Avevo vissuto situazioni simili, ma mai in tali circostanze.

Mr. Laurence, giornalista del Times, era seduto alla mia destra. Iniziò un po' ad agitarsi, mentre la cena era solo meta'. Guardò più volte sotto il tavolo. Strofinò, in ordine, le caviglie, le ginocchia e i polpacci. Cambiò posizione. Si strofinò il gomito e poi l'avambraccio. Riuscii ad ottenere la sua attenzione.

« Qualcosa non va, Bill? » chiesi, sapendo benissimo che cosa stava succedendo.
— « Sta succedendo qualcosa di strano qui. « Rispose.
Pochi minuti dopo, si chinò e guardò di nuovo sotto il tavolo.
« Hai sentito qualcosa? » gli chiesi.
— Sì, rispose un po' preoccupato, c'è qualcosa di caldo mi tocca in luoghi diversi. Sento il calore, ma non capisco di che cosa si tratta. Lo senti anche tu? mi chiese.
— Non prestargli attenzione, lo rassicurai, so cosa è, e ve lo spiegherò più tardi. Basta che voi proviate ad osservare il più possibile da ora in poi.»

Il fenomeno durò fino alla fine della festa. Tornando al nostro ufficio, spiegai a Mr. Laurence:

« Spesso avete deriso la mia credulità ad accettare la realtà delle esperienze cosiddette psichiche, dissi, ne avete appena vissuto uno. Non appena la cena era a buon punto, e dopo che gli eccessi del Dr. Tesla sono stati calmati, ho sentito una strana tensione nell'aria intorno a me. Ho avuto l'impressione che le mie mani e il mio viso sono stati catturati in una rete, così ho pensato che qualcosa di strano stava, forse, per accadere.

« Questo incontro era perfetto per organizzare una sessione psichica, e se ci fossimo immersi nel buio, chissà cosa sarebbe successo. C'erano sei uomini molto muscolosi, molto vicini l'uno all'altro, traboccanti di energia vitale in attesa di un evento che avrebbe innescato le passioni. In aggiunta a questo, Dr. Tesla ha mostrato un entusiasmo come mai prima. E 'stato sovraccaricato con un altro tipo di energia vitale. Immaginate Dr. Tesla diventare, in un modo che io ignoro, un mezzo che serve come coordinatore per la liberazione di queste riserve di energie vitali che, anche da parte di un processo sconosciuto, aveva stabilito canali di trasmissione attraverso il quale l'energia si trasferisce livelli elevati a bassi livelli di tensione

« Nel nostro caso, eravamo i livelli di basso potenziale, perché sentivo esattamente le stesse cose come voi, con questi canali di flusso di energia nello spazio che sono venuti in contatto con diverse parti del mio corpo e che mi provocavano una sensazione di calore intenso.

« Avete letto i resoconti delle riunioni in cui i partecipanti dichiararono di sentire un aria fresca. In questi casi, l'azione era al contrario della nostra, poiché l'energia di queste sessioni era spinta dalla partecipanti che dovevano essere organizzati dal cosiddetto mezzo per produrre i fenomeni.

« Nel nostro sperimentiamo di oggi, una sorta di liquido impoverito vettore energetico è stato estratto dai corpi di pugili e arrivato nel nostro corpo tramite il cibo. Nel caso delle sessioni, l'energia proviene dal corpo dei membri ed entra nel corpo del medium, o in un punto di accumulazione centrale. In una recensione che ho scritto sulle mie osservazioni di queste sessioni, ho chiamato questa sostanza un liquido psynovial, che era una comoda abbreviazione di «nuovo liquido psichico».

«Dopo aver vissuto l'esperienza di oggi, capite perché, solo pochi anni fa, ho rischiato di essere massacrato, in senso figurato, dal Dr. Tesla quando gli ho detto che stava usando la sua filosofia di vita umana di macchina di carne per nascondere le sue strane esperienze, di cui aveva paura di parlare ...»

Nikola Tesla ha vissuto un'altra strana esperienza soprannaturale pochi giorni prima della sua morte, ma ignorava senza ombra di dubbio che la situazione avrebbe avuto degli aspetti insoliti. Una mattina presto, chiamò il suo messaggero preferito, Kerrigan, e gli consegnò una busta sigillata, chiedendogli di consegnarla il più rapidamente possibile. La lettera era indirizzata a «Mr. Samuel Clemens, 35 *South Fifth Avenue*, New York City.»

Kerrigan tornò poco dopo e annunciò che non aveva potuto recapitare il messaggio perché l'indirizzo era sbagliato. «Street South Fifth Ave. non esiste «aveva riferito il ragazzo, e intorno a quel numero sulla *Fifth Avenue* non trovò nessuna persona al nome Clemens.

Nikola Tesla si arrabbiò, e disse a Kerrigan: «Mr. Clemens è un famoso autore che usa lo pseudonimo di Mark Twain, non dovresti avere alcun problema a trovarlo all'indirizzo che ho indicato. È li che vive.»

Kerrigan andò a segnalare il problema al direttore del suo ufficio. Quest'ultimo rispose: «Ovvio che tu non abbia trovato la *Fifth Avenue* South. E 'stato rinominata in West Broadway da anni, e non potrai consegnare il messaggio a Mark Twain inoltre, è morto da venticinque anni.»

In possesso di queste informazioni, Kerrigan tornò da Nikola Tesla, e fu turbato dalla reazione che il suo annuncio aveva provocato.

«Non puoi dirmi che Mark Twain è morto, disse Nikola Tesla, era nella mia stanza, qui, la scorsa notte. Si è seduto su quella sedia e abbiamo parlato per un'ora. Ha difficoltà finanziarie e ha bisogno del mio aiuto. Tornerai subito a questo indirizzo e consegnerai la busta, e non tornare fino a quando non lo avrai fatto». (L'indirizzo a cui inviò il messaggero era l'indirizzo dove si trovava il primo laboratorio di Nikola Tesla!)

Kerrigan tornò alla sua scrivania. La busta, che non era stato adeguatamente sigillata, fu aperta con la speranza di trovare qualche indizio su come poteva essere consegnata. Conteneva un foglio bianco avvolto attorno una ventina di biglietti da $ 5! Quando Kerrigan cercò di dargli del denaro, Nikola Tesla rispose, molto seccato che doveva consegnare il denaro o tenerselo.

Gli ultimi venti anni della vita di Nikola Tesla sono stati riempiti da diverse situazioni imbarazzanti come fatture non pagate di hotel, e sembra che la situazione era cambiata sulla sua percezione di Mark Twain da una sorta di processo di trasferimento.

Tenendo conto della capacità molto elevata di Nikola Tesla nel visualizzare gli oggetti dei suoi pensieri come oggetti concreti, la teoria più semplice è che avrebbe fatto apparire con il suo processo abituale l'immagine di Mark Twain. Nikola Tesla e Mark Twain erano molto amici, e l'inventore aveva tutte le ragioni di sapere che il comico maestro-pensatore era morto. Ma come ha potuto dimenticare che era morto? Potremmo avanzare una teoria che sarebbe stata, o meno, la spiegazione corretta.

La memoria di Nikola Tesla era riempita di molti ricordi di Mark Twain, e risalivano all'inizio della sua giovinezza quando attribuiva il suo recupero dalla grave malattia alla lettura di uno dei libri scritti dal comico. Venti anni dopo, quando Nikola Tesla raccontò questo incidente, il comico fu così toccato che si commosse. Un amicizia nasceva tra i due uomini, scandito da diverse situazioni piacevoli. Ogni incidente con Mark Twain era registrato nella memoria di Nikola Tesla. Non sappiamo come queste registrazioni erano prodotte dal cervello, ma possiamo supporre, per ora, la loro disposizione ad effettuare in modo sufficientemente dettagliato, che il sistema è basato su una sequenza temporale in cui ogni incidente successivo è registrato sul quello precedente, l'ultimo avvenuto si trova su tutti gli altri. Quando Nikola Tesla attivò il metodo di visualizzazione di Mark Twain nella sua stanza (che sicuramente ha fatto a livello inconscio), scavò nella riserva dei ricordi fino a quando gli facesse comodo, e concentrò un flusso così grande di energia vitale per trasportarlo fino al centro della visione del suo cervello, che tagliò, distrusse e anestetizzò tutte le memorie successive che erano sopra. Pertanto, quando il processo di visualizzazione finì, non vi era più nulla nell'archivio della memoria di Nikola Tesla di ciò che era successo a Mark Twain oltre al piacevole ricordo che aveva stranamente vissuto. Tutte i ricordi successi erano stati cancellati, tra cui la morte di Mark Twain. Era quindi del tutto logico per lui poter concludere che Mark Twain era ancora vivo!

Ci sono variate versioni di questa storia. Tutti hanno in comune che Nikola Tesla era convinto che Mark Twain era ancora vivo, che aveva discusso con lui di recente e che stava cercando di mandargli del denaro per aiutarlo a superare una situazione difficile.

Copia illegale, vittima di menzogne, ignorato (Dr. WH Eccles conclude un necrologio commemorativa in *Nature* (Londra), il 13 Febbraio 1943: «Durante i suoi 85 anni di vita, Nikola Tesla si interessava poco al suo successo, non ha mai riscritto il suoi precedenti lavori, e raramente rivendicava i suoi privilegi visto che gli rubavano molto spesso le sue invenzioni. Una tale modestia è particolarmente evidente in uno spirito talmente ricco di pensiero creativo, in modo competente in realizzazioni concrete»). Nikola Tesla proseguì il suo lavoro negli ultimi dieci anni, sempre sperando di riuscire a risolvere i suoi problemi, al fine di finanziare tutte le invenzioni che conservava preziosamente in mente. Il suo orgoglio non gli avrebbe permesso di riconoscere che si trovava in difficoltà finanziarie. Fu spesso costretto a lasciare l'hotel per le fatture non pagate. Quando il suo amico BA Behrend, autore del libro *Il motore ad induzione*, che aveva spiegato la teoria di Nikola Tesla per gli ingegneri, andò a New York e scoprì che l'inventore non si trova più in albergo, dove la aveva visto per l'ultima volta, pagava ogni volta i suoi conti, e chiese di riportare gli oggetti di Nikola Tesla al suo proprietario.

Nei primi anni Trenta, quando sembrava che i problemi finanziari lo avrebbero «abbattuto», Nikola Tesla, però, sembrava più ottimista che mai. Disse: «Nessuno può avere alcuna idea dell'ispirazione che proviene dal fatto che le miei invenzioni siano messe a contributo e che diventino fatti storici, né della forza che mi spinge ad andare avanti per raggiungere grandi cose. Mi sento soddisfatto costantemente sapendo che il mio sistema polifase è usato in tutto il mondo per alleviare l'onere del genere umano e aumentare il comfort e la felicità, e che il mio sistema senza fili, in tutte le sue caratteristiche essenziali, è impiegato per rendere servizio e dare piacere al popolo dei quattro angoli della terra».

Quando il suo sistema di energia senza fu menzionato, non espresse alcun risentimento sull'abbandono del suo progetto, ma ha risposto con filosofia: «Probabilmente stavo andando troppo veloce. Siamo in grado di farne a meno fino a quando il mio sistema polifase soddisfa le nostre esigenze. Appena la necessità sarà avvertita, il sistema sarà completamente preparato per essere utilizzato con successo.»

Al suo ottantesimo compleanno, gli fu chiesto se davvero dovrebbe costruire e manipolare le invenzioni che aveva recentemente annunciato, in risposta, citò, in tedesco, una strofa dal Faust di Goethe:

> *Il dio che abita nel mio petto*
> *Può sollevare le tempeste della mia anima*
> *Colui che siede sul tutte le mie forze,*

Egli è incapace di toccare nulla al di fuori.

Nikola Tesla aveva avuto l'intenzione di scrivere la sua biografia. Voleva registrare la storia del suo lavoro con una attenzione la più meticolosa sulla loro precisione. E pensava che lui era l'unico a poterlo fare. Disse che non aveva intenzione di buttarsi in questo progetto fino a che non riuscisse ad utilizzare le sue più grandi scoperte. Diverse persone gli proposero di scrivere la sua biografia, ma ricevevano tutti dei rifiuti alla loro richiesta di collaborazione. Kenneth Swezey, giornalista scientifico, rimase in costante contatto con Nikola Tesla per anni, e ci si aspettava che Nikola Tesla collaborasse con lui su questo progetto. Swezey raccolse da tutto il mondo settanta lettere di scienziati e di ingegneri di spicco per fare una sorpresa a Nikola Tesla per il suo settantacinquesimo compleanno, dove ricevette le sue famose lettere, raccolte in un documento. Queste lettere, che furono ricopiate in Jugoslavia, hanno portato alla installazione dell'Istituto Tesla in questo paese. Alla morte di Nikola Tesla, Swezey prendeva parte alle forze belliche e raggiunse la Marina, se la situazione fosse stata diversa, avrebbe iniziato a scrivere la biografia dell'inventore. Nikola Tesla, anche fino ai suoi ottantaquattro anni, prevedeva di recuperare una salute più robusta e vivere oltre un secolo. Quindi è probabile che è per questo motivo che non aveva iniziato a lavorare sulla sua biografia. Al momento è impossibile determinare se avesse scritto una parte o no. Tutti i documenti che Nikola Tesla furono sigillati dalla Banca depositaria di merci estere, anche se era un cittadino degli Stati Uniti.

Durante gli ultimi sei anni della sua vita, Nikola Tesla, per fortuna, ricevette del denaro sufficiente per soddisfare le sue esigenze immediate, grazie al pagamento delle tasse dovute per l'importo di $ 7200 all'anno da parte del governo jugoslavo, in qualità testimone del Tesla Istitute, che istituito a Belgrado. (La società per la fondazione dell'Istituto Nikola Tesla di Belgrado è stata istituita quando l'inventore si stava avvicinando ottantenne. Raccolse il supporto dei ricercatori, del governo, degli interessi commerciali e della gente nel suo insieme. Le fonti governative e private fecero donazioni sufficienti per costruire e attrezzare un laboratorio di ricerca e di mantenere il suo funzionamento in quanto istituto. Aperto nel 1936 per commemorare l'ottantesimo anniversario di Nikola Tesla. Una settimana di celebrazione ebbero luogo in tutta la Jugoslavia e cerimonie si svolsero a Belgrado il 26, 27 e 28 maggio, e poi a Zagabria il 30 maggio, così come nel suo villaggio natale, Smiljan, il 2 e il 12 giugno .) Ma anche con questo reddito, e una serie limitata di attività (rimase la maggior parte del tempo nella sua stanza) nel corso degli ultimi due anni, Nikola Tesla pagava in ritardo i suoi conti dell'hotel. E questo è dovuto alla sua generosità senza limiti. Era molto generoso nell'animo tale da dare a coloro che facendo anche i servizi più semplici per lui, e per i suoi assistenti quando aveva anche una minima idea che qualcuno avesse bisogno.

Alla fine del 1942, trascorreva la maggior parte del suo tempo a letto, mentalmente attivo ma fisicamente debole. Non accettava che ci fossero dei visitatori nella sua stanza, anche i suoi più stretti collaboratori degli anni precedenti. Affermava al personale dell'hotel che non era malato e rifiutava di essere ragionevoli e di vedere un medico. Ordinò che nessun dipendente entrasse nella sua stanza a meno che non li avesse chiamati.

Il martedì 5 gennaio, al mattino, lasciava la domestica entrare nella sua stanza, e gli ordinava di sistemare la sua stanza con attenzione in modo che non fosse disturbato. E ciò fu fatto. Nikola Tesla aveva l'abitudine di chiedere che non fosse disturbato per lunghi periodi. Il venerdì, la mattina presto (8 gennaio), una domestica, che aveva avuto una premonizione, entrò nella sua camera sua a rischio e lo trovò morto. Era tranquillo, come se stesse dormendo, con un sorriso disegnato sulle labbra del suo scarno viso. Il superuomo moriva nello stesso modo in cui ha vissuto: da solo.

La polizia fu informata che Nikola Tesla morì solo e senza intervento medico. Il medico legale annunciò che la sua morte avvenne per cause naturali e legate all'età, e che morì la notte del Giovedì, 7° gennaio 1943, poche ore prima che la domestica entrasse nella stanza. Degli agenti dell'FBI (Federal Bureau Investigation) arrivarono e aprirono il bagagliaio della sua stanza e presero i documenti che conteneva per essere esaminati per cercare una presunta invenzione segreta che potesse essere utilizzata per la guerra. Il corpo fu portato alla camera ardente Campbell, sulla Madison Avenue e la 81st Street.

Il funerale ebbe luogo presso la Cattedrale di St. John the Devine, Martedì 12 gennaio, alle ore 16. Il vescovo Manning fece la prima lettura della sepoltura dei morti e la preghiera di chiusura. Dopo il funerale, il corpo fu portato al cimitero Ferncliff a Ardsley, N.Y., e fu cremato.

RIMANENZE

DICIOTTO

Anche se Nikola Tesla ha vissuto una vita solitaria, una vita quasi al di fuori dal mondo, confinato al suo mondo intellettuale, rimaneva una bella persona nei suoi contatti sociali. L'anno, che aveva trascorso a scavare fossati ed eseguire un duro lavoro manuale, quando gli è stato possibile trovare qualsiasi lavoro, e dormire in rifugi ed di mangiare del cibo che riusciva a procurarsi in quel momento, gli aveva senza dubbio lasciato una traccia significativa. La prova è che era impossibile farlo parlare di questo periodo. Ma l'esperienza di questi disagi erano stati probabilmente a suo vantaggio e lo resero più tollerante. Ma lui si offese profondamente nel non essere stato preso in considerazione per la forza bruta dei suoi muscoli, ed gli rimase sullo stomaco per sempre.

Dopo aver ottenuto i fondi attraverso la creazione del suo laboratorio e la vendita dei suoi brevetti di Westinghouse, mantenne sempre uno status quasi principesco. Sapeva come vestirsi per accentuare la sua silhouette imponente, le sue dimensioni diventavano una sorta di vantaggio che aveva sugli altri, la sua forza innegabile condannava qualsiasi mancanza di rispetto, la sua ottima padronanza della lingua inglese, la cura che tirò fuori la voce e la sua capacità di parlare sei lingue gli portò al suo essere un riconosciuto studioso, e dopo le sue prime invenzioni della corrente alternata ottenne una fama consolidata sulla eccezionale successo scientifico al pubblico. Come sempre parlava dell'importanza che ha rappresentato le sue invenzioni al mondo, e non si soffermava sulla eccellenza dei suoi successi, vinceva il cuore di tutti quelli che incontrava.

Negli anni novanta, quando godeva di enorme fama, ripudiava l'attenzione che gli si dava, ma molto grandi giornalisti riuscivano a intrufolarsi per guadagnare un intervista «speciale». Chester Franklin scrisse un articolo che conteneva una buona descrizione dell'inventore, alloggiati in stile d'epoca, pubblicato nel Citizen il 22 agosto 1897. Ecco un estratto di pertinenza al suo aspetto fisico e alle sue attività:

«Per quanto riguarda il suo aspetto, la forza che emerge non lascia indifferente nessuno. Misura più di un metro e ottanta ed è molto magro. Tuttavia, ha una grande forza fisica. Ha grandi mani, i pollici sono straordinariamente lunghi, segno distintivo di grande intelligenza. I suoi capelli sono nero corvino e lisci. Una pettinatura elegante all'indietro a livello delle tempie e in una mèche conica.

«I suoi zigomi alti e prominenti, sono caratteristici degli slavi, la sua pelle è come il marmo che gli anni hanno colorato di giallo. Ha degli occhi azzurri scuro, proiezione di un potere simile a quel misterioso lampo che produce con i suoi strumenti. La sua testa è triangolare e si conclude con un mento appuntito.

«Mai un uomo operò per tali nobili ideali. Nessun uomo investì così tanto nel suo lavoro, con così tanto ardore e così generosamente nell'interesse del popolo. Nikola Tesla non è un uomo ricco. Egli non ha bisogno di storie di denaro. Se avesse scelto di seguire l'esempio di Edison, probabilmente sarebbe stato l'uomo più ricco del mondo a soli 40 anni.

«Ma prima di ogni cosa, Nikola Tesla è un uomo riflessivo, e certamente il più riflessivo di New York. Non è tuttavia priva di umorismo e ha mostrato grande cortesia. È un uomo di modestia sincera, mai visto prima. La gelosia, per lui, è un sentimento estraneo. Non ha mai denigrato i successi dei suoi colleghi e mai rifiutato gli onori.

«Si bevono le sue parole. Si è come sopraffatti, si ignorano i loro significati, ma non si è ancora sensibile alla loro importanza. Parla in perfetto inglese, che gli stranieri istruiti utilizzano, senza alcun accento e con elevata precisione. E sa parlare otto lingue diverse con uguale maestria.

«Le sue abitudini quotidiane sono rimaste più o meno le stesse dal suo arrivo a New York. Vive al Gerlach, un hotel per famiglie molto calmo sulla 27th Street tra Broadway e Sixth Avenue. Si reca al suo laboratorio prima delle 9 del mattino, e passa tutto il giorno in questo mondo strano e misterioso, cercando di appropriarsi di nuova energia, nuove conoscenze.

«A nessuno estraneo è consentito di osservare il suo lavoro e i suoi assistenti sono dei veri e propri fantasmi. In rare occasioni, presenta alcuni dei suoi esperimenti nel suo laboratorio e saremmo in grado di sacrificare tutto per la possibilità di far parte del pubblico.

«Lavora di solito fino alle 18 ore, ma può succedere che rimanga più a lungo. Non è disturbato dalla mancanza di luce naturale in quanto è in grado di creare dei soli nel suo studio.

«Alle 20 precise, arriva al Waldorf. Indossa un vestito da sera impeccabile. Anche nelle fredde serate invernali, non indossa mai una giacca ma è sempre vestito con un frac.

«La cena termina esattamente alle 22:00, momento in cui lascia l'hotel per andare in camera sua per fare le sue ricerche, o per tornare al suo laboratorio e lavorare per tutta la notte.»

Arthur Brisbane, che più tardi divenne il famoso direttore editoriale del gruppo Hearst, intervistò Nikola Tesla e pubblicò il 22 agosto del 1894 l'articolo più lungo che avesse mai scritto su una celebrità nel *The World*. Dichiarò Nikola Tesla come « Il più grande elettricista dell'America, ancora più brillante di Mr. Edison » e lo descrisse come segue:

« I suoi occhi, profondamente infossati, sono di colore chiaro. Gli chiesi come i suoi occhi potevano essere di tale colore visto che aveva origini slave. Mi spiegò che i suoi occhi erano molto più scuri prima, ma a causa di una grande attività cerebrale si erano schiariti. Avevo già sentito dire che l'attività cerebrale poteva schiarire il colore dell'iride. Avendo Nikola Tesla convalidato questa teoria risultato di una esperienza personale è un fatto essenziale.

« E 'molto magro: misura più di un metro e ottanta e pesa meno di sessanta chili. Le sue mani sono molto grandi, ed i suoi pollici sono insolitamente lunghi, anche per le mani di una tale dimensione. Essi sono incredibilmente lunghi, che è un buon segno, poiché i pollici rappresentano la parte intellettuale delle mani. Se si osservano i gorilla, si noterà che i pollici sono molto brevi.

« Nikola Tesla ha una testa triangolare il cui vertice si svolge come un ventaglio. Il mento è troppo affilato, quasi come un rompighiaccio. La sua bocca è estremamente sottile e il mento, anche se non è in fuga, non è abbastanza volontario. Non è possibile studiare il suo volto come si farebbe con altri uomini, in quanto non è un lavoratore di campo. Tutta la sua vita si svolge nella sua testa, dove nascono le sue idee e dove trova tutto lo spazio di cui ha bisogno. I suoi capelli sono nero corvino e ricci. Si gira, ed è ciò che accade agli uomini privi di vanità. È introverso. È appassionato del suo lavoro. Ha un amore proprio e una sicurezza che spesso accompagnano il successo. E ciò che lo differenzia dagli altri uomini su cui ha scritto e discusso, è che ha qualcosa da raccontare. »

Nikola Tesla aveva un senso dell'umorismo e amava fare degli scherzi. Prima di prendere l'abitudine di cenare all' hotel Waldorf-Astoria, cenava ogni sera al Delmonico's, che all'epoca era l'ostello più chic della città, e il luogo di ritrovo di « 400 « élite di New York. Nikola Tesla era la personalità più famosa e sorprendente di tutte le celebrità che in questo famoso ristorante sono stati da pranzo, ma cenava sempre da solo. Era impossibile convincerlo ad unirsi ad altri gruppi e non è mai stato accompagnato. Dopo il suo pasto, tornava sempre al suo lavoro in laboratorio.

Una sera alcuni dei suoi amici, pensando che stesse lavorando troppo e aveva bisogno di rilassarsi, lo convinse a fare una partita a biliardo con loro. Pensavano che non avesse mai imparato a giocare, poi quando arrivarono nella stanza, gli mostrarono come utilizzare la stecca, colpire le palle, e altri elementi del gioco. Nikola Tesla non giocava a biliardo da anni, ma durante il suo secondo anno a Grätz, visto che aveva un anno di anticipo nei suoi studi, trascorse le sue serate al caffè ed era diventato un maestro del gioco. Così, quando gli esperti di Delmonico's gli spiegarono le regole di base, poneva delle domande «stupide» e fingeva di fare falsi errori. Poi, giocò contro un giocatore e continuò a fare domande tentando di colpire le biglie dello modo più impegnativo (per dimostrare che era un vero amatoriale) riuscendo, con grande sorpresa degli esperti, ad imbucarle. Giocò contro alcuni di loro quella notte, e vinse ogni partita con punteggi molto sbilanciati. Disse che il nuovo gioco gli aveva dato la possibilità di esercitare le teorie molto astratte e matematiche. Gli esperti del Delmonico's diffusero l'incredibile impresa di Nikola Tesla, lo scienziato, che era riuscito a padroneggiare il gioco del biliardo in una notte e battere i migliori giocatori della città. La storia arrivò sui giornali. Nikola Tesla rifiutò di giocare nuovamente, spiegando che sarebbe potuto diventare così appassionato del gioco da interrompere la sua ricerca.

Questo stesso grande uomo che ha fatto onore della sua presenza al Waldorf-Astoria e alla Delmonico's, tuttavia, non esitava a camminare per la Bowery, che era a solo un isolato dal suo laboratorio di Houston Street. Un pomeriggio, fece una sosta rinfrescante in una degli empori della strada, poco dopo che un abitante della Bowery, Steve Brodie, divenne famoso per aver saltato o almeno così dice, dal ponte di Brooklyn. Mentre Nikola Tesla alzò il bicchiere di whisky, disse al barista, «Sai cosa ha detto Steve appena prima di saltare dal ponte? «Una discesa e voilà» e bevve in una sola volta il bicchiere.

Un bevitore che era accanto, e che non era molto fresco, non capì l'osservazione di Nikola Tesla, e pensò che aveva sentito Steve Brodie dire l'ultima parola della sua storia. Corse verso l'inventore per offrirgli da bere, e gli amici lo raggiunse. Nikola Tesla li abbandonò il ridendo e scappò dal bar, il bevitore mal pensante iniziò ad inseguirlo al grido di «Smettila, questo è Brodie. «I pedoni che si trovavano in strada capendo male ciò che gridava a causa del suo forte accento e iniziarono ad inseguire l'inventore, gridando » Ferma quel bandito!» Con le sue lunghe gambe, Nikola Tesla facilmente si allontanò dalla massa, si imbatté in un vicolo, oltre il recinto, e si arrampicò sulla scala dell'uscita di emergenza che era dietro il suo stabilimento, entrò nel suo laboratorio per una finestra, mise velocemente su un grembiule da fabbro e cominciò a battere una barra di metallo. I suoi inseguitori persero le sue tracce.

Nikola Tesla era adorato dai serbi a New York. Molti di loro poteva affermare di essere un lontano parente della famiglia di Tesla o Mandich, e anche quelli che non potevano dirlo, lo ammiravano nello stesso modo, anche se non ha mai accettato i loro inviti a partecipare ai meeting o altro.

Un giorno, un serbo molto entusiasta, un operaio, gli rese visita nel suo appartamento nel Waldorf-Astoria per chiedergli aiuto. Aveva litigato e aveva colpito uno dei suoi compatrioti serbi che avevano ordinato un mandato per il suo arresto. Il visitatore non aveva soldi ma voleva fuggire a Chicago. Nikola Tesla sarà stato abbastanza generoso da pagargli il viaggio?

«Quindi hai attaccato un uomo, e ora cerchi di fuggire la tua punizione, disse Nikola Tesla, probabilmente potrai sfuggire alla legge, ma non sarà possibile sfuggire alla tua punizione, lo riceverà in campo!» Preso un bastone e afferrò l'uomo per la parte posteriore del collo, lo fece girare per la stanza e, colpendolo alle spalle e facendo volare la polvere dai pantaloni fino a quando il giovane lo pregò di fermarsi.

«Pensi che potrai diventare un uomo migliore e non attaccar briga se sei a Chicago?» Gli chiese. L'uomo ne era convinto. Nikola Tesla gli diede i soldi per comprare un biglietto del treno e un paio di dollari in più.

Nikola Tesla era così popolare negli anni novanta che molti andavano a cenare al Palm Room del Waldorf solo per vedere l'inventore. Lasciava il suo ufficio alle diciotto, ma poco prima chiamava il cameriere per ordinare la sua cena, insistendo sul fatto che solo lui doveva servire. Il pasto doveva essere pronto per le venti. Nel frattempo, saliva nella sua stanza e si si cambiava in tenuta da sera, cravatta bianca e frac. Cenava da solo, tranne in rarissime occasioni in cui invitava un gruppo a cena per costrizione sociale.

Il denaro è sempre stato un dettaglio noioso per Nikola Tesla. Per quindici anni, dal 1888 aveva ancora quello di cui aveva bisogno per adempiere i suoi obblighi, e viveva bene. Ma intorno al 1902, la sua situazione finanziaria non fu facile, ma era al culmine della sua fama, così come la necessità di mantenere il suo tenore di vita se voleva recuperare la sua fortuna. Ha continuato a tenere grandi commensali regolari al Waldorf per liberarsi dai suoi contratti sociali, ed fu difficile per lui abituarsi alla mancanza di denaro. Una volta, mentre molte persone erano riuniti in una sala da pranzo privata, il maggiordomo sussurrò che una sontuosa cena era stata preparata ed era pronta per essere servita quando lui avrebbe voluto, ma il reparto di credito insisteva nell'impossibilità di servirlo fino a quando i suoi debiti non sarebbero stati pagati. «Chiamate Mr. Morgan al telefono dall' ufficio del direttore, arrivo subito», fulminò Nikola Tesla. In pochissimo tempo, un messaggero venne a dargli un assegno con l'importo appropriato. Fu riferito che questa situazione accadde diverse volte, ma ogni volta faceva accordi nell'ufficio del direttore, senza alcun intervento esterno.

L'unica parvenza di privacy vissuta da Nikola Tesla fu attraverso Robert Underwood Johnson, un diplomatico e poeta, ma anche un editor di Century Magazine, con sede sulla Madison Avenue, nella zona esclusiva di Murray Hill. Nikola Tesla e Johnson erano molto vicini. L'amore per la poesia era uno dei molti punti che condividevano. Johnson scrisse e pubblicò nel mese di aprile del 1895 nel Century, una poesia breve a seguito della sua visita al laboratorio di Nikola Tesla. Ne risultò una collaborazione dei due uomini in cui Johnson riscriveva diverse traduzioni della poesia serba composta da Nikola Tesla, che era in grado di recitare migliaia di versi a memoria. Circa quaranta pagine di tali traduzioni, una prefazione redatta da Nikola Tesla, furono inclusi nell'edizione successiva di *Poems* scritte da Johnson.

Delle celebrità provenienti da tutti i settori di attività erano spesso invitati a casa di Johnson, e cene ufficiali erano costantemente organizzati per riunire tutti i tipi di personalità brillanti. Nikola Tesla era presente ogni volta che riuscivamo a convincerlo a partecipare, ma preferiva evitare il più possibile le cene ufficiali. Tuttavia, faceva regolarmente visite informali, arrivando senza preavviso e spesso in orari insoliti. Andava spesso a casa di Johnson dopo la mezzanotte, dopo che la famiglia andava a letto e che «Bob» e «Nick» trascorrevano ore godendo nel loro scambio di idee favolose. (Johnson e «Willie» K. Vanderbilt furono, come è stato sottolineato, le uniche persone ad aver chiamato Nikola Tesla per nome.)

Le visite di Nikola Tesla in casa di Johnson duravano diverse ore. Arrivava in taxi, che doveva sempre aspettare il suo ritorno per riportarlo al suo albergo a pochi isolati di distanza. I bambini di Johnson impararono a trarre vantaggio da queste opportunità, e quando arrivava presto la sera, gli chiedevano se potevano prendere in prestito il suo taxi per fare il del Central Park, mentre discutevano in casa.

Nikola Tesla apprezzava l'opera e per un periodo andò spesso a diversi spettacoli. Il palchetto di William K. Vanderbilt era sempre a sua disposizione, così come altri degli avventori del Metropolitan. Andò un paio di volte in teatro. La sua attrice preferita era Elsie Ferguson che, secondo lui, sapeva come vestirsi ed era la donna più elegante mai vista sul palco. Abbandonò gradualmente il teatro e l'opera per il cinema, ma anche lì andò di rado. Le tragedie non erano di suo gradimento, ma amava la commedia e l'intrattenimento leggero.

Tra i suoi amici più stretti aveva l'Ammiraglio Richmond Pearson Hobson, l'eroe della guerra ispano-americana. Negli anni che seguirono, Hobson diventò l'unica persona in grado di persuadere Nikola Tesla ad interrompere la sua ricerca intellettuale per una sessione di cinema.

Nikola Tesla non credeva in nessuna religione. Si separò presto dalla chiesa e non accettava le sue dottrine. Al pranzo offerto per il suo diciassettesimo compleanno, annunciò quello che fu chiamato l'anima era solo una delle funzioni del corpo, e che quando il corpo cessa di funzionare, l'anima sarebbe scomparsa.

Un uomo è raramente un eroe per la sua segretaria, ma per Miss Dorothy F. Skeritt, che ha lavorato per Nikola Tesla per diversi anni, fino a che non chiuse il suo ufficio sulla settantina, è sempre rimasto un superuomo virtuoso. La sua descrizione di Nikola Tesla, a quell'età, menzionava la stessa personalità magnetica che aveva tanto impressionato gli scrittori trent'anni prima. Scrisse:

« Lavorare con il signor Tesla significava contemplare un uomo di grande dimensioni e molto magro. Aveva questo aspetto quasi divino. Quando compi 70 anni, stava ancora in piedi, il suo corpo emaciato e semplicemente impeccabilmente vestito di colori pallidi. Non portava nessuna sciarpa né nessun anello al dito. Pettinava la sua folta capigliatura nera con una linea al centro che portava indietro con un gesto indietro per liberare la sua alta e una fronte larga, dove delle linee si erano scavati a forza di concentrarsi ai problemi scientifici che lo stimolavano e lo affascinavano. Sotto le sopracciglia prominenti, gli occhi infossati color acciaio, sguardo morbido ma allo stesso tempo penetrante, sembravano in grado di leggere i tuoi pensieri più intimi. Quando si estasiava su dei campi da conquistare ed degli exploit da realizzare, il suo volto si illuminava di un bagliore quasi soprannaturale e il suo essere era trasportato dalla banalità del presente verso regni immaginari futuristi. Il suo sorriso amichevole e il suo atteggiamento maestoso indicavano sempre cortesia e galanteria che erano una parte della sua anima. »

Fino alla fine, Nikola Tesla è stato sempre molto attento del suo aspetto. Sapeva vestire bene e lo mostrava. Nel 1910, la sua segretaria disse che era l'uomo meglio vestito nella *Fifth Avenue* e aveva tutte le intenzioni di rimanere così. Non era una questione di vanità in questo caso. La pulizia e meticolosità nella scelta dei vestiti, naturalmente, andava di pari passo con gli altri aspetti della sua personalità. Non aveva un vasto guarda roba e non indossava nessun gioiello. Bei vestiti perfettamente adatti suo atteggiamento raffinato. Tuttavia, osservò che in termini di abbigliamento, il mondo considerava un uomo con il suo valore, indicato nel suo aspetto, e spesso riesce più facilmente a raggiungere i suoi obiettivi, dimostrando un minimo di cortesia che attenzionava alle persone meno piacevoli.

Aveva un debole per i cappotti curvi. Ma qualunque portasse, una sobria eleganza emanava. L'unico tipo di cappello che indossava era una bombetta nera. Aveva un bastone e di solito indossava guanti in camoscio grigio.

Nikola Tesla pagò $ 2,50 un paio di guanti, indossati per una settimana, poi li gettò anche se sembravano ancora nuovi, appena comprati. Completava la sua eleganza con una cravatta che portava sempre con un semplice nodo. La fantasia non era importante ma i colori erano limitati a una combinazione di rosso e nero. Comprava una cravatta nuova ogni settimana, pagando sempre un dollaro.

Indossava solo un tipo di camicia ed erano camicie ordinarie di seta bianche. Come il resto dei suoi vestiti, tra cui il pigiama, le sue iniziali erano ricamate sul petto a sinistra.

Nikola Tesla acquistava i suoi fazzoletti in grandi quantità, perché non li faceva mai lavare. Li ha gettava dopo il loro primo utilizzo. Apprezzava i tessuti di buona qualità e comprava una serie standard di marca. I suoi colletti non venivano mai lavati, non li portava mai più di due volte.

Portava sempre degli stivaletti, tranne durante gli eventi ufficiali. Richiedeva delle scarpe lunghe e strette, insistendo per avere una perfetta punta perfettamente affusolata dall'inizio quadrato. Le sue scarpe erano indubbiamente fatte su misurare quanto la parte alta si estendeva a metà polpaccio, e non era possibile acquistare questo tipo di scarpe nei negozi. Questo supporto della caviglia aggiunto era certamente dovuto a causa delle sue grandi dimensioni.

L'uso esclusivo dei suoi oggetti come fazzoletti e colletti, includeva anche i tovaglioli da tavola. Nikola Tesla aveva una fobia dei germi che profondamente imbarazzava il funzionamento della macchina sociale della sua vita. Il tavolo a cui sedeva nella sala da pranzo della struttura non doveva essere utilizzato da altre persone. Una nuova tovaglia pulita doveva essere cambiata ad ogni pasto. Chiedeva anche una pila di asciugamani diversi venisse depositato sul lato sinistro della tavola. Così ogni volta che gli portavano un piatto con posate, esigeva fossero sterilizzati con il calore prima di lasciare la cucina, e poi posava su ciascuno un asciugamano in modo tale che la sua mano non fosse a diretto contatto con il coperchio, e utilizzava un altro asciugamano per pulirlo. Lasciava cadere i due asciugamani sul pavimento. Anche per un pasto semplice, generalmente utilizzava tutta la pila di asciugamani. Aveva orrore delle mosche. Se una mosca aveva la sfortuna di atterrare sulla sua tavola, ciò era un motivo sufficiente per sparecchiare tutto e iniziare tutte le preparazioni del pasto fin dall'inizio.

Fortunatamente per Nikola Tesla, il maggiordomo del Waldorf-Astoria, dove viveva, era Peterson che in seguito divenne Butler a Hotel Pennsylvania, dove l'inventore visse da allora in poi per diversi anni . Circolava la voce che uno chef speciale era stato assunto presso il Waldorf e Pennsylvania per preparare i suoi pasti, ma il signor Peterson negò la notizia.

Nella sua giovinezza, amava molto avere le bistecche spesse di buona qualità per la cena, preferibilmente un filet mignon, e non era insolito per lui mangiare due o tre bistecche in un solo pasto. Con il tempo, le sue preferenze cambiarono verso l'agnello, e spesso comandava un'arrosto. Anche se un'arrosto di agnello era abbastanza grande per servire un pasto di diverse persone, ne mangiava, di regola, che la parte centrale della dell'arrosto. Le costolette di agnello di latte arrosto era incoronato uno dei suoi piatti preferiti. Apprezzava anche il piccione ripieno di noci. Tuttavia, per quanto riguardava il pollame, la sua preferenza era l'arrosto d'anatra. Chiedeva che fosse arrostito su uno strato di germogli di sedano cucinati affogati. Aveva creato lui stesso questo metodo di cottura dell'anatra. Spesso era l'attrazione principale dell'invito degli amici a cena, e in quei momenti, andava in cucina a supervisione la sua preparazione. L'anatra così preparata era comunque deliziosa. Dell'anatra, mangiava che il filetto.

I decenni di passavano, Nikola Tesla si allontanava dalla carne. La sostituì con il pesce, sempre bollito, e ritira completamente dalla sua dieta la carne. Poi più tardi, eliminò anche il pesce e seguì un menu vegetariano. Il latte era la sua bevanda preferita e in tarda età, diventò l'ingrediente principale del loro cibo, servito tiepido.

Quando era giovane, beveva un sacco di caffè, poi, anche se si rese conto che soffriva di effetti collaterali, ebbe difficoltà a farne almeno. Quando decise di non berne più, riuscì a mantenere il buon proposito, ma riconosceva che il desiderio di bere gli era rimasto. Combatteva la voglia ordinando ad ogni pasto una caraffa del suo caffè preferito di cui ne versava una tazza per odorarne i profumi. Gli ci vollero dieci anni per l'aroma del caffè trasformarsi in qualcosa di fastidioso tale da non servirsene più. Considerava il tè e il cioccolato altrettanto negativi.

Fumava molto in gioventù, in particolare i sigari. Una sua sorella che cadde gravemente ammalata quando aveva venti anni, gli disse che avrebbe cercato di stare miglio se avesse smesso di fumare. Lo fece immediatamente. Sua sorella si rimise e non ha mai più fumato.

Nikola Tesla beveva del whisky perché sentiva che era una buona fonte di energia e un modo prezioso per estendere l'aspettativa di vita. Il whiskey era, secondo lui, la causa della longevità di molti dei suoi antenati. All'inizio del secolo, affermò che il whisky gli avrebbe permesso di vivere fino all'età di centocinquanta anni. Ma il divieto durante la prima guerra mondiale, lo condannò come una violazione imperdonabile dei diritti dei cittadini. Tuttavia, ben presto abbandonò il consumo di whisky e tutte le altre bevande ad eccezione di latte e acqua. Ma annunciò che non beve più whisky avrebbe ridotto la sua aspettativa di vita a cento trenta anni.

Nikola Tesla affermò che non aveva bisogno di stimolanti per aiutarlo a pensare. Una camminata veloce lo aiutava meglio a concentrarsi. Gli sembrava di sognare quando camminava. Sarebbe passato accanto a qualcuno che conosceva molto bene senza nemmeno vederlo, anche se lo avrebbe guardato negli occhi. I suoi pensieri lo portavano a chilometri da dove si trovava. Questo è apparentemente quello che causò l'incidente nel 1937, dove fu investito e gravemente ferito da un taxi. Infatti, due anni prima, in un'intervista, disse che sarebbe stato certamente ucciso da un camion o un taxi attraversando distrattamente la strada.

Pesava, svestito, sessantacinque chili, e, fatta eccezione per i periodi di malattia, il peso variò appena tra il 1888 e il 1926, quando ha perdeva volontariamente due chili.

Uno dei piccoli piaceri della Nikola Tesla aveva, per anni, erano dei massaggi cranici. Andava dal barbiere tre volte a settimana e chiedeva che lo massaggiassero per mezz'ora. Insisteva sul fatto che il barbiere metteva un asciugamano pulito sulla sua sedia, ma, stranamente, non aveva nulla contro il fatto che utilizzasse la tazza o il pennello da barba comune.

Nikola Tesla sosteneva sempre che non dormiva più di due ore a notte. Diceva che andava a letto alle cinque del mattino, e si alzava alle dieci, dopo aver dormito due ore, dal momento che tre erano troppe. Una volta l'anno, ammise che dormiva cinque ore e ciò gli permetteva di accumulare un sacco di energia. Non smetteva mai di lavorare, disse, anche quando dormiva. Nikola Tesla aveva riso quando Edison disse che dormiva solo quattro ore per notte. Edison era abituato, spiegò, seduto nel suo laboratorio a fare un pisolino di tre ore, due volte al giorno. E 'possibile anche Nikola Tesla, recuperava del sonno nello stesso modo, senza esserne consapevole. Il personale dell'hotel affermò che spesso vedevano Nikola Tesla immobile in piedi, per diverse ore, del tutto inconsapevole di ciò che stava accadendo intorno a lui, in modo da poter lavorare nella stessa stanza senza, a quanto pare, rendersi conto della loro presenza.

L'ufficio di Nikola Tesla era ancora dotato di un secondo bagno, unico ad usare. Si lavava le mani per qualsiasi motivo. E ogni volta, chiedeva al suo segretario di dargli un asciugamano appena lavato a secco.

Andava agli estremi per evitare di stringere la mano. Spesso metteva le mani dietro la schiena con l'approccio di qualcuno che voleva tentare di stringergli la mano, ciò spesso creava situazioni imbarazzanti. Se per caso, un visitatore veniva nel suo ufficio e lo coglieva di sorpresa e gli stringeva la mano, Nikola Tesla si contraria a tal punto che non poteva prestare attenzione al motivo della visita di quella persona e chiedeva spesso di scusarlo prima che avesse il tempo di spiegare, poi si precipitava nella sua stanza da bagno per fregarsi le mani. Aveva quasi la nausea quando vide i suoi lavoratori mangiare il pranzo con le mani sporche.

Un'altra fobia di Nikola Tesla erano le perle. Se una donna invitata a una cena alla quale partecipava indossa delle perle, diventava incapace di mangiare. Superfici lisce e tonde, in generale, avevano una certa avversione per lui, tale che aveva messo del tempo per accettare le palle da biliardo.

Nikola Tesla non ebbe mai un attacco di emicrania. Anche se ebbe diverse malattie gravi, non ha mai avuto bisogno di un medico quando era autonomo.

Praticamente tutte le sue fobie avevano una ragione, ma non erano tutte noti. La sua fobia dei germi potrebbe essere attribuito a due gravi malattie che aveva sviluppato nella sua infanzia, che erano sicuramente il colera, una malattia molto comune nella sua terra natale, che veniva trasmesso da un virus in acqua non potabile e il contagio tra le persone.

Nikola Tesla conosceva le sue peculiarità, ne era pienamente consapevole e l'attrito che creava tutti i giorni. Ma erano parte di se stesso, ed era per lui impossibile sbarazzarsene come strapparsi il braccio destro. Certamente è stata una delle conseguenze della sua vita solitaria, o forse, ne erano le cause.

DICIANNOVE

Sembrerebbe che lo spirito di Nikola Tesla stava costantemente sotto un'enorme pressione. Una valanga di idee minacciavano di irrompere da un momento all'altro. Sembrava incapace di seguire il filo dei suoi pensieri. I suoi risultati non potevano mai essere degni dei suoi progetti a causa della mancanza di attrezzature. Anche un esercito di assistenti qualificati a sua disposizione non era sufficiente. Pertanto, i suoi soci sentivano costantemente una sorta di «determinazione», ma era un datore di lavoro generoso in materia di salari e orari di lavoro. Gli chiedeva spesso di fare gli straordinari, ma ricevevano una gradita ricompensa.

Eppure, lavorare per Nikola Tesla non era del tutto facile. Era estremamente meticoloso e ordinato nei suoi affari personali e pretendeva lo stesso dai suoi dipendenti. Era un eccellente meccanico e poneva un livello molto alto nei suoi criteri, che basava sul suo successo, per qualsiasi lavoro nel suo laboratorio. Ammirava abbastanza l'intelligenza che mostravano i suoi assistenti, che spesso ricompensa con una compensazione aggiuntiva quando realizzavano perfettamente dei duri lavori, ma non aveva pazienza per la stupidità e per la negligenza.

Anche se Nikola Tesla assumeva dei designer, non gli permetteva mai di prendersi cura della progettazione delle proprie macchine lavoro, e tollerava la loro presenza solo perché gli era impossibile evitare i rapporti con le altre organizzazioni. Quando costruiva delle macchine per il suo uso personale, dava istruzioni specifiche per ogni parte. L'operaio incaricato di eseguire la macchina era convocato alla carica da Nikola Tesla, a cui l'inventore disegnava uno schizzo quasi microscopico nel bel mezzo di un grande foglio bianco. Indipendentemente dalla precisione del pezzo da produrre, lo schizzo non superava mai i tre centimetri. Se Nikola Tesla faceva il minimo movimento sbagliato con la matita, non cancellava la linea, ma iniziava gli schizzi dall'inizio, su un nuovo foglio. Tutte le misure erano date oralmente. Quando il disegno era finito, il lavoratore non poteva prendere il foglio con lui nel suo atelier per guidarlo nel suo lavoro. Nikola Tesla distruggeva il documento e chiedeva al meccanico di lavorare a memoria. L'inventore dipendeva interamente dalla sua memoria per i dettagli, e non sminuiva mai i suoi piani mentali scrivendoli su carta per dirigere il lavoro, perché pensava che gli altri potevano ottenere questa capacità se si davano abbastanza al lavoro. Così cercava di costringerli a lavorare senza schizzi.

Tutti coloro che hanno lavorato affianco Nikola Tesla ammiravano enormemente la sua straordinaria capacità di seguire molti dettagli specifici riguardanti ogni fase dei diversi progetti che aveva in corso allo stesso tempo. Nessun dipendente riceveva più informazioni di quanto non fosse assolutamente necessario per completare un progetto. E nessuno sapeva lo scopo per cui una macchina o un pezzo servisse. Nikola Tesla credeva che Edison ricevesse più idee dai suoi colleghi di quello che egli offriva, così cercava di fare tutto il possibile per evitare questa situazione. Si sentiva l'uomo che possedeva la più grande ricchezza di idee nel mondo e che non aveva bisogno degli altri, e aveva l'intenzione d'impedire a chiunque di contribuire.

Nikola Tesla fu probabilmente molto ingiusto con Edison su questo argomento. I due uomini rappresentavano due generi completamente diversi e distinti. Nikola Tesla era perfettamente privo di spirito universitario, vale a dire una mente pronta a collaborare con gli altri per acquisire conoscenze e condurre una ricerca. Non poteva né dare né ricevere, ma rispondeva completamente alle proprie esigenze. Edison era una persona più portato a collaborare e a condurre. Attraeva dei collaboratori brillanti a cui delegava parti sostanziali dei suoi progetti di ricerca inventiva. Poteva agire da catalizzatore per stimolare la loro attività mentale creativa, e quindi aumentare le proprie capacità inventive. Se Nikola Tesla avesse posseduto questa capacità, la lista dei successi sarebbe stata ancora più a lunga.

La sua incapacità di lavorare in gruppo, di condividere le sue intenzioni erano il suo più grande handicap. Nikola Tesla era completamente isolato dal resto della struttura intellettuale della sua epoca e il mondo soffrì per la mancanza dei molti pensieri creativi che non fu in grado di esprimere in invenzioni complete. E' dovere del docente formare discepoli che gli succedano, ma Nikola Tesla rifiutò di assumersi la responsabilità. Se fosse stato accompagnato nel suo periodo più attivo, da molti scienziati giovani e brillanti, avrebbero potuto metterlo in relazione con il mondo della scienza e dell'ingegneria, che, nonostante la sua fama e le sue imprese straordinarie era abbastanza isolate per le sue particolari caratteristiche personali. La sua fama era così assicurata, che il successo dei suoi assistenti non lo avrebbero offuscato, e il maestro sarebbe brillato ancora di più con le gesta dei suoi discepoli. Avrebbe potuto interessare i giovani pragmatici che avrebbero potuto aiutarlo a completare il carico di realizzare il raggiungimento concreto di alcune invenzioni minori, ma comunque importanti, grazie alle quali avrebbe raccolto abbastanza profitto per pagare il costo di manutenzione dei suoi laboratori. Molte invenzioni erano certamente perse per sempre a causa della tendenza intellettuale solitaria che stava mostrando Nikola Tesla. Ma ispirò forse indirettamente molti ragazzi a diventare inventori.

Nikola Tesla aveva una forte reazione davanti ai capricci personali di coloro con i quali lavorava. Quando era sfavorevole, non era in grado di tollerare la presenza, nel suo campo visivo, di una persona. Ad esempio, quando effettuava i suoi lavori sperimentali presso lo stabilimento *Allis Chalmers* a Milwaukee, egli non aumentava il suo indice di gradimento, insistendo sul ritorno di alcuni operai della squadra che si occupava delle turbine con il pretesto che non gli risultava. E poiché, come abbiamo mostrato in precedenza, si era messo sulle spalle gli ingegneri della centrale, i corti-circuiti si indirizzavano direttamente al presidente e al consiglio di amministrazione, il lavoro sulle turbine progrediva in un'atmosfera che difficilmente potremmo chiamarlo cooperativa.

Era anche totalmente incapace di gestire i suoi affari finanziari. Mentre lavorava sul progetto della turbina per l'*Union Sulphur Company*, ebbe a sua disposizione una barca che avrebbe potuto usare durante il giorno, ma lavorando dopo le diciotto, doveva pagare $ 20 l'ora. Non ha mai usato la barca prima delle sei. Inoltre, ogni sera, pagava $ 10 per la cena per la squadra. Nel giro di un anno, la spesa montava a $ 12.000 in totale, così dovette scavare più in basso il pagamento che doveva. E non era la sua unica spese extra. Quasi ogni notte, dava una mancia di $ 5 a suoi principali assistenti che facevano parte della squadra, e dava la stessa somma una volta alla settimana a tutta la squadra. Tale prova di generosità non era ovviamente invano Nikola Tesla, poteva anche essere considerata necessaria perché dirigeva i suoi assistenti con pugno di ferro.

Intervistando i dipendenti degli alberghi dove visse, rilevarono che aveva la fama di essere molto disinvolto verso i domestici. Era quasi crudele nel suo modo di dare ordini, ma si faceva perdonare subito, dandogli generose mance.

Tuttavia, egli era sempre molto cordiale nei confronti delle donne, e anche con gli uomini del suo staff. Se uno di loro stava facendo un lavoro di qualità eccezionale, tutto il personale ne era a conoscenza. Per un eventuale rimprovero, lo faceva solo in privato alla persona interessata.

Nikola Tesla aveva istituito una regola secondo la quale qualsiasi messaggero venisse al suo laboratorio riceveva una mancia di venticinque centesimi, e ogni settimana metteva da parte 10 $ a questo scopo.

Se aveva bisogno di trattenere il suo staff di giovani donne segretarie e dattilografe per diverse ore, le invitava a cena al Delmonico's. Chiamava un taxi per le ragazze e le seguiva in un altro taxi. Dopo essersi accordato nel pagare il conto e delle mance in anticipo, se ne andava.

Nikola Tesla faceva in modo di essere al suo ufficio per le dodici precise. Esigeva che la sua segretaria si precipitasse immediatamente all'ingresso per riceverlo e prendere il suo cappello, il bastone e guanti. I suoi uffici aprivano alle nove ogni mattina in modo che le attività quotidiane fossero eseguite prima del suo arrivo, come l'abbassamento tutte le tende in modo che nessuna luce esterna potesse entrare negli uffici e sembrare fosse sera. Come notato, l'inventore era un «solifugo». Sembrava dare il meglio di sé la notte e soffriva di un qualche tipo di disabilità alla luce del giorno, in ogni caso, preferiva lavorare e fare quello che considerava un divertimento durante la notte.

L'unica volta che permise che le persiane del suo ufficio fossero alzate fu quando un temporale echeggiò. Le varie sedi prese in affitto avevano una visuale libera. L'ufficio a 8 West 40th Street era sul lato sud di Bryant Park, all'estremità orientale della quale era sotto l'edificio che ospitava la New York Public Library. Dalle sue finestre al ventesimo piano, poteva vedere oltre l'orizzonte dei tetti che erano più bassi e una visione globale del cielo.

E quando i brontolii di tuoni lontani presagivano fuochi d'artificio di fulmini, non solo era possibile aprire le finestre, ma era per lo più obbligatorio. A Nikola Tesla piaceva guardare i fulmini. Il divano in mohair nero veniva spinto alle finestre in modo da poter sdraiarsi, completamente rilassato, con una vista panoramica del cielo boreale o occidentale. Parlava sempre da solo, ma diventava molto eloquente durante i temporali. Le conversazioni che aveva in quei momenti non sono mai stati trascritti. Voleva osservare questo magnifico spettacolo da solo, e le sue segretarie erano molto disposte a obbedirgli. Poteva calcolare le distanze, le lunghezze e la tensione di ogni lampo misurando con le sue dita e contar i secondi.

Nikola Tesla era così assolto da queste scintille fenomenali, molto più lunghe di quelle che era riuscito a produrre nel suo laboratorio a Colorado Springs! Era riuscito a imitare i fuochi d'artificio elettrici della natura, ma non aveva superato la sua bravura.

Gli Antichi Romani sublimavano la loro frustrazione causata dalle forze della natura, immaginando il concetto mentale del loro dio onnipotente, Giove, come dotato di un potere di creare un temporale e buttare giù dei fulmini sulla terra. Nikola Tesla rifiutava di sprofondare nella frustrazione, ma, come gli Antichi Romani, aveva anche creato un concetto mentale, un superuomo che non era inferiore al dio padrone dei romani, che controllava le forze della natura. Sì, Nikola Tesla godeva dei suoi temporali. Seduto sul suo divano mohair, aveva l'abitudine di applaudire il fulmine, come se approvasse. Era anche un po' geloso.

Nikola Tesla non si sposò mai, nessuna donna, ad eccezione di sua madre e delle sue sorelle, ha condiviso nemmeno un po' della sua vita. Adorava sua madre e ammirava le sue sorelle per le loro gesta intellettuali. Una delle sue sorelle, Marica aveva un eccezionale capacità matematica ed era in grado di memorizzare brani di un libro più di suo fratello. Attribuì a sua madre la maggior parte delle sue capacità di inventore, e continuava a lodare la sua capacità di inventare gadget utili per la casa, ed era dispiaciuto per il fatto che non fosse nata in un ambiente dove avrebbe potuto dimostrare i suoi molti talenti creativi ad un pubblico più ampio. Conosceva i benefici che poteva portare una donna alla vita di un uomo, dal momento che aveva sempre contemplato come sua madre aveva contribuito al benessere e la felicità di suo padre. Ma invece viveva una vita isolato che aveva progettato in gioventù, una vita disegnata su basi meccaniche, dove il tempo e le energie disponibili sono stati investiti in invenzioni, e senza alcuna perdita di progetti emotivi.

Da un punto di vista sentimentale, il giovane Nikola Tesla era seducente. Era troppo grande e troppo magro per impersonare un bel Adone, ma altre qualità compensavano questi possibili difetti. Aveva un bel viso, una personalità magnetica, ma era discreto, quasi timido, aveva una voce calma morbida, era ben educato e vestiva elegantemente, anche se non aveva abbastanza soldi curare una guarda-robe. Tuttavia, evitava gli incontri romantici, o tutte le situazioni che potevano portarlo lì, come potevano assiduamente fare altri giovani. Non permetteva al suo pensiero di avventurarsi in situazioni sentimentali, e padroneggiando il suo pensiero perfettamente, la perdita di controllo delle sue azioni diventava un problema sempre più importante. Non era ostile alle donne, risolveva il problema idealizzandole.

Un perfetto esempio della fuga dei suoi sentimenti può essere illustrata da un incidente che ebbe luogo a Parigi, quando tornò lì per una conferenza sul suo sistema di corrente alternata dopo aver avuto il riconoscimento in tutto il mondo. Le sue meravigliose scoperte sono state il principale argomento di conversazione del giorno, e ovunque andasse, era osservato da tutti. Nikola Tesla apprezzava particolarmente la situazione. Meno di dieci anni fa, i dirigenti della *Continental Edison Company* di Parigi, aveva non solo respinto il suo sistema a corrente alternata che gli aveva loro proposto, ma gli avevano frodato dei guadagni di cui ne aveva diritto. E lui tornò in città dopo essere diventato ricco e famoso negli Stati Uniti e nel mondo. Tornò a Parigi come un eroe e aveva il mondo ai suoi piedi.

Mentre era seduto sulla terrazza di un caffè con un giovane amico, in mezzo alla folla elegante discutendo, una giovane donna graziosa, ben vestita, dai capelli rossi pettinati con eleganza, che immediatamente riconobbe come Sarah Bernhardt, famosa attrice francese, soprannominata «Divina», passò molto vicino al suo tavolo, e lasciò cadere un fazzoletto tempestivo pizzo a pochi metri.

Nikola Tesla immediatamente balzò in piedi. Prese il fazzoletto e, col cappello in mano, si inchinò profondamente e consegnò il fazzoletto di pizzo della bella attrice, dicendo «Signorina, il fazzoletto». Senza nemmeno alzare la testa per dare un'occhiata al suo bel viso sorridente, si sedette di nuovo e riprese il filo della sua conversazione sulla sua esperienza di un sistema di senza fili di trasmissione di energia.

Un giorno, quando un giornalista chiese a Nikola Tesla il perché non si fosse mai sposato, la sua risposta, come è stato trascritto nel colloquio, pubblicato, fu:

«Ho intenzione di dedicare tutta la mia vita al mio lavoro, e per questo motivo mi sono privato dell'amore e della compagnia di una buona moglie, e altro ancora.

«Credo che uno scrittore o un musicista debba sposarsi. Trovano la loro ispirazione per ottenere opere eccezionali.

«Ma un inventore è di natura così intensa, con tanto ardore e passione, come se si desse a una donna, abbandonerebbe tutto, priverebbe il suo campo dal primo minuto: Questo è un peccato perché a volte ci si sente soli.

«Quando ero studente, ho saputo che cosa significava passare quarantotto ore di fila in un gioco da tavolo, e vivere intense emozioni, che la maggior parte delle persone credono siano intense che esistono, ma sono blande e insipide rispetto al momento meraviglioso di quando il tuo lavoro, frutto di diverse settimane, si concretizza nella riuscita di un esperienza che dimostra la vostra teoria ...»

«Nikola Tesla conobbe questa gioia assoluta più volte, disse il giornalista, e certamente la rivivrà ancora molto spesso. Il suo lavoro di una vita non può in nessun caso essere completato in quarant'anni. Sembrerebbe che le sue capacità sono adesso stanno raggiungendo il loro picco.»

Nikola Tesla era molto grato per gli sforzi di molte donne che avevano un genuino interesse per il suo benessere, e a chi cercava di rendere la vita più tollerabile e piacevole ad uno scienziato che non era, ovviamente, nei suoi panni sulla scena sociale, e che avrebbe dato qualsiasi cosa per lasciarlo. Parlò con entusiasmo della prima signora Clarence Mackay (nata Duer), la signora Jordan L.

Mott, e la bellezza di Lady Ribblesdale (anticamente signora John Jacob Astor). Ammirava il dinamismo dell'idealismo di Miss Anne Morgan. Ma mai i loro incontri furono tinti da un pizzico di romanticismo.

Era colpito dalla grande, elegante e affascinante signorina Margherita Merington, una pianista di talento e scrittrice di temi musicali, che spesso cenava a casa di Johnson.

«Perché non indossate diamanti e gioielli come le altre donne?» Chiese Nikola Tesla alla signorina Merington una sera.

«Non è per scelta, rispose, ma se avessi i mezzi per adornare me stessa con diamanti potrei pensare a modi migliori per spendere i miei soldi.

— Cosa fareste con i soldi se li avesse? Continuò l'inventore.

— Preferirei comprare una casa in campagna, tranne che non voglio andare in periferia, disse la signorina Merington.

— Ah! Signorina Merington, appena guadagnerò dei milioni le risolverò il problema. Vi offrirò un 'isola, qui a New York, e costruirò una villa circondata da alberi. Avrete la vostra campagna senza lasciare la città.

Nikola Tesla era molto generoso nella concessione dei suoi futuri milioni. Nessuno dei suoi amici non si sarebbe perso per tutto ciò che desideravano se avesse avuto i soldi per soddisfarli. Ma, avrebbe sempre mantenuto le promesse: «Non appena guadagnerò dei milioni».

Non era sorprendente che Nikola Tesla avesse un'idea molto precisa di come una donna dovesse vestire. Era anche irremovibile sulla sua idea di ciò che era una silhouette da donna. Non gli piacevano le donne molto «pesanti» e assolutamente detestava le obese. Odiava le donne formose, vestite in abiti vistosi e coperte di gioielli, che trascorrevano il loro tempo nella hall dell'hotel. Gli piacevano le donne ordinate, magre, elegante e graziose.

Un giorno, una delle sue segretarie, una bella bionda con belle proporzioni, andò in ufficio indossando un abito molto di moda. Un abito estivo con dei bei disegni. La moda chiedeva che la vite fosse portata molto bassa, ben al di sotto dei fianchi per diversi centimetri. Questo dava piuttosto una gonna corta, e vestito sembrava quasi come un semplice cilindro tra il collo e fianchi. Era l'ultima tendenza, che ebbe una popolarità tanto intensa quanto breve. La segretaria era un ottima sarta e aveva cucito il vestito da sé, un risultato di cui poteva essere fiera.

Nikola Tesla chiamò la segretaria. Andò nel suo ufficio un po' intimorita, ma sperando in segreto, che gli avrebbe detto una parola gentile sul suo vestito nuovo.

«Signorina, disse, che cosa indossa? Non si può essere vestiti in quel modo per la commissione che vi ho chiederò. Voglio che portiate una nota a un banchiere molto importante in città, e cosa penserebbe se vede arrivare un membro del mio staff vestito di una veste così immonde? Come si può essere così schiavi della moda? Qualunque sia la tendenza degli stilisti, comprate e indossate gli abiti. Signorina, siete piene di buon senso e avete buon gusto, quindi perché vi siete lasciate convincere dalla commessa di acquistare un simile abito? E se foste intelligente come mia sorella che cuce i propri abiti, si sarebbe risparmiato di indossare uno stile di abito così ripugnante come questo, potreste creare i propri abiti e indossare abiti decenti. Vi dovreste sempre ispirare dalla natura nella concezione degli abiti. Non lasciate che gli stilisti deformino la natura per voi, si diventa brutti invece di seducente. Ora, Signorina, salite su un taxi, che non vi si veda troppo, tornate a casa a cambiarvi di abito, uno più adatto, e tornate il più presto possibile in modo che possiate portare questa lettera per me in città.»

Nikola Tesla non si indirizzava mai ai propri dipendenti per nome o cognome. Le chiamava solo con il termine «Signorina». Quando lo pronunciava, insisteva su «Siiiiiignorina» e poteva cambiare cambiare il tono. Quando si indirizzò alla segretaria che indossava il vestito che non era di suo gradimento, la chiamò allungando l'ultima sillaba 'Signorinaaaaaaaaaa». Ma poteva chiamarle anche con un tono più autoritario e peggiorativo.

Quando una giovane donna dal suo personale lasciò il suo posto per sposarsi, Nikola Tesla predicò questo breve discorso al resto dei dipendenti:

«Non sposatevi troppo giovani. Quando si è molto giovani, gli uomini vi sposano per la vostra bellezza, e dieci anni dopo, quando non sarete più belle, si stancheranno di voi e andranno da qualche altra parte.»

L'atteggiamento di Nikola Tesla nei confronti della donna era paradossale: idealizzava la donna e la metteva su un piedistallo, ma la vedeva anche in modo puramente oggettivo e materialista, come se la loro creazione non avesse nessun concetto spirituale. Non c'è dubbio che si tratta di una esternalizzazione del conflitto che viveva internamente, tra l'atteggiamento sano e normale rapporti a confronto con una donna, e il suo progetto di vita distaccato e indifferente in cui si rifiutò di condividere qualsiasi parte della sua esistenza con una di loro.

Nikola Tesla poteva considerazione solo le donne, le più eccellenti come sue amiche, e le idealizzava tali senza alcuna difficoltà, poteva renderle assessuate mentalmente per eliminare il vettore o il richiamo emotivo. Per le altre, non nemmeno prendeva la briga di applicare questo processo. Non aveva nessuna attrazione per loro.

Tuttavia, visualizzava la nascita di una specie umana superiore fra questo miscuglio di persone, un piccolo numero di persone, ma con un elevato status intellettuale, mentre l'altro si limiterebbe ad una esistenza di produzione e riproduzione, che potrebbe tuttavia, rappresentare un grande miglioramento delle condizioni attuali. Egli ha cercato di creare un idealismo a partire dei concetti puramente materialistici della natura umana. Un equilibrio di idee materialiste e agnostici che ebbe successo tra gli scienziati durante i suoi anni di formazione. Non è stato difficile per lui eliminare questo tratto comportamentale nei suoi ultimi anni, ma si aggrappò al lato che portava un approccio meccanico per risolvere i problemi dell'umanità, anche se era pronto a riconoscere che i fattori spirituali erano una realtà e che bisognava tenerne conto in questo tipo di progetto.

Espresse la sua opinione sulle donne solo una volta in una intervista, pubblicata nel 1924, sotto forma di un articolo scritto da John B. Kennedy, per la rivista di *Collier's*, di cui un estratto:

La lotta delle donne per la parità di sesso porterà alla creazione di un nuovo ordine sessuale, dove le donne saranno superiori. La donna moderna, che prevede l'aumento del suo genere in un fenomeno superficiale, è soltanto un segno precursore di una evoluzione più profonda e fomentato nell'umanità.

Non è vana imitazione del fisico maschile che le donne rivendicheranno per prima la loro uguaglianza, dopo la loro superiorità, ma grazie al risveglio dell'intelletto femminile.

Lo spirito delle donne ha dimostrato la capacità di abbinare tutte le acquisizioni e le realizzazioni degli uomini, e nel corso delle generazioni, questa capacità aumenterà. La donna media sarà inoltre istruita come un uomo, e diventerà più istruita, perché il suo cervello si attiverà poteri latenti e saranno più intensi dei secoli successivi di riposo.

Le donne non indugeranno sul passato e sorprenderanno la civiltà della loro avanzata.

Il fatto che le donne assumeranno la proprietà di nuove aree di business, prenderanno gradualmente l'autorità, arriverà fino ad annientare completamente la sensibilità femminile, soffocherà l'istinto materno per rendere il matrimonio e la maternità detestabili, e si avvicinerà sempre più la civiltà umana della civiltà perfetta inspirata alle api.

L'importanza di questo fatto si basa sul principio fondamentale dell'economia di api, che hanno un sistema coordinato e organizzato il più intelligente che esista in qualsiasi altra forma di vita animale non razionale, che è il dominio assoluto dell'istinto di immortalità sviando la maternità.

Tutta la vita delle api si articola attorno alla regina. Non domina per diritto di successione alveare, perché ogni larva può aspirare a diventare regina, ma perché è il seno della specie.

Ci sono grandi eserciti di asessuati di lavoratori il cui unico scopo e il ruolo nella vita è quello di lavorare. E' la perfezione del comunismo, una vita sociale e cooperativa in cui tutti gli elementi, anche i giovani, sono di proprietà comune del gruppo.

Poi ci sono le ninfe, api principesse, le femmine che sono state selezionati dalla nascita da uova deposte dalla regina, larve che sono protette nel caso in cui una regina non possa più svolgere le sue funzioni per l'alveare nel sostituirlo. E le api maschili, poche e sporche, la cui presenza è stata tollerata solo perché sono necessari per fecondare la regina ...

La regina torna all'alveare, fecondata e portando al suo interno decine di migliaia di uova, l'equivalente di un'intera colonia di api, e quindi inizia il suo ciclo di deposizione delle uova, la vita brulicante e concentra dell'alveare indaffarata senza pausa alla nascita di una nuova generazione.

E 'difficile immaginare le prospettive di questa misteriosa civiltà prodigiosamente dedicata quanto le api su un'analogia umana. Ma tenendo conto di come l'istinto umano di perpetuazione della specie, domina la vita in ogni sua manifestazione normale, estrema e perversa, c'è una giustizia ironica nella possibilità che quest'ultimo, grazie allo sviluppo intellettuale femminile, può finalmente esprimersi seguendo il modello delle api, anche se ci sono voluti secoli per rompere le abitudini e i costumi della gente che vuole la progressione verso una civiltà in modo semplice e scientificamente organizzata.

Se Nikola Tesla possedeva anche la metà di quella della conoscenza nelle scienze fisiche nel campo della biologia, di certo non avrebbe visto nella struttura sociale delle api, adattata alle limitazioni degli insetti che non sono in grado di utilizzare strumenti o di utilizzare le forze naturali molto più potente di loro, una soluzione ai problemi umani. E soprattutto, le api non possono mai sperare di utilizzare capacità intellettuali avanzate per migliorare la loro situazione biologica, a differenza della specie umana. Con maggiore conoscenza della biologia, avrebbe scoperto che i processi fisiologici che controllano l'istinto riproduttivo di un individuo è inseparabile da quello della riproduzione della specie. Inoltre, impiegando tante conoscenze biologiche e la lungimiranza che i principi meccanici e materialistici nello sviluppo del suo superuomo, avrebbe potuto concepire un modo più completo e potente più adatto per l'integrazione delle sue creazioni intellettuali nella vita attuale dell'umanità, mostrando una maggiore comprensione dei problemi umani.

Nikola Tesla ha cercato di convincere il mondo che era riuscito a rimuovere l'amore ed i sentimenti dalla sua vita, ma non era vero. La sua sconfitta (o meglio il suo successo osservando da un'angolazione diversa) è un capitolo segreto nella vita di Nikola Tesla.

VENTI

La caratteristica più evidente della vita di Nikola Tesla era la sua propensione nel nutrire i piccioni nei luoghi pubblici. I suoi amici erano al corrente di ciò, ma avevano sempre ignorato la ragione. Per i pedoni sulla *Fifth Avenue*, era una figura regolare sulla piazza della *Public Library* nella 42nd Street e della cattedrale di St. Patrick nella 50th Street. Quando arrivava, fischiava dolcemente, e nuvole di uccelli blu, marroni, bianchi provenivano da tutte le direzioni e si posavano davanti lui, come un tappeto di piume, alcuni si fiondavano su di lui, mentre gettava i semi per gli uccelli e si lasciava beccare tra le mani.

Nel corso degli ultimi trent'anni della sua vita, era probabile che pochissime persone erano in grado di riconoscerlo. La sua fama era caduta, e la generazione che lo conosceva bene era stata sostituita da una nuova. Anche quando i giornali pubblicavano una volta all'anno, articoli in prima pagina su Nikola Tesla e le sue ultime previsioni sulle meraviglie scientifiche a venire, nessuno faceva la relazione tra il nome e l'uomo molto alto, molto magro, che vestiva di un'epoca dimenticata e che nutriva quasi ogni giorno i suoi amici pennuti. Era solo una parte della strana e variegata moltitudine di individui molto diversi che hanno completato la popolazione di una grande città.

Quando iniziò con questa abitudine, e nessuno sa esattamente quando cominciò, era sempre vestito all'ultima moda e spesso era accompagnato dalle persone più famose al mondo, che lo accompagnava distribuendo dei semi per gli uccelli, ma ci fu un momento in cui fece meno attenzione ai suoi abiti, che divennero sempre più *démodées*.

La *Fifth Avenue*, dopo la mezzanotte, era molto diversa dall' arteria congestionata di esseri umani e automobili in circolo di giorno. Era deserta. Si poteva camminare per diversi isolati senza incontrare nessuno, tranne un agente di polizia. Molte volte gli autori cadevano fortuitamente su Nikola Tesla mentre passeggiava di notte a piedi sulla *Fifth Avenue*, in direzione della biblioteca. Nikola Tesla di solito era felice di incontrare un collega in strada a parlare in pieno giorno, ma di notte, voleva essere assolutamente lasciato da solo. «Dovete andare, adesso», diceva, mettendo bruscamente fine ad una conversazione che aveva appena iniziato. L'ipotesi naturale era che Nikola Tesla fosse catturato dai suoi pensieri e non volesse perdere la concentrazione impiegata nel risolvere un problema scientifico complicato. Ma eravamo abbastanza lontani dalla verità! E, come appresi molto più tardi, quello che era per lui l'importanza sacra di questi pellegrinaggi a mezzanotte per andare a dare da mangiare ai piccioni, che rispondevano alla sua chiamata, anche dai loro nidi notte!

La maggior parte delle persone avevano difficoltà a capire come Nikola Tesla, immerso nel capitali scientifici avanzati, che lavorava due volte di più di una persona media, poteva trovare il tempo di andare a nutrire gli uccelli. Un editoriale del *The Herald Tribune* conteneva la seguente frase: « Ha lasciato la sua esperienza dietro di sé un momento e andava a nutrire i piccoli piccioni stupidi a *Herald Square*. »

Tuttavia, nell'ufficio di Nikola Tesla, una delle sue segretarie aveva l'abitudine di andare in città un giorno specifico della settimana per comprare quattro chili ogni sacco di colza, canapa e scagliola. Questi semi venivano mescolati nel suo ufficio, e ogni giorno prendeva un piccolo sacchetto di carta pieno di semi e andava a fare il suo tour.

Se, un giorno, non gli era possibile andare a fare il suo tour per nutrire i piccioni, chiamava un messaggero della Western Union, lo pagava, con un pugno di dollari, e lo mandava al suo posto a nutrire piccioni.

Oltre i piccioni in strada, Nikola Tesla teneva dei piccioni in camere in albergo in cui ha viveva. Di solito aveva delle ceste come nidi riservati a quattro piccioni nella sua stanza e ha conservava un barile di semi a disposizione per dar loro da mangiare. La finestra della stanza dove teneva questi nidi non era mai chiusa.

Un giorno nel 1921, Nikola Tesla si ammalò gravemente nel suo ufficio sulla 40th Street. Non poteva lavorare ed è rimase sdraiato sul divano. Quando i sintomi peggiorarono al tal punto da non poter essere in grado di tornare a casa, all'Hotel St. Regis, chiamò la sua segretaria per darle un messaggio « importante ». Quando le diede questo importante messaggio, chiese alla segretaria di ripetere ogni frase dopo di lui per assicurarsi che sarebbe stato fatto nessun errore. Questo approccio da ripetizione non era insolito con lui, ma in quel momento era così malato, sull'orlo dell'esaurimento, che sembrava avere energia sufficiente per recapitare il messaggio che una volta sola.

« Signorina, sussurrò, chiamate l'Hotel St. Regis …

— Sì, signore, rispose, chiamate l'hotel St. Regis …

— Chiedete di parlare con la governante del quattordicesimo piano …

— Chiedete di parlare con la governante del quattordicesimo piano …

— Dite di andare nella stanza del signor Tesla ...
— Dite di andare nella stanza del signor Tesla ...
— E di nutrire il piccione di oggi ...
— E di nutrire il piccione di oggi ...
— La colomba bianca con una punta di colore grigio sulle ali ...
— La colomba bianca con una punta di colore grigio sulle ali ...
— E continuerà a farlo ...
— E continuerà a farlo ...
— Fino a quando non riceverà ulteriori istruzioni da me ...
— Fino a quando non riceverà ulteriori istruzioni da me ...
— Il cibo necessario si trova nella camera di Mr. Tesla.
— Il cibo necessario si trova nella camera di Mr. Tesla.»

«Signorina, disse in modo lamentoso, è estremamente importante. Può ripetermi l'intero messaggio così sono sicuro che non vi è alcun errore.
— Chiamare l'hotel St. Regis, chiedere di parlare con la governante del quattordicesimo piano, dirle di andare nella stanza del signor Tesla e nutrire il piccione di oggi, la colomba bianca con una punta di grigio sulle ali, e continuare a farlo fino a quando non riceverà ulteriori istruzioni da me. Il cibo necessario è nella stanza del signor Tesla.
— Ah, si, disse Nikola Tesla, i suoi occhi si schiarirono parlando, la colomba bianca con una punta di grigio chiaro sulle ali. E se io non sarò li domani, ripetete questo messaggio, e ogni giorno fino a quando io non vi darò ulteriori istruzioni. Vada ora, signorina, è estremamente importante.»
Le istruzioni di Nikola Tesla erano sempre eseguite alla lettera ed addirittura questo era dato dall'insistenza inusuale che aveva mostrato. La sua segretaria e il personale, pensavano che la sua malattia doveva essere più grave di quanto appariva, visto che quando era sopraffatto da molti problemi molto seri e sembrava pronto per essere assediato sul momento dalla malattia, dimenticava totalmente le situazioni più urgenti per concentrare la sua attenzione su un singolo piccione. Stava delirando, pensarono.
Pochi mesi dopo, Nikola Tesla non andò nel suo ufficio, e quando la sua segretaria telefonò al suo albergo, l'inventore le disse che stava bene, ma che il suo piccione era malato e non osava uscire per timore che avesse bisogno. Rimase nella sua stanza per diversi giorni.
Circa un anno dopo, Nikola Tesla andò nel suo ufficio prima del solito, e sembrava

molto preoccupato. Aveva un piccolo pacchetto a cui prestava molto attenzione nell'incavo del braccio. Telefonò a Julius Czito, un meccanico che spesso doveva svolgere compiti particolari, e gli chiese di venire in ufficio. Czito viveva in periferia. Gli disse brevemente che il pacchetto conteneva un piccione che era morto nella sua stanza presso l'hotel, e che voleva seppellirlo decentemente nella proprietà di Czito, dove la tomba sarebbe stata curata. Quando Czito raccontò questo avvenimenti alcuni anni più tardi, confessò che voleva, dopo il lavoro, lanciare il pacchetto nella prima spazzatura per la sua strada, ma qualcosa lo dissuase e lo portò a casa. Prima che potesse seppellirlo, Nikola Tesla gli telefonò di nuovo e gli chiese di riportare il pacchetto il giorno successivo. Nessuno sa cosa ne fece del pacchetto.

Nel 1924, la situazione finanziaria Nikola Tesla crolla ad un livello più basso. Era completamente distrutto. Non riusciva a pagare l'affitto e diverse sentenze erano state pronunciata contro di lui per delle fatture non pagate. Un pomeriggio, un vice sceriffo andò nel suo ufficio per sequestrare tutti i beni che erano lì eseguendo una decisione del giudice. Nikola Tesla fu in grado di convincere lo sceriffo di ritardare il sequestro. Quando l'ufficiale ritornò, fece il punto della situazione. Erano passate due settimane da quando i suoi segretari non erano stati pagati, e adesso gli doveva un'altra settimana. I suoi fondi in banca erano completamente vuoti. E aprire la cassaforte gli rivelò che l'unico oggetto di valore che possedeva era la medaglia d'oro Edison che l'*American Institute of Electrical Engineers* gli aveva dato nel 1917.

«Signorine, disse, rivolgendosi alle sue segretarie, questa medaglia d'oro ha un valore di circa un centinaio di dollari. La taglierò a metà e ne riceverete un pezzo ognuna, o una di voi può prenderla interamente e dare i soldi alla seconda più tardi.»

Le due giovani donne, Miss Dorothy F. Skeritt e Miss Muriel Arbus, rifiutarono tagliasse o rinunciasse alla medaglia, e gli offrirono invece di aiutarlo dando i liquidi che avevano nella loro borsa, rifiutò ringraziandoli. (Poche settimane più tardi, le ragazze ricevettero i loro stipendi dovuti, di 35 $ a settimana, più un ulteriore stipendio di due settimane.)

Dopo l'ispezione, dal fisco, aveva solo un po' più di 5,00 $: era tutto il denaro che possedeva.

«Ah! La signorina, disse, sarà sufficiente a comprare i semi per uccelli. Non ne ho più, potreste andare in città in mattinata per comprarne e farli consegnare al mio albergo.»

Chiamò, nuovamente, il suo assistente di fiducia, Czito (che non era in grado di pagare fino ad un importo di $ 1.000) e gli sottopose il problema che l'ufficio doveva essere svuotato immediatamente. In poche ore, tutti gli uffici furono svuotati e il loro contenuto lasciati in un edificio per uffici vicino.

Poco dopo, è stato costretto a lasciare il suo appartamento all'Hotel St. Regis. La sua fattura non era stato pagata per un certo tempo, ma la ragione immediata si riportava sui piccioni. Aveva trascorso più tempo nella sua stanza d'albergo, che era diventato anche il suo ufficio e passava più tempo a nutrire i piccioni. Tanti volatili andavano alla sua finestra e nelle camera, e la sporcizia che era al di fuori l'edificio divenne un problema per gli addetti alla manutenzione, e all'interno per i domestici. Cercò di risolvere questo problema mettendo i piccioni in un cesto, e chiedendo a George Scherff di portarli a casa sua a Westchester. Tre settimane più tardi, quando furono rilasciati, tornarono tutti, facendo l'andata e il ritorno in mezz'ora. Lasciarono la scelta a Nikola Tesla di smettere di dare da mangiare ai piccioni o lasciare l'hotel. Così scelse di andare via.

Si trasferì all'Hotel Pennsylvania. Vi rimase per alcuni anni fino la stessa situazione, le fatture non pagate e i piccioni, si presentarono di nuovo. Si trasferì all'hotel Governor Clinton, e dopo circa un anno, rivisse la stessa esperienza. Nel 1933, visse presso l'Hotel New Yorker, dove ha trascorso gli ultimi dieci anni della sua vita.

Una notte d'autunno del 1937, dopo la mezzanotte, Nikola Tesla partì dall'Hotel New Yorker per fare il suo consueto pellegrinaggio verso la cattedrale e la biblioteca per nutrirre i piccioni. A un bivio, a pochi isolati da casa, ebbe un incidente, e nessuno seppe come. Nonostante la sua agilità, non fu in grado di evitare il taxi che viaggiava nella sua direzione, e fu gettato pesantemente a terra. Non cercò di capire chi avesse la colpa, non chiese l'assistenza medica, e si limitò a chiedere che fosse riportato al suo albergo in un altro taxi.

Arrivati in albergo, andò a letto, e quasi sotto le coperte fece una telefonata per chiedere al suo messaggero preferito, Kerrigan, all'ufficio di Western Union non lontano da li, gli diede la borsa con i semi e gli chiese di adempiere al compito che aveva iniziato prima che fosse interrotto da questo incidente.

Il giorno successivo, quando divenne evidente che sarebbe stato impossibile fare le sue passeggiate quotidiane per un po', assunse un messaggero che per sei mesi nutrì i piccioni quotidianamente. Nikola Tesla si era gravemente ferito alla schiena durante il suo incidente, e aveva tre costole rotte, ma nessuno sapeva la gravità dei danni, poiché, fedele alle sue abitudini in tutta la vita, si è rifiutò di vedere un medico. Soffrì anche di polmonite, ma rifiutò ancora le cure mediche. Fu costretto a rimanere a letto per mesi, e non riuscì a continuare ad alimentare i piccioni dalla finestra della sua stanza, e così, un giorno smisero di venire.

Nella primavera del 1938, fu in grado di alzarsi. Immediatamente riprese le sue solito passeggiate per dare da mangiare ai piccioni, ma su un'area più piccola, e spesso chiedeva al messaggero di sostituirlo.

Questa dedizione nel nutrire i piccioni che sembrava essere un semplice passatempo di un eccentrico scienziato a tutti coloro che lo conoscevano, ma se avessero potuto comprendere il cuore di Nikola Tesla, o leggere i suoi pensieri, avrebbero scoperto che stavano assistendo alla più fantastica, la più patetica, ma anche la più dolce, delle storie d'amore che il mondo abbia mai conosciuto.

Nikola Tesla, come superuomo, soffriva dei limiti del suo creatore. Dotato di una superiore intelligenza normale, sia in termini di quantità e qualità, così come le facoltà soprannaturali, è riuscito a erigere il superuomo ad una importanza superiore della sua, ma raggiunse la sua altezza grazie al sacrificio di altre dimensioni, e questa riduzione della larghezza e nel spessore, si presentava in una mancanza.

Quando era giovane, e la sua mente era in una fase molto influenzabile e in crescita, ha adottato, come abbiamo visto, l'ideologia agnostica e materialista della vita che era più comune all'epoca. La scienza attuale si è emancipata dall'oppressione del misticismo antagonista o dal materialismo, ed è pronta a prendere in considerazione le due visioni insieme come parti armoniche di un approccio globale alla progettazione della natura, ma è consapevole del fatto che lei ancora ignora come manipolare, o controllare, i fattori intangibili sui quali i mistici hanno basato le loro strutture di conoscenza. I vasti regni di esperienza umana sono stati respinti nel corso dei secoli da scienziati, indipendentemente dal loro nome, che non è riuscivano a includere logicamente le loro filosofie naturali, che erano troppo semplici e non adatte. Negando i fenomeni che superavano le loro capacità intellettuali, scienziati e filosofi non li avevano potuto eliminare o impedirli di manifestarsi. Tuttavia, i fenomeni che erano stati così respinti sono stati raccolti in casa accademica del clero, che li accettava senza capire o addirittura senza speranza di capirle, e li imprigionava nelle fondamenta di misteri religiosi, dove hanno avuto un ruolo molto utile in quanto sulla base di uno sconosciuto è possibile stabilire dei maggiori sconosciuti ancora.

Le esperienze mistiche di santi, qualunque sia la loro fede, sono la prova delle forze che rappresentano le funzioni naturali del fenomeno della vita, che si esprime in gradi diversi, in linea con la crescente rivelazione dell'individuo verso un'evoluzione di livello superiore.

Nikola Tesla era un individuo in una fase avanzata di sviluppo, e ha vissuto dell'esperienze che rifiutava di accettare come tale, riconoscendo i vantaggi che ne aveva senza riconoscere il veicolo. Ne fu il caso, ad esempio, nella rivelazione esplosiva che gli diede i quantitativi di invenzioni estremamente importanti, mentre camminava nel parco di Budapest, la cui natura era fondamentalmente la stessa, tranne nel grado e nel tipo, nella luce accecante che vi era a Saulo sulla via di Damasco, o altri che ricevevano l'illuminazione attraverso un processo simile.

I suoi concetti materialistici lo accecavano intellettualmente per lo strano fenomeno grazie ai quali la rivelazione, o l'illuminazione, si presentava a lui, ma lo rendeva ancora più ammirevole di apprezzare il valore di ciò che gli era stato rivelato. Questa rivelazione non era un fenomeno casuale che accadde in quel momento, perché Nikola Tesla, dotato dalla natura con una mente capace di grandi conquiste spirituali, aveva fatto degli sforzi quasi sovrumani per ottenere ciò che gli era stato rivelato, e gli sforzi non si dissociavano dal risultato.

Invece, Nikola Tesla represse un grande regno di grandi dimensioni o importanza nella sua vita pianificando la soppressione dell'amore e dei sentimenti dai suoi pensieri ed dalle sue esperienze. Con tutti i suoi sforzi cercava di scoprire i segreti fisici della natura avevano conservato le forze che penetravano i piani della rivelazione, i suoi incredibili sforzi per sopprimere l'amore e i sentimenti avevano creato anche le forze che erano oltre il suo controllo, e che cercavano di esprimersi. C'era un parallelo con la sua filosofia dei fenomeni naturali, dal momento che sopprimeva tutti gli aspetti spirituali della natura e si limitava solo agli aspetti puramente materialistici.

Due forze, una è l'amore e i sentimenti nel suo carattere personale, e l'altra gli aspetti spirituali della natura nella sua filosofia, in conformità con il suo lavoro, erano stati intrappolati nei vuoti della sua personalità, alla ricerca di una via d'uscita verso il paradiso dell'espressione e della manifestazione. E hanno trovato questa uscita, hanno espresso la loro natura sotto forma di manifestazione, ma Nikola Tesla non li riconosceva. Nel respingere l'amore di una donna, e pensando di avere completamente eliminato il problema dell'amore, Nikola Tesla non ritirò dalla sua natura la sua capacità di amare, e quando parlava, lo faceva dirigendo le sue energie attraverso un canale che non aveva protetto nella progettazione del suo Superman.

La manifestazione delle sue forze combinate di amore e di spiritualità, causò una situazione del tutto fantastica, senza precedenti negli archivi della storia umana. Nikola Tesla mi raccontò questa storia, ma se non avessi avuto un testimone per assicurarmi di quello che avevo sentito, avrei creduto di aver vissuto un mero sogno ad occhi aperti. Era la storia d'amore di Nikola Tesla. In questa strana storia d'amore, ho subito capito il motivo di questi spostamenti quotidiani e costante di dare da mangiare ai piccioni, e questi pellegrinaggi mezzanotte quando non voleva essere disturbato. Mi sono ricordato quei momenti in cui mi è capitato di incontrarlo nel deserto della *Fifth Avenue* e quando gli rivolgevo la parola, rispose: «Dovete andare, adesso.» Mi raccontò la sua storia con semplicità, in maniera concisa e senza fronzoli, ma la sua voce era impressa di emozioni:

«Ho dato da mangiare ai piccioni, migliaia di piccioni per anni. Forse decine di migliaia, chi può dirlo. Ma c'era un piccione, un bellissimo uccello, bianco come la neve, con punte di grigio sulle sue ali. Era diverso. Era una femmina. Ero in grado di riconoscerlo ovunque.

«Dovunque fossi, questo piccione mi veniva a trovare. Quando volevo vederla, non dovevo che chiamarla e lei volava verso di me. Mi capiva e io capivo lei.

«Ho amato quel piccione.

«Sì, rispose ad una domanda che non era stata chiesta, sì, amavo quel piccione. Lo amavo come un uomo ama una donna, e lei mi amava anche. Quando si ammalò, sapevo, e capii, venne nella mia stanza ed sono rimasta accanto a lei per giorni. E l'ho curata. Questo piccione è stato la gioia della mia vita. Se aveva bisogno di me, nient'altro contava. Finché lo avevo, io avevo una ragione per vivere.

«Poi, una notte, mentre ero sdraiato nel mio letto al buio e che risolvevo dei problemi come al solito, volò attraverso la finestra aperta della mia stanza e si posò sulla mia scrivania. Sapevo che mi voleva, voleva dirmi qualcosa di importante, così mi alzai e andai al suo fianco.

«Guardandola, sapevo cosa volesse dirmi: che stava per morire. Poi, quando capii il suo messaggio, ci fu una luce nei suoi occhi, dei raggi di luce brillanti.

«Sì, continuò senza che nessuno gli posasse una domanda, era una vera luce, abbagliante, luminoso, accecante, una luce più intensa rispetto a quella prodotta dalle lampade più potenti che ho progettato mio laboratorio.

«Alla morte del piccione, qualcosa è morto in me. Fino a quel momento, sapevo per certo che compivo il mio lavoro, il mio programma era ambizioso, ma quando questa cosa morì in me, sapevo che il lavoro della mia vita era finito.

«Sì, ho dato da mangiare ai piccioni per anni. Continuo ancora oggi a nutrirli, migliaia, perché dopo tutto, chi lo sa ...»

Non aveva più niente da dire. Ci siamo lasciati in silenzio. Questa discussione avvenne luogo in un angolo del mezzanino dell'Hotel New Yorker. Ero accompagnato da William L. Laurence, un giornalista scientifico del *New York Times*. Abbiamo camminato diversi isolati lungo la *Seventh Avenue* prima di parlare.

Non c'era alcun mistero nei pellegrinaggi notturni dove andava a chiamare i piccioni che erano sulle nicchie di trafori gotici della cattedrale, dove sotto la grondaia del tempio greco che ospitava la biblioteca. Ricercando, tra le migliaia di uccelli ... «Dopo tutto, chi lo sa ...?»

Sono su fenomeni simili a quelli che Nikola Tesla ha vissuto quando la colomba volò dal buio delle tenebre nel notte della sua stanza che inondato di luce accecante, e le rivelazioni che aveva il sole abbagliante nel parco di Budapest, che si sono costruiti i misteri della religione. Ma non lo capiva. Se non avesse rinunciato alla grande eredità mistica dei suoi antenati che lo avrebbe portato l'illuminazione, avrebbe allora riconosciuto il simbolismo della bianca colomba.

RINGRAZIAMENTI

RINGRAZIAMENTI

Questo libro non sarebbe quello che è se non fossi stato aiutato nella sua redazione da diverse fonti inestimabili. Ho il piacere di ringraziare per questo indispensabile collaborazione:

Sava N. Kosanovic, Ministro di Stato della Jugoslavia, e nipote di Nikola Tesla, per avermi fornito dei libri, dei documenti di famiglia, delle trascrizioni, delle fotografie, e per aver corretto i capitoli di questo manoscritto; e la sua segretaria, la signorina Charlotte Muzar;

La signorina Dorothy e la signorina Muriel Arbus Skeritt, segretarie di Nikola Tesla; e George Scherff e Giulio C. Czito, colleghi;

Margaret C. Behrend per avermi dato il privilegio di leggere la corrispondenza tra il marito e Nikola Tesla; Dr. W. Earle B., Preside della Facoltà di Ingegneria a Clemson Agricultural College, per me avermi messo a disposizione delle fotografie e altri documenti appartenenti alla Behrend della Biblioteca Collection Università;

Agnes Holden, figlia del defunto Robert Underwood Johnson, ambasciatore e direttore del Century Magazine; La signorina Margherita Merington; la signora Grizelda Hobson, vedova del contro ammiraglio Hobson; Waldemar Kaempffert, redattore della sezione scientifica del New York Times; Il professore Emerito Charles F. Scott, del dipartimento di ingegneria elettrica dell'Università di Yale; Hans Dahlstrang, della *Allis Chalmers Manufacturing Co* .; Leo Maloney, direttore dell'*Hotel New Yorker*, W. e D. Crow, architetto della Torre di Tesla, per aver condiviso di ricordi, informazioni, o per le conversazioni illuminanti circa il suo rapporto con Nikola Tesla;

Florence S. Hellman, capo della divisione bibliotecaria della *Library of Congress*; Olive E. Kennedy Center, bibliotecario di ricerca del Centro pubblico d'informazione della *National Electric Manufacturers Association*; A. P. Peck, redattore capo del giornale del *Scientific American*; E Myrta L. Mason e Charles F. Pflaging per la loro assistenza bibliografica;

G. Edward Pendray e i suoi soci del *Westinghouse Electric and Manufacturing Co.*, C. e D. Wagoner ed i suoi soci della *General Electric Co.*, per aver corretto, letto e reso suggerimenti utili su diversi capitoli;

William L. Laurence, giornalista scientifico del *New York Times* e Bloyce Fitzgerald, per la condivisione delle sue informazioni;

Randall Warden; William Spencer Bowen, presidente del Bowen Research Corp. ; G. H. Clark, della *Radio Corporation of America*; Kenneth M. Swezey del giornale *Popular Science*; E la signorina Mabel Fleischer e Carl Payne Tobey per avermi hanno aiutato in vari modi;

I giornali *Collier's The National Weekly*, *The American Magazine*, il *New York World-Telegram* e la *General Electric Co.*, per avermi permesso di citare dei documenti protetti dal diritto d'autore, di cui ogni citazione è collegato alla fonte;

E Peggy O'Neill Grayson, mia figlia, per avermi profuso dei lunghi servizi da segretaria.

Attribuisco il mio sincero ringraziamento a tutte quelle persone.

www.ingramcontent.com/pod-product-compliance
Lightning Source LLC
Chambersburg PA
CBHW031945080426
42735CB00007B/277